閉塞感からの脱却

日本宣教神学

山口勝政

YOBEL, Inc.

装丁
ロゴスデザイン：長尾優

はじめに

　本書は日本における宣教の神学である。それゆえに副題として「日本宣教神学」とし、メイン・タイトルを「閉塞感からの脱却」とした。
　今日、日本宣教を覆う重苦しい雲が立ちこめている。それは宣教の閉塞感である。この閉塞感は何もキリスト教会に限ってのことではなく、日本を取り巻く政治、経済、社会全般を覆う雲である。この雲は時に薄くなり、時に暗く立ちこめるが、今日の雲は、東日本大震災と東京電力福島第一原子力発電所の爆発、崩壊による放射性物質汚染に象徴されるように、重く低く立ちこめた状態と言えよう。放射性物質の放出は西日本にも及んでいるというから驚きである。

　キリスト教会においても閉塞感の雲は同様に重く垂れこめている。それは数と質の両面に現れている。
　数的面では第1に地方における教会の閉鎖と無牧化が挙げられる。大都市にいると理解できないかも知れないが、地方における教会の衰退は明らかだ。教会閉鎖と無牧化は目に見えている。北海道、東北をはじめいわゆる過疎地における伝道は退行を余儀なくされている。長年頑張ってきた老牧師が引退すると後は無牧になる。後任を招くことが出来ないためである。すると教会閉鎖か教会合併の道をたどることになる。
　第2に礼拝定期出席者の減少である。最近のデータによると礼拝出席者が30万人から18万人に減少している。これには礼拝に出席しない信徒が増加したこと、信仰放棄者、いわゆる棄教者の増加である。これは昔からあった。
　第3に献金額の減少である。これは前者を引き受けている。礼拝出席者が減少すると当然献金額は減少する。また福音派諸教会ではかつて青年期に信仰を持ち、長い間教会を経済的に、また教会活動を背負ってきた第一

次ベービー・ブーマーは定年退職期を迎え、年金生活で収入は半減し、かつての壮年期の方々は召天したり、施設、自宅で老年期を迎えている。これらの方々は最早礼拝出席が出来ない。そして教会に青年・大学生がまばらになった。教会学校を開くことが出来ない教会が多い。週日夜間の聖書研究・祈祷会も消え、昼間の婦人たちの集会に替えている。

第4に、その結果世界宣教における宣教師派遣力の衰退がある。帰国宣教師をデピュテーション（deputation, 宣教師報告会：宣教師が教会に訪問し、宣教報告・働きの紹介をすること）で招くことが出来ない教会が多くなってきた。宣教師を支えられなくなってきているのである。このままでは日本の教会は復活の主イエスの「あらゆる国の人々を」（マタイ28：19）という宣教命令を実行できなくなる。

質的面はこれら現象面をもたらせている背後にある原因である。

これには第1に信徒の霊的質の劣化が挙げられる。これは霊的弛緩と罪のはびこりである。日本においては教団教派を越えて、霊的に変えられた信徒が少ないとは以前からの指摘であるが、肉丸出しの感がする牧師・信徒が目立ってきた。牧師を含めた信徒のスキャンダルが噴出している。姦淫、虚偽・欺瞞の罪が横行している。十戒を守らない信徒が増え、教会に愛ときよさがなくなりつつあるのである。みことばとともに働く聖霊の働きが見えにくくなっている。その原因は信徒にきよい生活をおくらせるための説教力が落ちたこと、みことばを読む生活を送らず、みことばを支えとして生きる信徒が少ないことがあげられる。信徒は体験談と例話の連続の説教を好むが、こういう説教だけで育てられてきた信徒は霊的に変えられることは出来ない。またマスメディアを通して流される物質主義の影響も無視することが出来ない。いわゆる世俗主義の横行である。これらは昭和30 ― 40年代には考えられない現象である。

こうしたことの結果は神学校入学者である献身者の減少につながっている。大手神学校ですら、毎年10名前後の入学者の減少に苦しんでいる。それに引き代え韓国最大の総神大・神学校の在学生は少し前で2,300名を数えている。比較にならない。これは取りも直さず信徒が献身しないからであ

る。献身しないから金、権力、名誉を捨てて牧師になる人が少ないのである。これも世俗主義の影響である。

第２に聖書観の劣化である。これらの現象の背後には聖書の権威の衰退がある。みことばに服従する姿勢がここからは出てこない。福音派諸教会の聖書観が崩れてきている点が気になる。いわゆる福音派のリベラル化である。聖書の無誤性を強調する教会が少なくなり、「聖書は救いと信仰については誤りがないが、歴史的事実や科学的事実には誤りがある」という限定的無誤性を、標榜はしないが事実上信じている福音派教会が多くなっていることである。これは本質的にリベラル教会と同じ立場である。聖書観は教会と個人の霊的生命の根幹を成すものであることを銘記すべきなのにである。

私の感じる閉塞感とはこうした事実を指している。それゆえにメイン・タイトルを「閉塞感からの脱却」とした。

第Ⅰ部は**日本宣教神学**であり、ここでは地方伝道の諸問題、教会・ミッション関係、聖書のコイノニアと教会協力、祖先崇拝等の日本における宣教の問題を聖書神学的に論じている。

第Ⅱ部は**宣教の聖書神学**で、パウロのアレオパゴス説教、聖霊と宣教、聖書の無誤性と宣教といったテーマで聖書神学が論じられている。これらは福音主義神学会、JECA『神学のひろば』で過去に発表したものである。

第Ⅲ部は**現代宣教学の基礎**であり、宣教学全般のテーマが扱われており、これは神学校におけるアウトライン形式の講義録を書き直したものである。

宣教学は教会論の適用学であり、それゆえ実践神学である。それとともに、教会論は組織神学の一部であり、聖書釈義、聖書神学の上に立つ学問である。このため宣教学はこれらの学問の上に立つ総合神学であると言える。こう考えると宣教学は単なる異文化コミュニケーション、伝道と教会成長のための方法論であるという領域を越える学問であることが理解される。そしてこれらを可能とする宣教学の存立に必要なのは実践に対する神学的考察である。本書を通し私は少しでもこれに近づく努力をしたつもりである。

はじめに

　この論文集は私が米国留学から帰国し、1980年代から現在まで、いろいろな機会に書きためたもの、既出版物に寄稿したもの、神学校講義録、また新たに執筆したものをまとめたものである。このため重複のある部分もあるがお許しをいただきたい。古くは1986年のものがあり、時代にそぐわない箇所を訂正し、今日的に書き改めた。何しろ25年前のものであり、何分旧聞に属するが、それでも幾らかの価値があるのではないかと考え再掲載するものである。最近のものは私と友人が主催するシンポジウム「地方伝道を考える」の論説で書きためたものを一つにまとめ、発表したものがある。これは2009年札幌市で開催された第5回日本伝道会議で発表したものでもあるが、これの拡大版である。神学校奉仕の中でこれらの論文執筆を可能とさせてくださったその名を挙げれば、共立基督教研究所、中央日本聖書学院、お茶の水聖書学院、そして私が責任を持つ北関東神学研修センターである。これらの関係者に厚く御礼を申し上げる。

　私の受けた神学教育は米国神学校であり、その宣教学の教師はどの神学校であれ、海外で宣教師として奉仕し、帰国し、大学院で学び直して博士号を取得し、神学校で奉仕をしている教授が教えているものである。従って、いわゆる米国流の合理主義、実用主義、機能主義を基本とした宣教学がほとんどと言った中で、ウェストミンスター神学校でハーヴィ・コン教授から学んだ宣教学はコンテキスチャリゼーションを基本とした、ヴァン・ティル弁証学の適用としての神学的宣教学であった。コンの宣教学は西洋流の福音主義キリスト教を東洋やラテンアメリカの状況の中で、現地の立場に立ちつつ再考し、福音主義の負の面を否定した上で、聖書の福音が持つ本来の豊かさ、深さを実証しつつ、改革主義キリスト教を弁証、実践するという宣教学であった。これは私にとって刺激的なものであり、現在でも、今は在天のコン教授に深く感謝をしているものである。彼の神学的宣教論は本書中、「解放の神学」、「コンテキスチャリゼーション」初め、諸論文全体に現れている。

　留学当時ウェストミンスター神学校学長であったエドモンド・クラウニー

教授の教会論は素晴らしいものであった。彼の教会論はジョン・マーレーの聖書神学の教会論版であり、おおよそ実用主義とはほど遠いものであり、聖書神学の深みと天の高さを想起させるものであった。この教会論が「日本における教会とミッションの関係」(II) と「文化の聖書神学」によく現れている。

私は、帰国後3年弱の首都圏の都市伝道を除き、留学前の茨城伝道を含め、34年間は茨城地方伝道に従事するという恵みに与ってきた。それゆえに私の宣教論は茨城地方伝道論である。これは言わば、コン宣教論の体験的日本宣教論である。都市伝道に従事している方にとっては余り興味はないかも知れないが、それでも日本全体の宣教を考える上で是非とも必要と考えられる事柄を述べたつもりである。

20世紀末に活躍した神学者フランシス・シェーファーは『クリスチャニティ・トデイ』誌の1979年頃のシェーファー特集号で、自分に最も思想的影響を与えた神学者2名を挙げている。コーネリアス・ヴァン・ティルとアラン・マックレーである。この2名の偉大な福音主義神学者、聖書学者は私にとっても同様である。ビブリカル神学校学長のアラン・マックレー博士は古プリンストン学派の伝統を引き継ぐロバート・D・ウィルソン博士の忠実な直弟子であり、精緻な学問的方法論をもって「聖書は誤りのない神のことばである」ことを実証するために旧約学を研究された学者である。その『ヌジ固有名詞』は未だにウガリット研究の古典とされている名著である。私にはマックレー博士の聖書観が底流にあり、これが本書の「聖書の無誤性と宣教」に良く現れている。

もう一人の世界的な神学者であり、伝統的改革主義神学の弁護者、バルト神学の最も先鋭な批判者、コーネリアス・ヴァン・ティル博士はTCC時代の私の恩師、故渡邉公平先生から教えられ、以来私はヴァンティリアンになった。彼の『信仰の擁護』、『組織神学序論』、『一般恩恵論』を読む中に、私の求めているキリスト教がここにあるという確信に至った。コンの宣教論にはヴァン・ティルの思想が底流にある。お二人の偉大な神学者には留学中小さな拙宅にお出でいただき、貧しい晩餐とお交わりの時を持つことが出来

はじめに

た特権を深く感謝するものである。もし独身で留学していたならこうした恵みにあずかることは出来なかったことを考えると、私の妻に深い感謝を献げたい。今日の私を形成してくれ、今はすべてキリストとともに天におられるこれらの諸教授に限りない感謝を献げるものである。

　日本においては共立基督教研究所時代、所長の宇田進博士に大変お世話になった。未だにお元気で活躍中の宇田先生よりは数多くの執筆機会をご提供頂いたことを深く感謝している。同じウェストミンスター神学校卒業ということもあり、また留学中客員教授として奉仕をされ、私も先生の英語による講義に出席する機会を頂き、それ以来、私を共立基督教研究所に招き、親しいお交わりとご指導を頂いてきたことを感謝している。改めて宇田先生には御礼を申し上げたい。

　今までにご指導を頂いたり、大変お世話になったり、良きお交わりを頂いた方々は数多くおられるが、上記以外に敢えて特にその名を挙げれば、故渡邉公平、後藤茂光、故西　満、故斎藤篤美、本多泰治、アルベルト・レヒケマー、ヨアヒム・クレーマン、デヴィット・ライオン、マルコ・ハーバーの諸師の方々である。これらの方々に心からの感謝を捧げる。これらの諸師のご指導なしに今日の私はない。

　今は昔、私が教えを受けた米国の諸教授はすべて天に帰られた。私もそろそろ天に帰る準備をしなければならない。その前に私の受けた神学教育のエッセンスを何とか後世に伝えたいとの思いから、そして主のために献身している私たちの二人の息子翼、献、その妻あゆみ、愛、および将来成長して読むかも知れない孫たちに、私が米国で学んだ神学を伝えたいとの願いもあってこれらの諸論文を上梓するものである。それゆえこれは私の遺書でもある。

　私たちの奉仕する八郷キリスト教会の会員には祈りをもって働きを支えてくださったことに対し心から感謝を申し上げる。そして日本と全世界にいる、私たちのためにいつも祈ってくださる主にある友人たちに心からの感謝を捧

げたい。この中には今まで一度も会ったことがなく、長い間黙々と私たちの働きのために祈り続けてくださったドイツ、リーベンゼラ・ミッションのシスターたちがいる。彼女たちの祈りのことは数年前になって初めて友人宣教師を通して知らされたものである。

　妻の衣子は、子どもたちの誕生、育児、留学時代、長い地方伝道の苦労の多い時代を通して、一貫して労苦をともにしてくれたこと、それとともに伝道の戦士としてその重荷を分かち合って来てくれたことに対して深い感謝を捧げる。一昨年大病から癒され、今は全て元気を回復した妻とともに残りの人生を地方伝道に捧げてゆきたいと祈っている。また妻の、主にある双子の姉夫妻、島紀子、清哉氏には留学期間中からずっと経済的困難な時代に援助を惜しまず支えてくれたことに対し深い感謝を捧げる。

　文献では東京基督教大学図書館の阿部伊作氏にお世話になったことを感謝します。また過去の出版物の転載を快く承諾してくださった、いのちのことば社出版事業部、東京基督教大学に御礼を申し上げます。

　今回、TCC時代の3年後輩で株式会社ヨベル代表安田正人氏にはこのような形で出版してくださったことに深い感謝を捧げます。

　これら全てのことを実現させてくださった父なる神、私たちを愛し救い主イエス・キリストの贖いにより永遠の御国の世継ぎとしてくださった全能の神に栄光が代々限りなくありますように。ソリ・デオ・グローリア。

2012年　夏
山口　勝政

閉塞感からの脱却 ── 日本宣教神学

目次

目次

はじめに　03

第Ⅰ部　日本宣教神学　15

第1章　日本における地方伝道の危機 ―― その概観　16
　はじめに　16
　　Ⅰ　現状分析　18
　　Ⅱ　背景因の分析　21
　　Ⅲ　地方伝道と神の国　32
　　Ⅳ　宣教学的原因を探る　35
　　Ⅴ　真の霊的刷新のために ―― 神の国宣教論の確立　43
　　Ⅵ　聖書的実践　45
　結　論　49

第2章　日本における教会とミッション関係（I）　51
　はじめに　51
　　Ⅰ　今日の世界における教会とミッションの関係の概観　51
　　Ⅱ　日本教会における状況　64

第3章　日本における教会とミッション関係（II）　81
　　Ⅲ　聖書・神学的考察　81
　　Ⅳ　聖書的教会・ミッション関係の批判的実践（praxis）　106
　おわりに　117
　　　教会の奉仕の構造図　119

第4章　新約聖書におけるコイノニアと教会協力　120
　　Ⅰ　新約におけるコイノニア　120
　　Ⅱ　初代教会間のコイノニア　122
　　Ⅲ　結論 ―― 今日的意義　124

第5章　祖先崇拝　126

Ⅰ　祖先崇拝に対するコンテキスチュアル・アプローチ　*127*
　　Ⅱ　祖先崇拝の分析　*130*
　　Ⅲ　祖先崇拝の聖書神学的分析と宣教　*131*

第Ⅱ部　宣教の聖書神学（Ⅰ）　*135*

第6章　パウロのアレオパゴス説教　*136*
はじめに　*136*
　Ⅰ　パウロのアレオパゴス説教 —— 聖書・神学的分析　*137*
　Ⅱ　アレオパゴス説教 —— 宣教的評価　*144*
結語　*147*

第7章　聖霊と宣教　*148*
はじめに　*148*
　Ⅰ　新約聖書に見る聖霊と宣教　*151*

第8章　聖書の無誤性と日本宣教　*162*
　Ⅰ　聖書の無誤性はなぜ重要か　*162*
　Ⅱ　米国における聖書の無誤性運動　*166*
　Ⅲ　日本ではなぜ無誤性へのコミットメントが弱いのか　*168*
　Ⅳ　その結果　*175*
　Ⅴ　神学的保守主義に関する歴史的問題　*176*
　Ⅵ　結　論　*178*

第Ⅲ部　現代宣教学の基礎　*179*

第9章　宣教学とは何か　*180*
　Ⅰ　定義　*180*
　Ⅱ　主要な問題点　*181*
　Ⅲ　歴史　*184*

目次

　　Ⅳ　福音派と現代における問題点　185

第10章　宣教の歴史　188
　　Ⅰ　宣教学史　188
　　Ⅱ　宣教史　190

第11章　宣教の聖書神学（Ⅱ）　194
　　Ⅰ　旧約と宣教　194
　　Ⅱ　新約と宣教　197
　　Ⅲ　集められたものとしての教会　199
　　Ⅳ　神の国と宣教　200
　　Ⅴ　新約と神の国　201

第12章　教会成長論　203
　　Ⅰ　マックギャブランの教会成長論　203
　　Ⅱ　力の伝道　208

第13章　福音と文化　218
　　Ⅰ　コンテキスチュアリゼーション　218
　　　　〈コラム〉文化人類学　224

第14章　解放の神学　225
　　Ⅰ　起源と発展　225
　　Ⅱ　神学的方法論　228
　　Ⅲ　釈義的教理的方向性　229
　　Ⅳ　解放の神学の評価 ── 否定的面、積極的面　230
　　Ⅴ　解放の神学と日本の福音派　232

第15章　宗教多元主義　234
　　Ⅰ　宗教多元主義とは何か　234

初出一覧　245

Ⅰ　祖先崇拝に対するコンテキスチュアル・アプローチ　127
　　Ⅱ　祖先崇拝の分析　130
　　Ⅲ　祖先崇拝の聖書神学的分析と宣教　131

第Ⅱ部　宣教の聖書神学（Ⅰ）　135

第6章　パウロのアレオパゴス説教　136
　はじめに　136
　　Ⅰ　パウロのアレオパゴス説教 ── 聖書・神学的分析　137
　　Ⅱ　アレオパゴス説教 ── 宣教的評価　144
　結語　147

第7章　聖霊と宣教　148
　はじめに　148
　　Ⅰ　新約聖書に見る聖霊と宣教　151

第8章　聖書の無誤性と日本宣教　162
　　Ⅰ　聖書の無誤性はなぜ重要か　162
　　Ⅱ　米国における聖書の無誤性運動　166
　　Ⅲ　日本ではなぜ無誤性へのコミットメントが弱いのか　168
　　Ⅳ　その結果　175
　　Ⅴ　神学的保守主義に関する歴史的問題　176
　　Ⅵ　結　論　178

第Ⅲ部　現代宣教学の基礎　179

第9章　宣教学とは何か　180
　　Ⅰ　定義　180
　　Ⅱ　主要な問題点　181
　　Ⅲ　歴史　184

目次

　　Ⅳ　福音派と現代における問題点　185
第10章　宣教の歴史　188
　　Ⅰ　宣教学史　188
　　Ⅱ　宣教史　190
第11章　宣教の聖書神学（Ⅱ）　194
　　Ⅰ　旧約と宣教　194
　　Ⅱ　新約と宣教　197
　　Ⅲ　集められたものとしての教会　199
　　Ⅳ　神の国と宣教　200
　　Ⅴ　新約と神の国　201
第12章　教会成長論　203
　　Ⅰ　マックギャブランの教会成長論　203
　　Ⅱ　力の伝道　208
第13章　福音と文化　218
　　Ⅰ　コンテキスチュアリゼーション　218
　　　〈コラム〉文化人類学　224
第14章　解放の神学　225
　　Ⅰ　起源と発展　225
　　Ⅱ　神学的方法論　228
　　Ⅲ　釈義的教理的方向性　229
　　Ⅳ　解放の神学の評価 ── 否定的面、積極的面　230
　　Ⅴ　解放の神学と日本の福音派　232
第15章　宗教多元主義　234
　　Ⅰ　宗教多元主義とは何か　234

初出一覧　245

第Ⅰ部　日本宣教神学

第1章　日本における地方伝道の危機
第2章　日本における教会とミッション関係（I）
第3章　日本における教会とミッション関係（II）
第4章　新約聖書におけるコイノニアと教会協力
第5章　祖先崇拝

第1章　日本における地方伝道の危機 ── その概観

はじめに

　私は主のあわれみにより、現在まで33年間茨城県の地方伝道に従事させていただいた者である。私の奉仕する石岡市、八郷キリスト教会は小さいながらも農村地帯にあって自給教会として、3階建ての新会堂を献堂し、宗教法人を持つ教会として存続し得たのは特別主の憐れみというほかない。八郷キリスト教会から筑波山の反対側、桜川市真壁町のリーベンゼラミッションの開拓した真壁教会が十数年前に閉鎖した。私自身も無牧時代の八郷キリスト教会の兼牧を7年間継続した。同じく桜川市岩瀬町の岩瀬教会は長らく兼牧・無牧状態になって久しい。また潮来市（旧牛堀町）の改革派牛堀伝道所が数年前に閉鎖した。昨年大洗町大洗教会が伝道者引退を機に、伝道者を経済的に支えられないために、兼牧・無牧状態となった。このように地方教会が閉鎖に追い込まれ、伝道所を閉鎖し、また教会が無牧になり、隣接教会に吸収合併となり、また一時的に兼牧になりはしたものの、やがては閉鎖に追い込まれたりする教会を私は見てきた。またいろいろな機会に日本全国で地方教会が閉鎖、無牧に追い込まれてきている事実を見聞きしてきた。だが最近はこれが目立つようになってきたのである。このまま進めば地方過疎教会は地方中核都市の教会に集約され、消えてしまうのではないかと言っても決して過言でも、はったりでもない。

　時を同じくして、ニューヨーク金融街を発端とした経済金融危機が世界を未曾有の不況に巻き込んでいる。このことの事実と地方教会の衰退とは奇妙に一致する。米国仕込みのエコノミストで構造改革派の中谷巌氏は近著『資本主義はなぜ自壊したのか[1]』で、自らが旗振り役を務めてきた構造改革の

---

[1] 中谷巌『資本主義はなぜ自壊したのか』（集英社インターナショナル、2008年）.
　「『改革』が日本を不幸にした」『週刊朝日』（朝日新聞出版）2009.1.23号 , pp. 118 －120.

結果、現代日本はその経済的危機を招来させ、環境破壊は加速度的に進み、急激な貧困層が増大し、異常犯罪が多発し、十分な財源委譲がなされないまま地方交付金や公共事業が削減され、地方経済が壊滅的状態になっており、日本社会は著しく不幸になったと悔いを込めて指摘する。格差社会が進み、労働者の1/3が非正規雇用になっており、年収200万円に満たない貧困層が1000万人の大台に達した。医師の大都市集中化が進み、地方から医師が引き上げた結果、地方中核病院の閉鎖および産婦人科、小児科の閉鎖、休止が起きている。高齢者にしわ寄せをする「後期高齢者医療制度」が始まり、山奥のたった一つの郵便局が消えお年寄りが困っている。これらのものをもたらした、いわゆる「グローバル資本主義」（米国型金融資本主義）は、一言で言えば、世界経済を著しく不安定化するとともに、エリート層に都合のよい、大衆支配や搾取のツールになっていると指摘する。これが新自由主義による規制撤廃、市場至上主義の結果である。

　新自由主義による地方の衰退は地方教会の衰退に直結する。まさに地方教会の衰退はレッセ・フェール（Fr.「なすにまかせよ」）を基本原理とする新自由主義による宣教政策そのものの結果と言っても決して過言ではない。これらの諸現象に加え、私たち北関東神学研修センターは、このような状況を憂え、日本の福音主義諸教会に訴えるために、2000年より有志とともに、毎年夏にシンポジウム「地方伝道を考える」を開催し、報告書を発行してきた。クリスチャン新聞も全面的に効力し、アピールに協力してくださっていることは感謝である。今年は第10回目に当たり、新潟県佐渡島、相川教会で開催の予定である。JCE5が開かれる頃にはそれを終えているはずである。
　現代日本の地方教会は正に消えつつある灯に等しい。これをそのまま放置してよいのか。誰かが手を打たなければ地方から教会が消えることを知っていただきたい。

第 1 章　日本における地方伝道の危機 —— その概観

I　現状分析

A.　宣教学的分析
1.　地方・過疎市町村における無牧教会の増加と教会閉鎖

　日本基督教団総会議長山北宣久氏は 2007 年 2 月次のように述べた。「日本基督教団は 1728 ある教会のうち、200 の教会が無牧。このまま行くと、12 年には 500 の教会が無牧になるのではないかと懸念し、祈っている」[2]。つまり日本基督教団では全体の 1/10 強が既に無牧であり、この 12 年後には 1/3 が無牧になるという可能性があるというのである。10 ある教会の中 1 が既に無牧、12 年後には 10 ある教会の中 3 が無牧になるかも知れないのである。同教団の執行部は危機感を募らせるのも無理はない。

　シンポジウム「地方伝道を考える」の協力者藤原導夫氏は以前所属教団の北海道、室蘭、弟子屈伝道所・教会の開拓伝道に 10 年間従事した。現在は 2 つとも閉鎖されている。同じくシンポジウム「地方伝道」協力者、岩手県盛岡市、盛岡西教会若井啓治氏は以前所属の保守バプテスト同盟盛岡聖書バプテスト教会牧師時代 (27 年間)、一時岩手県内の、自身の教会の他 7 つの教会・伝道所の責任を持ち、これを長期間続けてこられた。JECA 香川県香南教会の山田 忠氏は 20 年以上にわたって自身の教会の他 3 つの無牧教会・伝道所の牧会を継続してこられた。お二人とも長年の無理がたたり病を得、現在は 1 教会の牧会に専心しておられる。私自身の体験は冒頭に述べたとおりである。

　これらはほんの一握りの例に過ぎない。日本全国、北海道、東北、中国、四国、九州、沖縄等、過疎地方における教会の牧師は無牧教会の兼牧を長い間継続しておられるのではないだろうか。そして長い間牧会協力者なしに複数教会の牧会を継続すれば健康を損なう牧師も多いものと想像される。

---

(2) クリスチャン新聞 2007 年 2 月 18 日号。

2. 恒常的な若者信徒の大都市転出

　こうした状況がなぜ出現したかは明らかである。それは地方が農林水産業を中心とした第１次産業が主で、それに地方都市を中心とした第３次産業である商業、サービス業が僅かばかりあるのみで、第２次産業である製造業は極限られた地域のみに存在しているからである。このため若者にとって地方は就職の機会が限定されており、多くは大都市に転出せざるを得ないのである。また大学・専門学校は大都市と地方中核都市に集中しており、若者の多くは進学、就職ともに大都市に必然的に転出することになる。こうした経済構造は近年新自由主義経済により、より分極化し、大都市の肥大化と地方社会の疲弊化に拍車がかかってきているのが明らかである。

　キリスト教会にとっても同様の現象が起きている。地方教会の青年信徒は大都市へと毎年春になると転出する。ある地方中核都市教会は毎年十人以上を送り出してきた歴史があるという。北海道を例にとっても、全道から青年信徒は札幌へ、また東京へと流出し、大教会に流入することになる。首都圏の名の通った教会では毎年地方から数名、時には十名単位の青年信徒を受け入れていることが知られている。伝道をしなくても大都市教会は成長する構造になっている。

3. 地方教会の教職・信徒の高齢化

　若者に出て行かれた地方教会はどうなるかと言えば、かつては青年時代に救われた信徒が、家を継ぎ、やがて彼らは高齢化して行く。青年であった牧師も長年伝道し、高齢化する。信徒も教職も高齢化し、教会には青年がいなくなるのである。なぜなら毎年青年は大都市に出て行くからである。戻ってくる者もいないわけではないが、極限られている。こうして青年がいる教会だけが生き残り、後はやがて教職引退とともに教会は解散ということになるのである。この間、牧師給はもちろん払うことができない。多くの教職は事実上の自給伝道者となっている。

4. 地方教会の教職の辞任と無任所牧師の増加

さらにこうした現象に拍車をかけているのが、せっかく地方教会に赴任した若者教職が短期間で辞任するケースが多く見られることである。日基教団では無任所牧師の増加が顕著であり、既に 500 人を越えている。こうした牧師は任職を受け、かつては牧会にあった人たちである。福音派教会においてもこうした人たちが増えている。要するに地方伝道は村社会、因習、保守的土壌などにより信徒が救われず、救われた青年も大都市に出て行き、教会形成も困難で、給与も十分払われず、多くは事実上の自給伝道であるために伝道者が耐えられないで、辞めてゆくのである。だから地方には教会がないのである。あっても消えてゆくのである。

B. 歴史的分析
1. 宣教政策の転換

戦後、GHQ のマッカーサー指令により大量の宣教師が西側から派遣されてきた。彼らの多くはフェイス・ミッション、つまり超教派宣教団体より派遣されてきた宣教師であった。これには私の所属する日本福音キリスト教会連合（JECA）に関して言えば、SEND、リーベンゼラ・ミッション、OMF、TEAM の宣教団体がある。彼らの多くは進んで奥地、農漁村へと開拓を開始した。日本における地方教会はこうした宣教団体の大きな犠牲により設立されたものである。

ところが、宣教開始 30 〜 40 年経過後、70 〜 80 年代頃から地方市町村伝道の結果が余り見えてこないことが問題となり、外国宣教団が大都市宣教に政策を転換した。大都市教会が成長し、地方伝道を支える意味もあったのである。例えば TEAM（The Evangelical Alliance Mission）— 日本同盟基督教団では宣教師は人口 6 万人以下の市には派遣しないという政策転換をした。リーベンゼラ・ミッションも既存の大都市教会との協力関係のもとに近隣に枝教会を開拓するという政策転換を 90 年代より行った。OMF（1994 年に改名：OMF International, 国際福音宣教会）は北海道過疎地伝道を長い間行っ

てきたが、それらの諸教会は成長せず、札幌、千葉に宣教拠点を移した。

　こうした宣教政策の転換により、地方過疎教会は都市部において幾つかの基盤がしっかりとした教会が設立されたものの、大部分は10人以下の未自給、未独立、宗教法人なしの小教会として存続することになったのである。こうした教会は教職の引退とともに、無牧・兼牧の道を歩むことになり、やがては消えゆく運命にある。

II　背景因の分析

A.　間接因
1.　新自由主義経済 ── 地方経済の破綻と格差社会の出現
　新自由主義経済が世界を支配し始めたのは米国で1970年代後半からレーガン政権時代からと言われている。これが英国サッチャー政権はじめ先進各国に広がってゆく。

　新自由主義経済は小さな政府、規制緩和、自己責任、出来る限り市場には介入しないことを原則とする経済理念である。日本の場合もこれに支配され、こうした作業が政官業のあらゆる世界で行われ、弱肉強食が進んできた。このため青年を初め人口の大都市集中化が進み、地方社会・経済が衰退したのである。北海道夕張市を初め、財政再建指定市町村とそれに近いものが増え始まることになる。さらに2008年の年末から始まったニューヨークの金融危機は全世界を不況の渦に巻き込んだ。地方には工場閉鎖による労働者および外国人労働者の失業が問題となり、社会不安の要因ともなっている。

　さらに新自由主義経済は大都市と地方の格差を現出し、経済、所得、教育、医療、福祉等あらゆる領域でその格差は広がっており、大量のワーキングプアの出現となった。これらの諸要素は社会不安の要因となり、現代日本は人々が安心して住める社会では無くなりつつある。

こうした影響はキリスト教会を直撃し、地方過疎教会は既述のように、その存立さえおぼつかなくなってきているのが実情である。

B. 直接因

1. 社会学的原因

若者が大都市に流入する現象は昔からあり、若者はいつの時代でも大都市を夢見て故郷を離れてきた歴史がある。これは世界的現象で、東京に限らず、ニューヨーク、ロンドン、パリ、みな同じである。パリ住民の大部分は数世代前は地方出身者であると言われている。日本でも江戸時代からあったが、これが特に顕著になったのは昭和30年代の高度成長経済の頃からである。学生は進学のために、金の卵ともてはやされた青年は就職のために大都市を目指し、そしてそこに定住する。Uターン、Iターンが出始めたのはごく最近のことであり、それもそれ程多くはない。北海道では札幌と旭川へ全道から青年が流入する。またこれらの都市から首都圏へと青年は移動する。それゆえ札幌は大都市であると同時に、地方都市でもあるという二重性格を持っていると言える。こうして首都圏には絶えず青年は移動し、クリスチャン青年も大都市教会に流入するのである。

2. 宣教学的原因

地方伝道が衰退してきた直接的要因は幾つか挙げられる。誰でも地方伝道に従事している者なら、常日頃痛切に感じてきている事柄ばかりである。

a. 地方ムラ社会、因習、思想的保守性による厚い伝道の壁

何と言っても地方・過疎地伝道が進まない理由は地方社会がムラ社会であり、因習や伝統的宗教にがっちりと固められた保守的な閉鎖社会であり、外来宗教の入り込む余地がないからである。牧師が数十年そこに住んでいても仲間として受け入れられることはない。終生「よそ者」なのである。キリスト教は所詮ムラ社会からは異質なものなのである。宗教と言えば仏教と神道、それに新興宗教である。それ以外には存在しないのである。このよう

な社会で伝道集会、トラクト配布をしても先ず来ない。先に友人となって初めて教会に来るのである。友人となる方法は幾つかある。村人の援助者となることである。それでも援助者となっても教会には来ない。友人となること、信仰を持つことは別だからである。私は農村社会に住んでいるが、親しい友人であっても、彼らは教会には来ないのである。

b. 宣教政策の転換と地方教会の切り捨て

戦後外国宣教団が日本の奥地奥地へと宣教に進み、そこに小さいながらも教会が出来た。だがそれ以降中々信徒が生まれない。金をかけている割には人々が救われない。非効率である。だから宣教師は引き上げ、大都市伝道に政策の転換をしたのである。彼らといえども本国のミッションと教会に報告の義務がある。結果がでなければ、祈りと努力が足りないためであり、自分の無能力が責められることになる。だからもっと効果が出る大都市で宣教をしたい。資金を有効に使いたい、ということになる。そこで宣教政策の転換となったのである。その結果地方過疎教会は取り残され、やがては牧師辞任とともに無牧、解散、閉鎖の道をたどることになる。すると宣教師の働きは何だったのだろうか、単なる徒労に過ぎなかったのだろうか。私たちは、主の宣教命令とともに、宣教師の過去の労苦に対してこれを無駄にしてはならないとの思いを持って地方伝道を継続しているのである。地方伝道者は誰でもこう思っているはずである。宣教学的効率重視だけで地方伝道を止めてはならないのである。

c. 地方社会の高齢化

地方過疎社会には65歳以上の高齢者ばかりの限界集落がかなりある。若者に出て行かれた地方では残る者は高齢者だけとなる。だから片山善博慶大教授（前鳥取県知事）がいみじくも言ったように「地方交付税は若者を大都市圏に送り出したことの御恩返し」なのである。だがこの地方交付税が行財政改革で大幅に削られている。地方が切り捨てられ、地方財政は火の車である。国民年金の満額は6万6千円であるが、平均は5万3千円、受給者の1/4は付4万円未満である。[3] さらにこの上、後期高齢者医療保険料を

---

(3) 朝日新聞、2009年3月8日号、「国民年金だけでは火の車」

払わなければならないのである。こうした経済状況の上に地方過疎教会は立たされているのである。牧師給が払えないのも当然と言わなければならない。それゆえに地方伝道者は自給に等しい状況で働きながら牧会伝道をしているのである。また高齢者ばかりの会員では伝道活動に機動力がない。伝道集会もままならない。当然、伝道活動は萎縮する。これが地方教会の実体である。

d. 1教会1牧師制度への固守と信徒伝道者の育成の失敗

福音主義キリスト教が盛んな国々においては信徒伝道者の働きが活発である。[4]「信徒は牧会伝道の未開発の資源である」とは言われているものの、なぜか日本においては信徒伝道者の育成が思うように行かない。特に地方の無牧教会の牧会伝道には信徒伝道者の育成と働きを欠かすことは出来ない。牧師一人で複数の教会を牧会伝道することは無理だからである。しかし日本の教会においてはステレオタイプの「1教会1牧師制度」が強固で、中々変更しようとしない。牧師も信徒もこれを変革しようとしない。その理由については後述されるが、それらが何であれ日本の教会は信徒伝道者を育成することを長い間してこなかったのである。だが信徒伝道者の育成は時代の急務である。せっぱ詰まった状況に地方教会は置かれているのだ。諸外国を見てもこの分野での働きを直ちに踏み出すべきである。それとともにこれらの霊的危険に対しても、祈りをもって重々信徒を教育し、霊的成熟をした信徒のみ伝道者とすべきであろう。人材がいないのなら主が送ってくださるよう祈るべきである。

e. 神学教育の偏向―大都市中心主義

最近の神学教育は都市型・管理型牧師養成のための神学教育機関となっている。神学教師が地方伝道の経験が無く、欧米で博士号を取得し、大都市の出来上がった教会の牧師として奉仕をしているか、あるいは神学専門教師であるからである。それゆえこうした教育を受けた新卒牧師はいきおいデ

---

(4) Neil Brown, *Laity Mobilized* (Grand Rapids: Eerdmans, 1971). 邦訳『信徒の動員』いのちのことば社。Hendrik Kraemer, *A Theololgy of the Laity* (London：Lutterworth Press, 1958). 邦訳『信徒の神学』新教出版社。

スクワークが働きの主となるので、ペンキ塗り、会堂修理、会員の送迎、垣根の刈り込み、木の枝払い等外回りの作業等の仕事を牧師自らしなければならない地方伝道者には向かない。それゆえに自ら進んで自給伝道をしたり、過疎地伝道に赴任することは益々困難になりつつある。

f. 都市・地方、地方超教派のネットワークの欠落

もちろん例外はあるが、地方伝道者は概して孤立している。おまけに同じ教団で都市教会と地方教会とのパイプもない場合が多い。私も経験しているが田舎牧師は大都市教会牧師からは見下げられている場合が多い。また地域超教派の交わりもない。それゆえに彼らがバーンアウトしたときのサポートシステムがないため、精神的、肉体的に倒れたときに簡単に牧会から離れやすいのである。私はこうしたことを憂えて、友人たちの協力を得て「北関東神学研修センター」を設立し、またシンポジウム「地方伝道を考える」を始めさせていただいた。

g. 定年退職後献身牧師の大都市教会就任

近年健康状態のよい定年退職組の神学校入学者が増えていることは好ましいことである。だが彼らが卒業すると、自宅から通勤可能な開拓教会へと派遣されるケースが多い（もちろんこれにも例外はあるが）。地方の定年退職者は卒業後、自宅近くの過疎教会に赴任するだろうが、大都市の退職後献身者は自宅を離れて過疎無牧教会へと赴任するケースはほとんど無いと言って良いのではないか。私はこういう人たちに、給与の保証はあるのだから、進んで地方無牧教会に赴任していただきたいと願っている。今まで信徒として受けてきた恵みを、また大都市教会は地方教会から多くの恩恵を受けてきたのであるから、今度は主と地方教会にご恩返しをしていて抱きたいと祈り、願うことしきりである。定年退職後でも健康なら10年奉仕が出来る。

3. 日本の福音主義教会全体の閉塞状況 ── 教会に霊的活力、「聖書力」がなくなってきたこと

以上の歴史的、社会的、宣教学的要因の他に、日本における福音主義教会がその霊的活力を失い、教会全体が閉塞状況に追い込まれていることが

第1章　日本における地方伝道の危機 ── その概観

地方伝道が退潮に追い込まれていることの原因でもある。これには2007年のクリスチャン新聞のデータより明らかである。教会に霊的活力が失われると、宣教のビジョンと力がなくなる。大都市教会が会堂建設をし、借金の返済に追われ、世界宣教、神学校支援に予算を取られると、地方教会援助に回す予算はないのが実情だろう。自教会の予算執行さえできない。まして地方伝道に祈りと注意が向けられることはないだろう。閉塞状況とは具体的に何を意味するのか。以下を挙げてみる。

a. みことばを学ばない体質、祈らない体質

　生きた教会にはみことばの学びと祈りは不可欠である。どちらも霊的活性化に欠かすことの出来ないものである。これらを一言で言って「聖書力」ということが出来るだろう。長らく米国福音主義教会はみことばをよく学ぶ教会であると言われる。韓国のそれは良く祈る教会であると言われる（最近ではみことばの学びも盛んとなっているが）。二国とも福音主義教会が急成長している国である（もっとも最近では米国福音主義教会に離婚が増えており、韓国福音主義教会の成長は鈍ってきているとは言われているが）。日本の福音派教会はどうだろう。一般論としてみことばの学びも祈りも欠けているのではないだろうか（もちろん成長し生きている教会にはこれらがあるのは当然である）。週日夜の祈祷会は寂れる一方ではないだろうか。「聖研（聖書研究）をすると信徒が嫌がる」という話を良く聞く。耳に心地良い話だけを講壇から求めているからなのか。聖研のやり方の問題もあるかも知れない。しかしみことばを学ぶ雰囲気がなくなるとは聖書的な視点を失うことを意味する。神からの語りかけが聞こえなくなる。すると教会が聖書的でなくなり、人間的な教会になる。宣教に対する情熱も冷めるのは当然のことではないだろうか。

b. 罪意識の欠落と霊的弛緩

　みことばを学ばず、祈らない教会には聖書的視点が欠け、罪意識が欠落する。罪が横行するようになる。いわゆる霊的弛緩である。もしこうなったら、ヨシヤ、ネヘミヤのような霊的宗教改革が必要となる。

c. 倫理・道徳の低下；教職者・信徒を含めた姦淫、離婚、虚偽、欺瞞の増

加

　罪意識の欠落は信徒・牧師のスキャンダルの頻出につながる。こうした状態ではクリスチャンが世の光であるとどうして言えるだろうか。信徒の姦淫事件や離婚は教会内の戒規の執行で済まされるが、教職者の性的スキャンダルの記事が一般誌やクリスチャンメディアにしばしば載るようでは霊的堕落と言わなければならないだろう。導く者が罪を犯していてどうして信徒をきよめへと導くことが出来るだろう。「神のみこころは、あなたがたが聖くなることである」（Ⅰテサロニケ4：3）を思い起こして欲しい。悔い改めこそ必要である。またクリスチャンの間に嘘や欺瞞が多いのも最近の特徴である。これらは教会内のゴタゴタの一因ともなっており、十戒に明確に違反するものである。

d. 大都市教会の内向き志向と他教会への無関心

　日本の大都市教会が内向きになっている理由は、（1）自教会の拡大路線、成長計画。枝教会の開拓をしても、独立させようとはしないで、同じ一つの組織にしようとする。（2）自教会の独自のプログラムの充実（会堂建設、伝道プログラム、海外宣教師支援、パイプオルガン等の設備拡充等）、（3）他教会に目を注がない心理的自己中心性、が挙げられる。いわば教会が「たこつぼ化」していると言える。これは日本の思想の特徴のひとつでもある。[5] D. マックギャブラン（1897～1990）も A. グラッサー（1914～2009）も主張しているが、「教会は自己管理的活動をやめ、アウトリーチにエネルギーを注ぐべき」[6]なのである。そうでないと教会は成長しないばかりか、地方教会を含めた教団全体が沈滞する。大都市教会は視野を広く持ち、日本全体を、また世界を見て欲しい。

　世界の教会の中にはこうした大都市教会の中で例外的な教会が幾つもある。その中の一つは米国テキサス州ダラス市のパークシティズ長老教会(Park Cities Presbyterian Church, http://www.pcpc.org/, スキップ・ライアン牧師, Skip

(5) 丸山真男『日本の思想』岩波新書、1961 年。
(6) Arthur F. Glasser, "An Introduction to the Church Growth Perspective of Donald Anderson McGavran " in *Theological Perspectives on Church Growth*. ed. Harvie M. Conn (Nutley：Presbyterian and Reformed, 1976), p. 35.

Ryan）である。現在 6 千名の会員を数え、2020 年までに 50 の教会を開拓、設立するヴィジョンを掲げている。このような教会が日本にも欲しい。日本の教会はどうしても自己完結型で自分の教会にこもり、アウトリーチのヴィジョンに欠ける。新約の教会は遠心的に拡大してきたことを思い起こして欲しい。自己犠牲と他者に仕えるという姿勢こそ神の国の特徴なのだから。

　e. 什一献金の侵食―実際遵守しているのは主として団塊世代のクリスチャン

　大都市教会には客員の増加が顕著である。彼らは出席教会にもコミットをしないばかりか、母教会との関係も切ってしまっている。言わば宙に浮いた信徒である。彼らは什一献金をしない。青年もしない。家庭婦人も出来ない。什一献金を守り、教会を一生懸命に支えているのは団塊の世代のクリスチャンだけであると言われている。彼らが定年退職した暁には献金がた落ちになることが予想されている。

　f. 教会の不健全性；教会内のゴタゴタ、牧師解任

　教会の「聖書力」の衰退とともに進んだのが世俗化である。罪抜きのこの世的な考えで教会運営を図ろうとする。また最近では牧師の強権的な牧会姿勢も目立つ。逆に牧師の解任や教会分裂が頻繁に起きている。こうした状態では消えゆく地方教会に目を注ぐことは到底出来ない。

　g. クリスチャンホーム子女の信仰継承の失敗

　また最近特に目立つのは、クリスチャンホームの子女の信仰継承の失敗である。小学生時代には教会学校に来ているが、中学に入学した途端、部活、塾通いを優先させ、日曜日に教会に来なくなる。クリスチャンの親はこれを許可する。また家庭礼拝も当然行われていない。これではクリスチャンホームの子どもたちが信仰を受け継がない。受け継いでいる家庭は子どもたちに愛を注ぐと同時に、これらのことを忠実に守っているからである。

　h.「考えない」、感覚的クリスチャンの増加

　これらのことに連動しているのが現代クリスチャンたちのキリスト教理解である。キリスト教出版物と説教講壇からのメッセージが「心理学化」しているとはしばらく前からの指摘である。「こころの傷」、「癒し」、「自己受容」、

「無条件の愛」と言った用語が頻繁に出現し、説教がこれら周辺の領域で語られることが多くなってきたのである。(7)このため福音の理解が極めて感覚的、情緒的、皮相的な理解に留まり、深く考えるクリスチャンが少ない。言わば彼らは思想的な回心がなされていないのである。このため説教にもこうした要求をしてくる。考える訓練を受けていないからである。これでは力強い、試練に耐え、復原力のある、殉教をもいとわない教会となることはできない。

4. 心理学的要因

伝道者自身の心理学的要因も検討されなければならない。

a. 伝道者の世俗化

地方伝道者は教会から十分な給与も保証されないために多くはアルバイト的な自給伝道者が多く、そのために薄給の生活を強いられていて、世俗化どころの話ではないのが実情である。しかし大都市100人会員を有する牧師は経済的に余裕もあり、必然的に娯楽、スポーツ、電子機器、海外旅行等、心のゆるみも生じ易いであろう。それらがすべて悪であるというのではないが（セルフ・コントロールをもってすれば有益でもある）、霊的に弛緩し、心の隙に罪が入りやすいのも事実であろう。必然的に世俗化の波にのまれてゆく。牧師家庭の子女が信仰を受け継ぐことがなくなるのも自然的結論ではないだろうか。牧師家庭で信仰を継承できなければ、信徒の家庭でも信仰継承は困難になるであろう。信徒の霊性は牧師以上にはならないのが普通であるから。

b. 成功志向

伝道者の世俗化の表現として成功志向が挙げられる。主の宣教命令に忠実であろうとするより、「牧師として成功したい」という思いが今日の伝道者には強いのではないだろうか。教会成長論は「成長できる地域に集中せよ」と主張しているのであるから。それゆえに誰でも急成長できる大都市伝道をしたがる。特に神学校新卒教職者にこれが顕著である。宣教師の開拓教会も大都市周辺に集中し、新卒牧師の受け皿がある。これが地方過疎教会が

---

(7) David F. Wells, *No Place for Truth* (Grand Rapids：Eerdmans, 1993), pp. 178-186.

消え、教会が大都市に集中する大きな要因となっている。
　c. 地方伝道者のバーンアウト
　ベテラン牧師の長期間複数教会牧会による精神的、肉体的疲労による一教会牧会への復帰、若年牧師の霊的、牧会的未熟と地方伝道の困難による5年以内の教会辞任、こうした伝道者のバーンアウトが地方過疎教会に牧師がいなくなる理由でもある。

C.　宣教の大都市中心主義はなぜ生まれたのか

　こうした大都市中心主義、地方軽視、結果第一主義により必然的に地方教会は窮地に追いやられてきた。「全世界に出て行って福音を宣べ伝えなさい」という主イエスの大宣教命令の逆行がどうして出現してしまったのか。私たちはそのことを真剣に反省しなければならない。以下はその理由として挙げられるものである。

1.　新自由主義と経済的合理主義

　戦後宣教師を世界中に送り出してきたのは米国であった。その米国に1980年代から経済の新自由主義、市場至上主義が支配してきた。それは小さな政府、規制緩和、自己責任といった基本原理を意味し、これらが米国のみならず世界全体を支配するグローバル資本主義へと拡大されてきた。キリスト教会も例外ではなく、新自由主義はキリスト教会にも以下の影響を与えてきた。
　a. 弱肉強食の結果第一主義
　レッセ・フェール（なすにまかせよ）の結果は地方教会が信徒を大都市教会に送り続け、大都市教会は拡大一途の道をあゆみ、弱肉強食の原理がキリスト教会をも支配することになる。地方教会は消滅への道を歩み続け、都市教会は太り続ける。だが都市教会は付加されたエネルギーを世界宣教と開拓伝道に向けず、自教会の自己管理的活動へと向けてきた。また賜物のある牧師の牧会する教会へと周辺教会の信徒は流れ、地域の一極集中化も進んだ。こうして複雑な図式で都市教会は拡大はしたが、宣教的エネルギーは

大きく削がれてきたのである。送り出す一方の地方教会は牧師高齢化による引退または若年牧師の辞職により、無牧、教会解散、吸収合併への道を歩んできたのである。こうして地方教会は消滅への道を歩みつつある。

b. 地方過疎教会の切り捨て

「20年30年伝道をしても結果が出てこない限りは宣教政策を転換せざるを得ない。いつまでも同じ多額の経済的・霊的投資をし続けることはできない。地方は今までわれわれがしてきた宣教の結果生まれ育った地方教会に責任を任せればよい。できれば都市教会にその責任の一端を担って欲しいところであるが」というのが宣教師側の論理である。だが都市教会はその責任を負おうとはしない。そうなれば地方教会は切り捨てるより他はないのである。自然消滅である。

では一体誰が日本全体の宣教を担うのか。日本の教会以外無いのである。それも経済力のある都市教会が責任を負うべきなのである。地方教会ももちろん踏ん張って頑張っている。力を合わせ地方教会を活性化しなければならない時代なのだ。

2. 宣教のスピリットの衰退

欧米の宣教師は以前は30〜40年間通して宣教師として奉仕することが普通であった。だが最近では1〜2年の短期宣教師が増加していると言われている。最近ではIVCF（大学キリスト者学生会、Intervarsity Christian Fellowship）のウルバナ大会でも宣教師として献身する数が減っていると言われている。

また国内においては東京の主要な神学校の入学者が減少している。地方神学校は存亡の危機に瀕しているのが実情である。これは言ってみれば宣教のスピリット、犠牲を払って福音を宣べ伝える力の衰退なのである。世界的な現象なのであろう。日本の福音派諸教会に閉塞感が広がっているとは神学校入学者の減少にも現れている。宣教の聖霊の火が消えつつあるのだろうか。

Ⅲ 地方伝道と神の国

なぜ地方伝道を重要視し、推進しなければならないのか。それには先ず聖書・神学的根拠が与えられなければならない。それを以下に挙げてみよう。

A. 地方伝道は主イエス・キリストの宣教命令に従うものである

地方伝道は「全世界に出て行き、すべての造られた者に福音を宣べ伝えなさい」(マルコ 16：15) という主イエス・キリストの宣教命令から発する。ところが、国内宣教の歴史から、またその効果から実際手を引く宣教団、教団教派が多く出てきたということである。言わば宣教命令の逆現象が出現してしまったのである。いくら効果がないからと言って手を引くというのは、効果第一主義、功利主義的すぎないか、新自由主義そのものではないか、と言わざるを得ない。地方過疎教会から手を引いてしまったら今までの宣教師の働きは何なのか。彼らの犠牲を無駄にして良いのか。

新約における「宣教」とは「結果よりはむしろ、回心の目的を持って福音を伝える[8]」ことなのであって、宣教の「結果によって伝道が定義されてはならないのである[9]」。回心者がいないからと言って宣教は失敗ではないし、福音を宣べ伝えることを止めてはならないのである。ここから次の原則が導き出される。

B. 地方伝道における神の国的視点

神の国は旧新約を通じて流れる神の主権的支配である。その主権的支配は個人的献身を要求し、神の民はしもべの共同体を形成する。またその主権

---

(8) J. I. Packer, *Evangelism and the Soverignty of God* (London：Inter-Versity Fellowship, 1961), p. 85.
(9) John R. W. Stott, *Christian Mission in the Modern World* (Downers Grove；Inter-Versity Press,1975), p. 38—40.

的支配は真の民でない契約の民によって容赦なく反対されてきた。そしてそれは常に未来を目指す(10)。神の国はキリスト来臨によって「既に」実現したが（ルカ17：20；ルカ4：21、参照イザヤ書35：5,6）、「いまだ」完成はしておらず、終末の再臨による完成を目指して進んでいる。

神の国の価値観は地上のそれとは逆転している。支配ではなく仕えることが（マタイ20：26―28；ヨハネ13：14）、貧しさ、悲しみ、柔和さが（マタイ5：3―5）価値を持つ。弱さが強さになり（Ⅰコリント1：25―28）、受けるよりは与えることが（使徒20：35）価値あることとなる。地上における弱さは神の力となり（Ⅱコリント12：10）、この世の賢さは神の愚かさにも及ばない（Ⅰコリント1：27）。

御国の働きは主権者である主イエスの命令に服従する者によって遂行される。すなわち主イエスの十字架の後に十字架を負って従う自己犠牲と他者奉仕という姿勢をもつ（ルカ9：23；マタイ20：26―28）。それゆえ苦難に直面しても、パウロがそうしたように多くの苦難を耐え忍び（Ⅱコリント11：23―28）、宣教のために命をかける。こうして神の国の奉仕者はキリストの苦しみの欠けたところを満たす者（コロサイ1：24）となる。地上における報いを求めず、天における報いを期待し、効果と利益を追求しない姿勢が求められる。

神の国の働きは孤独との闘いである。その働きは旧約から新約の終末まで一貫して極少数の「残りの民」によって続けられてきた。アブラハムは偶像崇拝の中でただ一人神の召命を受け、偉大な契約を与えられた。また南北朝時代、大国アッシリア・バビロニアの攻撃によって国家が崩壊したとき、国民の大多数が背教し、残りの民だけが真の神の民であった。エリヤはバアルの預言者450人と一人で闘い、勝利を収めた。

新約時代、主イエスの宣教命令以後、初代教会の宣教はパウロとその同労者という少数の働き手によってなされたのである。実に今日一大キリスト教圏を形成するヨーロッパの宣教はマケドニヤの声（使徒16：9―10）を聞い

---

(10) Arthur F. Glasser and Donald A. McGavran, *Contemporary Theologies of Mission* (Grand Rapids：Baker, 1983) pp. 35―46.

たパウロ一人によって開始されたのである。世界宣教の父と呼ばれたウィリアム・ケアリの働きは英国ノッティンガムのバプテスト派牧師会が冷酷にも反対したのにもかかわらず、彼一人がインドに向けて出発したことにより近代世界宣教の運動の幕は切って落とされたのである。この一人の宣教のための闘いを神は祝福し、幾百倍にも変えてくださる（マタイ13：23, 32）。

それゆえに地方伝道は困難があり、人的資源、財的資源とも貧しく、弱い。伝道活動も制限され、教団政治においても権力を持つ地位に立つことは少ない。それを神はご自身の主権を持って御国において、豊かなもの、力あるものに変えてくださる。こうして多くの困難な中で使命を遂行する強い意志、高い使命と霊性が求められるのが地方伝道者の霊的資質である。

C. 地方教会からの献身者の多さ

こうした神の国の価値観の逆転は地方伝道を価値あるものとしている。地方教会の献身者は大都市教会に比べ、驚くほど多い。農村地帯の同盟教団長野県新町教会からは献身者を5名、同じく農村地帯のJECA熊本県鹿本教会からは7名、漁港の町JECA茨城県那珂湊教会からは12名、香川県JECA教会からは40名の献身者を過去輩出させている。この数は大都市大教会からの献身者の少なさと比べ、驚くべき数字である。かつて全国から献身者の集まる神学校で奉仕をしてきた時、名もない地方教会の牧師の子弟がよく献身していたのを思い出す。

また大都市教会の中核的働きをなしている信徒の中で地方教会の出身者たちも多いのも一つの特徴である。地方教会は都市教会への重要な人材提供基地である。この意味で都市教会成長の隠れた貢献者である。この事実を認識し、大都市教会はもっともっと地方教会に「ご恩返し」をすべきなのである。これは地方交付税の理念と全く同じである。

神の国において地方伝道は大都市と同程度の貢献をなしていると言わなければならない。

IV 宣教学的原因を探る

　以上、地方伝道退潮の現状分析、背景因の分析、そして地方伝道に欠かすことの出来ない聖書・神学的根拠としての神の国の視点を概観した。そこでこれらのより根底にある原因、宣教学的原因をここで探ろうとする。

A. 聖書的理念ぬきの実用主義

　例えば日本の教会が成長しないことから、海外の成長を実現させた諸教会、グループからいろいろな宣教方策論が紹介されてきた。教会成長に悩む牧師たちはその都度その成長理論とキャンペーン伝道に飛びついてきた。いわくビリー・グラハム伝道、日本福音クルセード、日本リバイバル・クルセード、フラー神学校の教会成長論、力の伝道・聖霊の第3の波運動、韓国のセルグループ、目的志向の教会（パーパス・ドリブン教会）等々。これら以外に種々の成長のための研修会が出ている。教会が成長できれば何でも飛びつく体質の表れである。飛びついて、やっては見たものの、自分の教会には合わない、西欧の成長理論に過ぎないとの理由で直ぐに熱気が冷め、放棄した。あるいは教会は一応数的には成長したが、内部的な問題が噴出した。牧師・役員会の分裂、派閥抗争、リーダーシップ、伝道の方法論の問題等々。これらを巡って教会が分裂し、牧師は辞任してきた。これらの方法論はそれぞれ一応聖書的理論をかざしてはいるが、これらが重視されるよりは、その機能性を重視し、結局のところその方法論のみを追求してきたというのが実際のところであろう。方法論だけでは必ず失敗する。いわば新自由主義の経済理論が結局のところマネーゲームにまでたどり着き、今日の格差社会を造り出し、世界的金融危機をもたらしたのと同様である。

　聖書・神学的ガイドラインが常に支配原理として機能し、実践されればそこにサイズはそれ程大きくはないにしても、神の国の実在がそこに見られる。そこに聖霊の力が現れ、教会は成長する。この認識論の基となっているのが

機能主義であるのか、聖書的原理であるのか、どちらなのか。その違いこそ見極めなければならない。

B. 聖書的教会論・宣教論の欠如

　実用論が先行するにはそれの前提となる理念が欠落しているからに他ならない。つまり日本の教会に聖書的な教会論・宣教論がないのである。

　先ず聖書的教会論に関して言えば、教会はキリストのからだである（エペソ1：23；コロサイ1：18）。このことは各個教会内に関しては語られていると思う。しかし、各個教会を越えた教団全体、国内超教派団体、世界教派共同体、あるいは地域超教派の交わりにおいて語られることはあまりないのではないかと思われる。それは教会とは言えないが、信仰を同じくする超教派共同体はキリストのからだ、すなわちある意味での教会であると言えよう。新約の教会 eklēsia は地域教会（ローマ16：5「家の教会……この人はアジヤでキリストを信じた最初の人です。」）だけではなく、その町全体の教会（Ⅰコリント1：2「コリントにある神の教会」；Ⅰテサロニケ1：1「テサロニケ人の教会」）、ある地方・地域全体の教会（使徒9：31「……教会は、ユダヤ、ガリラヤ、サマリヤの全地にわたり築き上げられて」）、また普遍的教会（エペソ5：25「キリストが教会を愛し、教会のためにご自身をささげられた」；Ⅰコリント12：28「神は教会の中で次のように任命されました……」）をさす。つまり教団内の地方過疎教会も都市教会も一つのからだであり、一部分が苦しめばすべての部分がともに苦しむのである（Ⅰコリント12：26）。つまり有機的な共同体なのである。こうした感覚は同一教団内でも欠落しているのではないだろうか。なぜなら教団総会などでは各個教会代表は自教会の利益を守るあまり、しばしば教会エゴがむき出しにされてきたからである。

　地方教会から上京する信徒を絶えず受け入れていながら、「自分たちは頑張って自分の教会を大きくした。地方の小さな教会は努力が足りないから小さいままなのだ。あるいは能力のせいかも知れない」と言った大都市教会の冷酷な論理がまかり通るとしたならば、これは非聖書的な教会論であるというべきである。

また宣教論に関して言えば、旧約は求心的（centripetal）、新約は遠心的（centrifugal）であることが宣教学者によって指摘されてきた。[11]つまり旧約の宣教はエルサレムを目指して求心的に神の民は集まり、新約においては逆に、エルサレムから地の果てまで遠心的に、再臨の時まで福音は広まって行くことを指している。キリストの初臨と再臨の間に挟まる現代は教会の宣教の時代であり、聖霊の降臨による終末の時代でもある（使徒2：17「終わりの日に、わたしの霊をすべての人に注ぐ」）。つまり今日の宣教論は福音が遠心的に拡大してゆく時代なのである。どうして1教会だけの内向きの拡大路線だけで留まって良いのか。常に細胞分裂のように広がるように、枝教会が次々と設立され、拡大してゆくのが今日の聖霊の宣教である。国内の過疎地にまで、そして世界の果て果てまで福音は広げられてゆかなければならない。今日の過疎地教会の閉鎖はこの宣教の図式のまるで正反対である。

C. プロテスタント教会内のヒエラルキーの定着と刷新運動
1. その歴史

　初代教会にはヒエラルキーは存在していない。新約時代は神の民はlaos（民）であり、また神の嗣業、klerosであった。使徒も弟子たちも復活の主イエスを証しした。ところがヘレニズム世界の高級官僚（klēros）と平民の二区分制を教会が導入し、laosとklērosを分離し、これが紀元5世紀中葉、ローマ教会の首位性の確立とともに聖職klērosと信徒laosの階級制が成立し、ヒエラルキーが確立するようになる。これに対してルターの宗教改革はヒエラルキーの否定であり、万民祭司制の運動であった。ところがこれにより生まれたプロテスタント教会にも聖職者klērosと信徒laosの二区分制は残り、これがやがてプロテスタント教会内にもこの二区分制は確立するようになる。

---

(11) Hohannes Blauw, *The Missionary Nature of the Church* (New York：McGraw Hill, 1962).ついで　ながら宣教は新約の使徒の働きから始まるという概念は近年の宣教学からは否定されている。宣教とは「神の民の波状的運動」であり、この意味から宣教は旧約から始まるというのが今日では宣教学の常識となっている。

第1章　日本における地方伝道の危機 ── その概観

こうして現代に至るまで、プロテスタント教会内におけるヒエラルキーの確立により、牧師職が専門化し、信徒の教会における受身的姿勢が固定化し、その役割は著しく限定され、狭められてきたのである。こうして現代日本の教会に1教会1牧師制がステレオタイプ化して定着した。これに拍車をかけたのが世俗世界の影響による教会の世俗化であり、信徒がキリストの弟子として献身するのを阻害する要因ともなった。こうして牧師−信徒の硬直化した二極構造が固定化するとともに、教会の霊的ダイナミズムを失わせる大きな原因となり、教会を取り巻く閉塞感の一因ともなっている。

2. 信徒伝道者が日本で広まらない理由

ではなぜ日本の福音主義教会に信徒伝道者が広まらないのか。その理由としてまず教会内の社会構造的問題がある。一つには福音主義教会内における牧師−信徒の役割の固定化、ステレオタイプ化が挙げられる。これには日本の儒教主義型先生−弟子関係もこれに力を貸している。この典型は富士見町教会牧師植村正久と東大名誉教授英文学者斎藤勇の関係である。斎藤は植村の「門守」たらんと願ったと言われる。このタイプの牧師はインドのグルに類比するものである。牧師と信徒の間には大きな間隙がある。現代にはこの種の信徒は少ないであろうが存在する。

もう一つは宣教師によって開拓された教会が成長し、後任の新卒牧師を招くと、牧師は開拓経験がないために、教会成長と組織化のみに力を注ぐ。いわゆる自己管理的活動のみをする内向きの教会が出来上がるのである。教会がもう一つの開拓をしようとはしない。開拓は宣教師任せ、成長すれば神学校新卒牧師が赴任するというステレオタイプが出来上がる。これが現代の福音主義教会の欠点でもある。例外は岡山市の日本同盟基督教団 西大寺キリスト教会（赤江弘之牧師, http://www.scch.jp/、写真）

である。この教会は岡山市内外に 10 の開拓教会・集会所を持っている。宣教師もこれに協力している。

さらに教会内の霊的質の問題がある。

これは前者よりはるかに普遍的で、各教団に共通した問題である。つまり信徒伝道者が生まれる霊的基盤がないのである。信徒伝道者が生まれるにはそれだけ牧師・信徒の霊的レベルが高くなければならないのである。先ず挙げられるのは、牧師と信徒伝道者が同じ教会にいると牧師の地位が不安定になるのである。牧師はこれを一番心配している。元来日本人の思惟方法として、ものや経済的価値のみを認め、宗教的価値を認めないという特徴がある。[12] つまり日本では宗教者、牧師は欧米または韓国のように尊敬されないという本質的な弱点をもつのである。その結果教会内に権力争いのようなものが生じてしまうことになる。牧師の指導性が絶対的な場合にはこのようなことは起きないが、多くは牧師のリーダーシップはそれ程強くないのでこうした事態が生じてしまう。

さらに以下のような具体的な理由が挙げられる。

1) 信徒に人材がいない、2) 牧師が狭量で、信徒伝道者が出ると牧師の権威が低下するといって育てようとしない、3) 信徒伝道者が高慢になり、牧師を見下げ、教会内で牧師の対立勢力となる、4) これにより教会分裂、または牧師追放の要因となる、5) 教会が内向きであると、伝道所・家庭集会もなく、信徒伝道者の奉仕する場がない、またあっても副牧師、伝道師が説教をしてしまう、といった理由のためである。

これらは偏に牧師、信徒の肉なる性質と宣教のビジョンがないゆえである。教会が肉的であるとどうしてもこうした動きが発生する。もし教会が霊的で、御霊に満たされていて、宣教のビジョンにあふれていると、このような動きが出てこないはずである。牧師も心広く、信徒の賜物を生かそうとするし、信徒も決して高慢にならず、謙遜に主の奉仕をする。要するに教会が霊的に指導され、成熟し、指導する牧師も霊的で、宣教のスピリピットにあふれていれば信徒伝道者の活躍できる余地はあるはずである。これには教

---

(12) 中村元『東洋人の思惟方法 3』春秋社、1973。

会の霊的刷新が必要である。

3. 教会刷新運動 — 信徒の動員

日本の教会内における1教会1牧師制がステレオタイプ化し、教会が霊的ダイナミズムを失う大きな原因となっていることは既に指摘した。この固定化した構造を刷新するのが信徒の動員である。この運動を遡れば、ドイツ敬虔主義運動にまで至る。17世紀ドイツ敬虔主義運動は聖書を中心として神との個人的交わりを強調して開始された運動である。シュペーナー（Philipp Jakob Spener、1635～1705, 写真上）、フランケ（August Hermann Francke, 1663～1727, 写真中）、ツィンツェンドルフ（Nikolaus Ludwig von Zinzendorf und Pottendorf, 1700～1760, 写真下）等のリーダーによって大きく成長し、メソディズムのウエスレーらに影響を与えた。また北欧経由で米国に輸出され、各地に主としてルター派系の敬虔主義的教団が形成された。それとともにこの運動は元々ルター派から出発したが、メノナイト、モラビア派、メゾジスト、改革派等、各教団を横断的に影響を与えた。現代の世界宣教に果たした影響は限りなく大きく、W. ケアリ（William Carey, 1761～1834）、H. テーラー（James Hudson Taylor, 1832～1905）等も敬虔主義の子孫である。今日ドイツ敬虔主義運動は信徒伝道において力を発揮している。彼らの聖書中心主義は信徒の聖書朗読運動へとつながり、信徒が牧会伝道の積極的に参加する運動へと発展してきている。

ドイツ敬虔主義運動の中から生まれたリーベンゼラミッション所属の教会では1牧師で16教会の牧会にあたっているケースも見られる。[13] 当初のシュ

(13) ヨアヒム・クレーマン「レーマンの奉仕について」『シンポジウム第5回「地方伝道

ペーナー、フランケ等の教会指導者・神学教授によって開始された運動は今日信徒運動へと見事開花したのである。

　米国においては、西部開拓と南部に進出したのがバプテスト派、メソジスト派である。[14] 彼らは正規の牧師教育を受け、按手を受けた牧師ではなく、多くは信徒伝道者であり、馬上の巡回伝道者として、開拓者とともに進出して行った。その結果メソジスト派は1840年には信徒約60万人を擁する当時としてはプロテスタント最大教団となった。また南部バプテスト教団は今日、信徒1千6百万人を擁する米国最大のプロテスタント教団へと発展している。

4. モダリティとソダリティ

　教会刷新運動のもう一つの概念にモダリティ・ソダリティ（modality, sodality）がある。近代世界宣教に欠かすことの出来ない概念でもあるこの概念は世界宣教米国センター所長、ラルフ・ウィンター（Ralph Dana Winter, 1924～2009, 写真）が1973年に提唱したものである。[15] modalityとは様式を意味する語modeから来ており、縦型のヒエラルキー、教団組織を意味するものである。sodalityとは組合を意味する語で、水平方向の自主的団体、超教派の自主的組織を意味するものである。カトリックのイエズス会やフェイスミッションがこれで、世界宣教運道の中心的勢力となった。また国内においては各地区における超教派的組織や交わり、また私たちが推進しているシンポジウム「地方伝道を考える」や、自給・自活伝道連絡協議会がこれに当たる。モダリティは地方伝道に関しては極めて機能不全に陥っている。なぜなら日本の福音主義各教団では、例えば地方教会への月額援助金10万

を考える-自立と連帯-」報告書』（北関東神学研修センター、2005年）、p.29-38。
(14) Neil Braun, *Laity Mobilized*, pp. 51-57.
(15) Ralph D. Winter, "The Two Structures of God's Redemptive Mission" in *Perspectives on the World Christian Movement*. 3rd ed. ed. Ralph D. Winter and Steven C. Hawthorne (Pasadena：Wm Carey Library, 1999), pp. 220-230.

円を10教会、年額1200万円を予算計上することなどは到底不可能であるからである。またこれを長期間継続することはさらに考えられない。地方教会への援助金は実際この程度必要としているのであるが、そのような予算計上は教団としては出来ないのである。

そこでソダリティの登場となるのである。地方伝道におけるソダリティとは地域における超教派的働きである。日本全国には超教派的団体が数多くある。地域の神学校・信徒聖書学校、地域超教派協力伝道、教職者会、祈祷会、聖書信仰団体、放送伝道を支える会、等々である。これらのものは既存の団体であるが、果たして地方伝道を支える団体として機能しているだろうかが問題である。ピラミッド型のモダリティに似た団体ではこうした機能を果たすことは困難ではないか。教会成長のための団体であれば、成長できない過疎教会は取り残される可能性がある。地方中核都市の大きな教会からは冷たい視線も感じられるだろう。私たちの推進するシンポジウム「地方伝道」で過去に参加の教職者からは「ここの雰囲気は私たちの教団の考え方とは全く逆です」、「私たちの教会は教団からは振り落とされそうな感じがしますが、ここにいると安心感があります」という声が聞こえた。地域のソダリティがこうした雰囲気を醸し出せば、地方伝道を推進する力となりうるのではないか。

D. 聖書的交わり（koinōnia）の欠如

現代福音主義教会は著しくゲマインシャフト（信仰共同体, Gemeinschaft）からゲゼルシャフト（利益社会, Gesellschaft）化していると言えよう。教会が各個教会と教団が組織化されるに従い、信仰共同体から利益社会化するのはある程度止むを得ないかも知れない。教団総会ではつい信仰共同体であることを忘れ、自教会の利益を守る態度にどうしても終止してしまう傾向がある。「聖書の語る交わり（koinōnia）とは何か」を常に意識し、聖書の原点に立ち返るのが福音主義教会の基本理念である。いわゆる「みことばに聞き、みことばに従う」ことが基本原則である。この点を忘れ、常に自教会の拡大と利益防衛にのみに汲汲とするのは、本質を見失った態度と言わなければな

新約における交わり（koinōnia）とは父と子の交わり（ヨハネ 17：21「父よ、あなたがわたしにおられ、わたしがあなたにいるように……」）であり、主イエスと弟子・信徒との交わり（Iコリント 10：16f）であり、教会間の交わり（IIコリント 8：1—5）である。私たちのキリストとの交わりはキリストとの生、苦しみ、死、復活にともにあずかること（ローマ 6：6、8：8：17；ピリピ 3：10；コロサイ 1：24；2：12—13；IIテモテ 2：12）を意味する。教会の交わり（Iコリント 12：15—27「あなたがたはキリストのからだであって、ひとりひとりは各器官なのです。」27節）は一教会を越え、日本と世界に散らばる教会の交わりを求める。

　またキリストの苦難と栄光にともにあずかることは極貧の教会とその苦難をともにすることを意味する。それゆえに彼らに対する献金は恵みとなったのである（IIコリント 8：4「聖徒たちをささえる交わりの恵みにあずかりたいと、熱心に私たちに願ったのです」）。

　私たちはこの聖書的原則に立ち、経済的交わりよりは霊的交わりを先ず優先させなければならないと考えている。しかる後に経済的交わりが自然的に発生するであろう。

V 真の霊的刷新のために ── 神の国宣教論の確立

　既に前項において原因の指摘とともに、既に解決策へのヒントが提示されている。地方伝道は「市場原理」、人間的利害からすれば放棄するより他ないのである。しかし神の宣教は神がなさる業である。人間の業ではないのである。それゆえに困難な地に神は宣教者を派遣され、そこに教会を設立された。日本の過疎教会の多くは宣教師が神によって派遣され、困難な地に神の教会を打ち立てられたのである。それゆえに一切の打算を排除して、宣教を継続しなければならない。事実、神はこうした地方教会から多くの献身者を起こしておられるではないか。地方過疎教会は日本宣教の一大推進者でもあることを忘れてはならない。これが神の国の不思議な業なのである。

第1章　日本における地方伝道の危機 ── その概観

A.　神の国宣教論

　宣教は、福音宣教において人間が主体的計画し、実行するのではなく、神がなさる宣教、つまり「神の宣教」(Missdio Dei) なのである。それは人間の計画に先だって神が導かれ、宣教者を立て、神が行く先の民を備えられ、回心に導き、教会を建て上げさせてくださる、初めから一貫して神の業だからである。それゆえに宣教は神の国建設のための宣教である。

　神の国の価値観は地の国のそれとは逆転する。神の知恵は人間の知恵より賢く、神の弱さは人間の力より強いのである（Ⅰコリント1：20─25）。そこでは悲しみ、貧しさ、柔和さ、心のきよさが祝福となる（マタイ5：3─8）。それゆえ神は神の国の不思議な業をなすためにあえて地方の弱小教会を選ばれたのである。生まれながらの人間はこの御霊の思いを理解しないのである（Ⅰコリント2：14）。しかし神の教会は神の人、御霊の思いを持つ人々によって運営される（それが霊的教会であるときに。教会が肉的権力闘争の場である限りはそうではないが）。それゆえにそこに地方伝道を推進する正当性が生まれるのである。

　地方伝道は神の国の業であるから自らを太らせ、大きく拡大させるのではなく、他者に仕えることだけを視野に入れ奉仕する。それゆえキリストがそうであられたように、この世の地位、名声、欲得を捨てて、報いを求めず仕える高い霊性の求められる奉仕、十字架を背負う奉仕なのである（ルカ9：23；ピリピ2：5─8）。

　この理想を求め、地上の教会は肉なる衣をまとっているので、絶えず自己変革が求められる。肉なる思いは現状維持 (status quoism) に安住させようとする。これを絶えず打破し、罪と肉が支配するこの世にあって、神の国を実現させてくださいと祈ること、これが主の祈りの意味である。それゆえに主の祈りは現状維持に対する拒否、反逆なのである。[16] そしてこのことを教え、現実化させる力を与えるのが聖霊の働きである。ここに地上の見える教会の

---

(16) David Wells, "Prayer：Rebelling Against the Status Quo," in *Perspectives on the World Christian Movement*, pp. 142 〜 144.

霊的・道徳的腐敗を改革する基本理念が存在する。

B. 聖書的原理の確立

　神の国は聖書的原理の確立によってより鮮明に実現する。それはこの世の価値観を打破し、神の国の価値観をいかにして確立するかにかかっている。ここに聖霊は働き、御国を実現される。市場原理による弱肉強食の原理、力の支配ではなく、恵みの支配が実現する。地方伝道の働きは、地上の都市と地方の教会における勢力誇示のための闘争ではなく、タオルを腰にまとい、他人の足を洗う奉仕なのである（ヨハネ13：5）。こうして人間の力では実現不可能な、隔ての壁（エペソ2：14）を破壊し、恵みによる自由と一致をもたらす。それゆえ地方伝道は神の国実現のための闘いでもある。

VI 聖書的実践

　ここまで理念的なことは不十分ながら一応述べつくされているので、ここでは具体的方法論的なことを述べることにする。問題の分析、原因の追及において問題解決のヒントは既に提示されている。残されているのは聖書的実践のみである。いくら反省し、原因究明をし、立派なことを言っても、実行なくして絵に描いた餅である。何の役にも立たない。以下既に実行していること、これから実行可能なことを挙げてみたい。

A. 教会の聖書的一体性の構築
1. 聖書的教会論・宣教論の構築
　教会の一体性は理念として聖書で謳われていてもそれを実現させることは非常に困難である。なぜ実現出来ないかと言えば、それは人間の罪と関係するからである。罪ある人間はその認識は限られており、また生来的に自分の利益しか求めないからである。しかし再生した人間は聖霊により肉の思いを捨て、聖書の教えに近づこうとする。ここに教会の聖書的一体性に接近す

る可能性が生まれる。つまり地方伝道再生の可能性が出てくるのである。

具体的に言えば、各個教会の教会エゴを捨てること、教団全体の地方教会の状態を知るために情報を教団レベルで流すこと、都市と地方の教会の牧師・役員・一般信徒レベルの交流を推進すること等である。また超教派レベルと世界の教会の情報を流すことである。

2. 地方教会の自立

地方伝道を推進するためにはまずそこに置かれた教会が精神的、経済的に自立しなければならない。これは自給・自治・自伝の三自原則に立つことを意味する。このためにはその教会の牧師が先ず意識改革されなければならない。自給伝道者としての固い決意を持つべきである。「教会からの給与が保証されない限り地方教会には赴任しません」という牧師には来て欲しくない。「給与はいくらでもけっこうです」という牧師に来て欲しいのである。経済的に自給できなければ伝道者が職業を得て自給するのである。精神的自立こそ先ず求められる。神にのみより頼む独立自恃の精神が必要である。では「自立していれば援助は必要ないではないか」と問われるかも知れないが、そうではない。自給してはいても伝道費、コピー機等の備品費、会堂建設等の費用は出ない。援助は必要である。地方にはコピー機のない教会もあることを知っていただきたい。

3. ソダリティによる教団内・超教派ネットワークの構築

ソダリティによる世界宣教、地方伝道については既に述べた。この具体例について触れてみよう。まず教団内ソダリティについてはある都市教会がある地方教会と姉妹関係を結び交流を進めているケースがある。ホーリネス教団坂戸教会がこの例である。他にも多くこうしたケースが存在するものと考えられる。

地域の超教派の交わりが全国各地に存在する。まず伝道協力では、阪神宣教祈祷会、東北教役者会、近畿福音放送伝道協力会、茨城県央地区伝道協力会（石岡市）等。地方神学校では、西日本宣教神学院（高松市）、東海聖

書神学塾（名古屋市）、沖縄聖書神学校（那覇市）、北関東神学研修センター・シンポジウム「地方伝道を考える」（石岡市）、相模原信徒聖書学校、横須賀信徒聖書学校、等。これらの交わりは素晴らしいものであるが、問題はこれらのソダリティの多くが都市を中心に展開されている点である。地方伝道を明確に目標設定したソダリティがさらに展開されて欲しい。北関東神学研修センター・シンポジウム「地方伝道を考える」は正にこのことを目標に設立されている。

地方伝道のソダリティは教会成長を目標とするよりは（もちろんそれは願わしいことではあるが）、実際長い年月をかけても成長できない過疎教会があるという現実をふまえて、また教会閉鎖を防止したり、無牧教会における信徒伝道者の養成を目標にした機関を設立することが必要である。

4. 経済的・人的援助
a. 未自給教会援助金制度
ほとんどの福音派諸教団において未自給教会援助金制度なるものが存在していると思われる。だがこれは額が少額の上に、申請する教会が余りいない。申請して欲しい教会が余り申請していない現状がある。もっと申請しやすいように、また予算も増額する工夫を凝らすべきであろう。

b.「ナルドの壺献金」──日基教団関東教区における信徒の自主的献金制度
これは「ナルドの壺献金」と呼ばれ、日本基督教団関東教区（群馬、栃木、茨城、埼玉、新潟）5県の諸教会の信徒が1日10円の献金を献げる制度であり、06年度では年間約1千万円の献金が献げられている。これを11教会に配分し、多いところでは年間約150万、少ないところでは約20万円が援助されている。豊かな金額の援助である。福音主義教会でこれ程大きな規模で援助金が支給されているケースは恐らくないのではないか。模範とすべきである。

c. 国内宣教師の地方への派遣
信徒70人以上の会員を擁する教会では主任牧師の他に協力牧師や青年担当牧師等のスタッフが必ずいると思われる。この内の1人のスタッフを1年間ローンで過疎教会に貸し出したり、専任の地方担当宣教師として派遣

することをぜひ実現して欲しいと願っている。これが信徒を地方から大量に受け入れてきた大都市教会の地方教会への「ご恩返し」ではないかと考えている。これは世俗では地方交付税や「ふるさと納税」制度に当たるものである。しかし大都市教会といえども予算は今日ではマイナスの状態であろう。しかし、そこの牧師給は年俸600～800万円なのではないか。地方過疎教会の牧師給は年俸100～200万円位の人が多いのである。大都市と地方ではこれほどの格差がある。800万の牧師給を主任牧師500万、地方担当宣教師300万に振り分けても十分やって行けるのではないか。これだけでも都市教会が地方伝道に大いに貢献できるのではないだろうか。検討して欲しいものである。

d. 地方伝道者が多く起こされるよう祈り、奨励する

これは各教団の理事長・運営委員長初め理事クラスの人が絶えず意識的に地方過疎教会のことを覚え、祈り、訪問し、機関紙で地方の実情を知らせ、総会でアピールすることによって、地方伝道者が献身し、赴任するようになるであろう。ひとえに教団執行部のビジョンとリーダーシップによる。こうすれば日本基督教団関東教区のような多額の「ナルドの壺献金」も集まることが可能になる。

B. 教会の内部改革

1. 1教会1牧師制を越えて

このことの重要性、問題点は既に指摘した。ドイツ・リーベンゼラミッション所属の教会では信徒伝道者を盛んに用い、1牧師16教会牧会のケースが存在するのを見てきた。このシステムは従来日本では機能しないというのが定説であった。その必要は認識してはいるのだが日本では定着しないだろうというのが大方の見解であった。だが地方を見るときにこれは実際機能していることが分かった。岩手県盛岡市盛岡聖書バプテスト教会牧師時代（1978～2005年）、若井啓治氏は一時8教会・伝道所の牧会責任を持っていた。信徒伝道者を採用し、機能させたのである。信徒伝道者は条件さえ整えば日本でも機能することを若井氏は証明したのである。

問題は信徒伝道者が奉仕できる場（家庭集会、伝道所の新設）を提供すること、そして謙遜で成熟した霊的な信徒伝道者を養成することである。過疎教会では牧師がすべての集会の説教をする必要はない。他の伝道所で牧師が奉仕する場合、信徒伝道者を用いることが効果的である。

2. 定年退職後献身牧師の地方教会赴任への奨励

彼らが自宅近くの都市教会に赴任している現状については触れたとおりである。献身というのは家族を捨て、職を捨て主に従うことである（マルコ１：18；10：29）。ただ聖書解釈と説教の訓練を受けただけで、何も捨てないで主の弟子となることは果たして出来るのだろうか。彼らは生活保障のある厚生年金を受けているので、教会からの牧師給は必要ないはずである。彼らこそ無牧の地方過疎教会に赴任して欲しいと願わずにはいられない。私は大都市の定年退職献身者が地方の無牧教会に赴任するケースが生まれたときに、教会の一体性の一端が真に具現化され始めたと見ている。

結　論

かつて現代仏教学の第一人者であった鈴木大拙の言葉を引用しよう。
> 「親鸞はお寺を作らなかった。愚禿に相応なのは『草庵』であって七堂伽藍ではなかった。……念仏は草の庵が最もふさわしいのである。大きな屋根の下から漏れ出る念仏には虚偽が多く、空念仏の合唱には弥陀は耳をかさぬ。……愚禿の信仰には殿堂ほど不要なものはない。今日の本願寺の如きものは祖聖の志を相去ること実に幾千万由旬である。本山の祖師堂には愚禿はいない。一人の親鸞は ── もしそこに在すとすれば ── 燈影裡で泣いてござるに相違ない。」[17]

この高い霊性を見よ。私たちは仏陀の言葉を持っているのではない。神のことばである聖書を持っているのである。ならば仏教徒以上の霊性を持つべ

---

(17) 鈴木大拙『日本的霊性』（岩波文庫，1972），pp. 98-99.

きではないか。地方伝道は霊性の集約である。いわば霊性のテストでもあるのだ。

　これまで私たちは地方伝道の諸問題を概観し、その背景因を探り、教会刷新のための諸課題を考察してきた。地方伝道は現代日本福音主義教会の内的刷新と密接不可分の関係にある。その霊的刷新は地方伝道から始められると言っても決して過言ではない。地方伝道はそれだけの多くの要因を含んでいる。私たちはこれらの問題を看過することなく、地方教会も都市教会も、ともに聖霊に励まされ、教会刷新運動をしようではないか。

第2章　日本における教会とミッションの関係（I）

はじめに

　本稿の目的は、日本における教会とミッションの関係の構造を再検討し、新しい関係のモデルとともに教会の新しいモデルを引き出すことである。その結果として教会が聖書的によりよく機能し、現代日本の社会に、世界的キリストのからだの中で、より効果的な証しをするためである。

　日本における教会とミッションの関係は、文化的に条件付けがなされている。それゆえに、この関係の再構成のためには、この関係を強化している日本社会の文化的諸要素を考慮に入れなければならない。中心問題は、その関係と教会内部に見られる階級構造と甘えの心理である。前者は、第三世界教会に共通的に見られる現象でもある。この構造が文化的、聖書的、神学的に対決させられ、変革されなければならない。日本における教会とミッションの関係の再構成は、日本国内の教会の内部構造の再構成から始められなければならないのである。

　本稿では、日本の教会のミッションへの依存状態を示す数量的データは省略し、もっぱら社会、文化的、神学的分析に焦点を合わせ、議論を進めて行くことにする。

I　今日の世界における教会とミッションの関係の概観

　日本における教会とミッションの関係を世界的視野において正しく位置付けるために、まず世界における状況を見ることにしよう。今日、教会とミッションの関係（Church-Mission Relationship）のテーマは、最も微妙で、頻繁に議論がなされている問題であり、数年前の調査によると、現代世界宣教の最重要課題9項目のうちの第4位に挙げられている[1]。

---

(1) Harvie M. Conn, "Theological Trends and Issues in the Christian World Mission

第2章　日本における教会とミッションの関係（I）

　教会とミッションの関係の中心点は、いわゆる古い教会（older church）と若い教会（younger church）の相互性を、いかにして世界的キリストのからだの一体性（Iコリント12：12―27）の概念の上に立脚して発展させていくかにある。それゆえに、教会とミッションの関係の問題は、しばしばそう主張されてきたが、両者の関係構造を変えたり、人的、財的、その他実用的問題を処理しただけでは解決しない。それは、その国における社会学、心理学、人類学、宣教史の問題であり、教会論の問題である。つまるところこの問題は、コンテキチャリゼーションの全課題に帰着すると思われる。

　そこでまず問題点を見る前に、20世紀に入ってからの教会とミッションの関係の問題の発展について、国際宣教会議を通して見てみることにしよう。

A. 20世紀における教会とミッションの関係の発展

　今世紀に入って何回か開かれた国際宣教会議を見る時に、教会とミッションの関係の問題の本質なり、断片が良く現れているのを見ることができる。

　エディンバラ会議（1910年）においては、古い教会と若い教会の問題は余り出て来ていなかった。若い教会は、西欧宣教団によって援助され、自分自身の決定によって行動することのできない「宣教師の媒体」にすぎなかった。ヘンリー・ベンとルファス・アンダーソンがほとんど同時期に「三自原則」(three-self formula) をこれより約60年も前に、提唱しても会議の大勢に大きな変化がなかったのである。とは言え問題は潜在化しつつあり、若きインド代表のV・S・アザリヤは、宣教師の働きを賞讃した後で、「われわれに友を与えよ！」と叫んだのであった。

　18年後のエルサレム会議（1928年）では、状況は全く異なっていた。若い教会からの代表者数は増加したばかりか、「協力」、「協同」、「交わり」、「相互関係」、「共同体」等の用語が頻繁に用いられ、新しい時代の幕開けを予告していた。1938年のタンバラム会議では、議題の中心は、キリスト教と他宗教との関係にあり、本問題についてはほとんど議論されることはなかっ

As Seen from a North American Perspective," *Occasional Bulletin of Missionary Research* 3 (April 1979)：53.

た。

　第二次世界大戦後、最初の国際宣教会議は、カナダのホイットビーで 1947 年に開催され、全く新しい状況が展開されて来た。これは、世界史における変化の結果でもあった。多くの第三世界の教会は、戦争により支持母体である西欧教会から切断を余儀なくされ、いやがうえにも自立させられてしまったのである。戦後も、戦前のような関係に戻すことはできず、新しい関係の確立にせまられていたのであった。そこで、ホイットビーで編み出された標語が「服従における協力」(partnership in obedience) であった。

　ホイットビー会議は、楽観主義がにじみ出ていた。しかし 5 年後、ドイツ、ウィリングンで国際宣教会議が聞かれた時に、会議の雰囲気は変わっていた。暗雲はたちこめ、将来の見通しはきかなくなっていた。「中国における宣教の崩壊」の影が会議をおおっていたためであった。第二次大戦前の状況に戻すことができないことは明らかであった。「服従における協力」も双方の善意にもかかわらず、実行が困難となりつつあった。協力概念は幅広く論議され、「一致による宣教」(mission in unity) に力点がおかれた。

　最後の国際宣教会議は、1958 年、ガーナで開催され、ここでは新たなスローガンは作られず、若い教会の西欧教会と宣教団に対するいらだちの様相が出始めていた。そして後年のように激しくはなかったが、「宣教師よ帰れ」の声が聞かれた。これはやがて、第三世界教会の「モラトリアム」の叫びとなっていったのである。

　その後の国際会議は、現在は WCC の世界宣教伝道委員会 (the Commission on World Mission and Evangelism) となって継続し、他の標語が提唱されてきた。1963 年のメキシコ会議では、「宣教への共同行為」(JAM, Joint Action for Mission) が提唱され、しばしの間、流行語として続いた。WCC のウプサラ会議 (1968 年) では、「多元的関係」(Multilateral Relations)、「エキュメニカルな人材の供与」(Ecumenical Sharing of Per-sonnel) が提唱され、バンコク (1973 年) では、「成熟した関係」に焦点が集まった。

　しかし、ホイットビーにおける標語「服従における協力」の関係は、長年つちかわれてきた両者の支配と依存関係から、強者の弱者への支配関係に

容易に転換してしまったのである。そこで長年続いた支配関係によらない多元的な関係を作り出そうとする試みがなされた。

1973年のバンコク会議では、二者間における関係構造に対する根本的改訂の喚起が示された。福音派においては、過去20年、2つの大きな伝道会議がベルリン（1966年）とローザンヌ（1974年）で聞かれたが、教会とミッションの関係については、ほとんど語られることはなかった。ただ、ローザンヌ神学教育委員会によるウィローバンク・レポート（1978年）が福音と文化の問題に焦点を合わせ、討論を重ね、第三世界の教会の状況について喚起をうながした。

B. 西欧教会の問題点

1971年、米国における福音派二大海外宣教団体である超教派海外宣教協議会（IFMA）と福音主義海外宣教協議会（EFMA）主催による教会とミッションの関係についての研究会議がウィスコンシン州グリーン・レイクで聞かれた。一般にGL'71と呼ばれるこの会議は、教会とミッションの関係構造の問題に対する大きな試みであった。

しかし、この会議の大きな目的の一つは、「ミッションと教会の間に存在する緊張点を明らかにすること[2]」にあったが、会議の結果は、十分その目的を達成したとは言い得なかった。会議のほとんどは、ミッションの経営上の問題に費やされ、神学的な問題は、E. P. クラウニィの午前中の講議「教会の奉仕に関する聖書の教理 —— 聖書的教会論とミッションの危機[3]」を除き、触れられないままに終わった。そしてこれさえ、結論のための枠組を形成するに当たって、ほとんど用いられることはなかったのである。アメリカ福音派ミッションの思考様式は相変わらず、「神学なき教会」「神学なき宣教」の様相を呈したとハーヴィ・コン（1933～1999, 次頁写真）は指摘する[4]。

---

(2) Virgil Gerber ed., *Mission in Creative Tension* (South Pasadena：William Carey Library, 1971), p. 113.

(3) Ibid., pp. 231—300.

(4) Harvie M. Conn, ed., *Theoloical Perspectives on Church Growth* (Nutley：Presbyterian and Reformed Pub. Co., 1976), p. 107.

さらにローデシアの若手リーダーの一人、ピウス・ワカタマは、この会議がアメリカ人のみの会議であったことに不満を述べている。「第三世界の人々も、たまたま米国にいた人が招待されはしたが、参加者としてではなく、単なる参考人として招かれたに過ぎなかった。第三国人のリーダーとして、十分語る資格のある人でありながら、誰も主要な発題が許されなかったのである」。さらに続けて「グリーン・レイクで起きたことは、正に、海外でもしばしば起きていることである。ミッションは、自分たちの最も都合のいいように、組織や構造を決定し、それらが現実的必要や人々の社会的気質に適用しないにもかかわらず、現地の教会はそれに合わせることを要求されるのである」という。GL'71におけるG・ピータースの「対等性と相互性の協力」の概念が、福音派宣教団体で受け入れつつありながらも、こうした声があげられることに注目する必要があろう。

こうした構造的な問題とは別に、さらに重要なものは、経済的問題である。どの宣教団体においても、援助の大部分は、宣教師、運営責任者、宣教地教会の牧師給与等、人件費に当てられている。従って、「この地の人件費、運営責任者への援助に、大部分の金が費やされ、未伝の人々に福音を伝えようとする伝道的働きのいかに少ないことか」という西欧教会の憂慮は正に正当である。さらに本国における増大する経済的圧迫の結果、ミッション援助金を減少させよとの強い要求が出てきている。国際的インフレ、不況、運営費、献金者の経済的圧迫、収入の微増、失業といった問題は、外国よりも国内を、といった声のかつてない増大とともに、真剣な自己反省が求められているのが現状である。

---

(5) Pius Wakatama, *Independence for the Third World Church* (Downers Grove : Inter varsity Press, 1978), p. 106.
(6) Ibid., p. 107.
(7) Wade T. Coggins and E. L. Frizen, Jr. eds, *Evangelical Missions Tomorrow* (South Pasadena : William Carey Library, 1977), p. 197.
(8) Ibid.

第 2 章　日本における教会とミッションの関係（I）

　一方、一度被宣教地教会が最初からミッション団体から援助を受けると、途中で援助を打ち切り、経済的に自立させることは極めて困難になる。ミッションの援助は、本質的に現地教会の依存的精神を奨励させている。ここに問題点の本質がある。そしてこの誤りは、世界宣教史を通じて繰り返し行われてきた。この唯一の例外は、韓国において実施されてきたネービアス計画である。長老派宣教師ブルース・ハントは「彼（ネービアス）の方法がほとんど採用されなかったことは、おかしなことである」(9)と嘆き、「古い失敗が新しい宣教地で繰り返されているばかりでなく、キリスト教的愛と援助の名のもとに、これらの失敗のあるものは拡大され、援助が必要であるという人類愛によって堅固な働きは阻害され、結果として、改心者を脆弱で、依存的なものにしている」(10)と指摘している。

　ミッションからの援助は、現地教会の依存的精神を奨励し、またその結果、教会の成長を停滞させているばかりでなく、聖書的原則にも、もとっているのである。ピーター・バイヤーハウス（1929～）は指摘する。

　　宣教師の犯す最も大きな罪は「結果」を求めることの熱心さのゆえに、福音の本質を曖昧なものにしてしまい、有識無意識の、自分が重要であるという意識によって、福音と教会にとって異質な依存精神を助長することの罪である。(11)

こうして一方では、母国におけるミッション・サポートの減少と、他方では第三世界教会の依存心理によって、世界宣教は後退を余儀なくされてきている。この西欧教会の声がローザンヌ契約の第9項となって現れている。

　　福音化された国における外国宣教師と資金の減少は、現地教会が自力で成長するのを促し、福音の来伝地域に資源をまわすことが心要であるかも知れない。(12)

---

(9) John L. Nevius, *The Planting and Development of Missionary Churches* (Philadelphia: The Presbyte-rian and Reformed Pub. Co., 1958), p. iii.
(10) Ibid., p. v.
(11) Peter Beyerhaus and Henry Lefever, *The Responsible Church and Foreign Mission* (Grand Rapids: William B. Eerdmans Pub. Co., 1964), p. 109.
(12) J. D. Douglas ed, *Let the Earth Hear His Voice* (Minneapolis: World Wide Publications, 1975), p. 6.

この金銭問題に密接に関係するもう一つの問題領域は、西欧教会の「寄付者精神構造」である。今日、海外宣教の最大の経済的支援国は米国であるが、西欧教会の代表である米国は、かつて本質的に一度も受ける教会となったことはなかった。[13]なぜこの西欧教会の寄付者精神構造があり、世界的キリストのからだの中にありながら、受ける教会、与える教会の区分が存在し続けるのか。

　デービット・ボッシュ（David Jacobus Bosch, 1929 ～ 1992）は、「コンスタンティン時代の幕開けから、教会が権力の基地となり、文化と文明の守護兵となって以来、今日存在する問題は当然、発生してきたのである」[14]と指摘する。教会と政治、経済、軍事的な種々にわたるこの世の権力との協同は、測り知れないものがあり、西欧教会に依然として依存し続けている。[15]
　こうしたことは、「第三世界のクリスチャンに対して、西欧宣教師が福音が何であり、宣教の働きにどのような手段を用いるべきかを知っているのはわれわれであり、われわれが金を持ち、資本と技術の集約された手段を用いてやる技術的ノウハウを知っているのだから、われわれが動かす権利があると考える無意識の高慢な態度」[16]に現れてくる。
　もちろんすべての西欧宣教師がこういう態度をとっているということではない。最近では、多くの西欧宣教団体や宣教師がこうしたことに気付き始め、第三世界のキリスト者との相互依存と交わりへと転換しつつあるのも事実である。しかし、基本的な線は、いまだ十分に変わっていない。こうした有職、無意識の態度は、第三世界のキリスト者たちに感じとられ、傷つけているのである。ワカタマは、こうしたことの三つの例をあげている。

---

(13) Harvie M. Conn, "The Money Barrier Between Sending and Receiving Churches," *Evangelical Missions Quarterly* 14 (October 1978)：233.
(14) David J. Bosch, "Towards True Mutuality：Exchanging the Same Commodities or Supplementing Each Other's Needs？", *Missiology* 6 (July 1978)：288.
(15) John Yoder, "The 'Constantinian' Sources of Western Social Ethics," *Missionalia* (1976) 4：98－108.
(16) Charles Taber, "Power and Mission", *Milligan Missiogram* (Winter, 1977)：5.

第2章　日本における教会とミッションの関係 (I)

(1) 成熟した現地人を、絶えず監督されなければならない子供とみなす家父長的な態度。
(2) 特に金銭に関することで、現地人の責任能力を信頼しないこと。
(3) 現地人指導者を宣教師の補助者としてしか見ず、自己自身の権利で神に仕える者と見なさないこと[17]。

しかし、古い教会は、こうした自分たちの思考、表現、習慣を若い教会に押しつけて、彼らを心理的に傷つける態度、あるいはタバーが呼ぶ「専制主義」[18]に必ずしも気付いていない。ある者は、「専制主義」なる表現は、「悪意に満ちた計画的な意図のことであり、言われるような状況では、実際には、ほとんど起きていないものである」[19]と言って反対する。しかし、米国人類学者のタバーは、「無意識の専制主義は存在するばかりか、事実上の専制君主であることに気付いていないことは、さらに致命的である」[20]という。

どうして、こうした矛盾した事態が生じるのであろうか。理由は簡単である。西欧教会が、第三世界の人々と衝突する全く無意識の前提の上に立って行動するからであり、この衝突は「第三世界のキリスト者がわれわれの圧迫的態度に反対する躊躇を捨て去って以来、数十年、宣教という枠内において多くの苦々しい思いと不幸な経験をもたらせた」[21]とタバーは指摘する。西欧教会がこうした「教会と世俗的権力の不純な結合」[22]に深く根ざしたこの寄付者精神と無意識の攻撃性の捕囚になっていることに気付いて、初めて真の双務的協力者となり、世界的キリストのからだの一体性の一部に加わり得るのではあるまいか。筆者はこの米国人類学者の声を聞く時に、今後の日本の教会の第三世界のキリスト者に対する態度の自戒録としなければとの強い思いに捕われる。

---

(17) Wakatama, *Independence*, p. 93.
(18) Charles Taber, "Tyranny, Conscious and Unconscious", *Gospel in Context* 1 (April, 1978)：2.
(19) Ibid.
(20) Ibid.
(21) Ibid.
(22) Taber, "Power and Mission", p. 5.

C. 第三世界教会の問題点

　問題は、西欧教会の寄付者精神と無意識の攻撃性ばかりにあるのではなく、第三世界教会にも同程度ある。すなわち「受領者精神」と心理的依存の構造である。一たび若い教会が西欧の善意を受けると、以降受け取るのを拒むことは、非常に困難になる。このことは特に西欧教会への継続した依存を保証する西欧教派教会において明らかである。西欧への依存が習慣化すると若い教会は、受領者精神のとりことなり、心理的な条件付けがなされてくる。それだけでなく、これはまた文化的に補強されてくる。日本における甘えの構造などである。こうして西欧寄付教会は、第三世界の受領者教会を作り出し、こうした定式が歴史的に定着し、文化的に補強され、心理的に固着化してきたのである。

　この「受領者精神」は、次のインドにおけるケースによく現されている。インド、南アンドゥーラのクリスチャンは、自分の教会には二種類の信徒がいると次の様に分析する。大多数のクリスチャンは、自分の利益によって動いている。彼らは物質的利益を教会に求める。極貧階層は教会に食糧を求め、次の中間層は仕事や子供を入学させる学校などを施設に求めてくる。そしてこのタイプの上層階級は教会の指導者の地位を求めてくる。もう一方の信徒たちはこうした欲求志向型の人々を、一部は外国援助から自由になりたいという反宣教師的なナショナリズムの理由からと、一部は福音の宣教的認識から出た伝道的理由から、軽蔑している。[23]

　しかしながら、古い教会 ── 若い教会の寄付者－受領者精神構造による関係は、深刻な問題に直面することになる。第一は現地クリスチャンのその地の人々との分離があげられる。第三世界の諸国においては、西欧宣教団による宣教の初期段階においては、ほとんど西洋人が実施し、これを現地人クリスチャンが補助をするという形をとっている。

　そこで、現地クリスチャンの第一の忠誠対象は、彼らの宣教団体であって、

---

(23) James A. Bergguist and P. Kambar Manickam, *The Crisis of Dependence in Third World Ministries* (Madras, India : The Christian Literature Society, 1974), p. 62.

第2章　日本における教会とミッションの関係（I）

彼ら自身の教会ではない。外国宣教団の現地スタッフばかりではなく、現地教会員さえも自分たちが西欧化し、西欧ミッションによって提供されたより高い生活のレベルにいると自己評価する。こうしたことの結果は、しばしば現地の人々と分離してしまうことになる。英国宣教学者スティーブン・ニール（Stephen Charles Neill, 1900-1984）が指摘するように「第三世界の教師たちは、そのほとんどが西欧化し、その結果、現地の人々との心理的接触点を失ってきてしまっている」(24)事実を残念ながら認めなければならないのである。こうした現地クリスチャンは、しばしば現地の人から「宣教師の手先」とか「あやつり人形」(25)とか呼ばれることになる。この意味で、第三世界のコンテキストにおける教会の宣教は、非常に困難になるのである。

　第二に、若い教会内の階級構造の問題がある。寄付者－受領者の関係は、全構造をより階級組織的にする。インドでは、バークィスト（James A. Bergquist）とマニッカム（P. Kambar Manickam）によると、プロテスタント教会の全構造の中心には、そのほとんどが按手札を受けた宣教師たちが位置し、第二の円には、按手札を受けた現地人牧師が位置し、最後に、第三の外側の円内は、給与を支払われた職業専門牧師と未按手伝道者、婦人伝道師たちによって占められているという。(26)これらの職業専門的現地人奉仕者のうち、わずか10％あまりの人が正式に按手札を受け、残りの90％は、按手札を受けていないという。(27)サンドクラーによる1957年の統計によると、アフリカのサハラ砂漠以南の状況もほとんど同様である。6.5％が按手札を受け、93.5％が按手札を受けていない。(28)

　このような階級構造は、西欧宣教師による家父長的権威主義から始まっている。そして現地教会が自立すると、宣教師の権威主義は、同程度の権

---

(24) Stephen Neill, "Building the Church on Two Continents" *Christianity Today* 18 July 1980, p. 21.
(25) Charles R. Taber, "Structures and Strategies for Interdependence in Third World Mission", *Mission Focus* 6 (September 1978)：6.
(26) Bergquist and Manickam, *Crisis of Dependence*, pp. 19-20.
(27) Ibid., p. 21.
(28) Ibid., p. 13.

威主義的現地人牧師がとってかわる。宣教師がかつて現地人クリスチャンにとって偉大なる権威者であったのが、今や、按手札を受けた牧師がその役目を果たすのである。強力な資金がかつてその知的権威とともに西欧宣教師によって代表されていたものが、今や現地教会の頂点を占める現地教職の中から、依然として外国宣教団による援助を受けながら、来るのである。階級的権威主義は、宣教師の退去によって消失するどころか、新しい組織に吸収されてしまったのである。

　第三に、職業専門主義と関連して、第三世界の伝道における神学教育の問題がある。寄付者－受領者の精神構造を受け継ぐ現地教会の階級構造は、さらに、教職－信徒の関係にまで発展していて共に教会が古い教会によって経済的に支えられてきたように、第三世界の諸国における神学教育も西欧宣教団によって経済的に支えられてきた。その結果、高度に知的な専門職化した西欧神学教育モデルと、その手段としての、西欧認識様式による神学が移植されて来たのである。

　しかしながら、この西欧神学教育モデルは、第三世界教会には、増々不適切になりつつある。現地教会は、多額の資金を（それもほとんど西欧から来たものであるが）少数のクリスチャンのエリートたちのための神学校教育に費やさなければならないばかりか、（そして残念ながら、こうした神学生が牧師になる率は、第三世界では必ずしも高くはなく）教会は、現地の増大しつつある教職者の必要数を満たすことができない状態にある。このことは特に教会が急激に成長しつつある地域、ラテン・アメリカ諸国、アフリカ、いくつかのアジアの諸国においてそうである。既に指摘されたように、こうした需要と供給のギャップを埋めるために、若い教会では不釣合なほどの多数の按手札を受けていない牧師、伝道師、婦人伝道師を採用しているのが現状である。

　こうして、学問的優秀性と、これを囲む西欧資金によって序列付けられた階級構造は、宣教師を頂点として、按手札を受けた牧師、按手札を受けていない説教者、婦人伝道師の序列を作り出し、さらに土着の社会学的、倫理的諸要素によって補強されていくのである。「預言者指導者に導かれるアフリカの多くの教会の交わり、インドにおける真理基準としてのヒンズー教

師的権威、儒教的な教師への畏敬、これらのものは指導者牧師のアジア的モデルをいやがうえにも押しつけ、そのすべてが、牧会におけるエリート的機能を支持しているのである」。

第三世界教会におけるこうした階級的権威主義構造の根底には、職業専門主義としての神学教育の問題が横たわっている。

職業専門家としての牧師とは、悪い意味で何を意味するのであろうか。J・H・ヨーダー（John Howard Yoder, 1927～1997）は、この点についていくつかの要素を挙げている。

職業の専門職化とは、(1) 完全な給与の支払を受ける全時間就業、(2) 一定の社会的重要性を有する擬似的な特異な機能、(3) 職業が専門化すればするほど、能力評価が必要になってくる。(4) 素人を失望させ、職業はある一定の人、すなわち、専門家によって最善に為されるという仮定、(5) 専門家はどこであれ、誰であれ、そこにいさえすれば、その専門家によってとって代わることができるように機能するものである。牧会専門家としてのこのような要素は、確かに、古い教会から若い教会へ移植されて来たと言えよう。

さらに、若い教会における牧会職の専門化現象は、教職と信徒の距離を広げ、階級構造をいよいよ強固なものにしている。教職の地位は給与支給によって、全会衆の前により権威を与えるものとなっている。「素人としての信徒は、その賜物を、経済で測られることになる。按手ということが、聖霊の賜物という教会的宣言としての聖書的機能から、給与を受ける地位、階級、権威という制度化された認証に変質してしまったのである」。その結果、キリストの教会の本質的性格としての全体的な body life は、いよいよ困難になってくるのである。

神学教育のモデルと学校組織によるその学問的卓越性の追求は、大きな

---

(29) Harvie M. Conn, "Theological Education and the Search for Excellence", *Westminster Theological Journal* 41 (Spring 1979) : 333.
(30) John H. Yoder, "The Fullness of Christ: Perspectives on Ministries in Renewal", *Concern* 17 : 75—80.
(31) Harvie M. Conn, "Theological Education", p. 331.

問題をはらんでいる。牧師養成の訓練は知性の首位性というギリシャ的思想に強く影響を受けた認識レベルの教育に環元されてきている。その結果「建徳」という聖書的モデルは、神の民によって他者の徳を高めるという神中心の召命（ローマ15：2）から、職業専門家のする知的抽象化、そこから出て来るいつでも、いかなる文化でも適用可能という普遍的原則へ移行し始めたのである。[32] 牧会の手段としての神学も、原初のコンテクチュアルな性格を失い、歴史的に主に西欧文化的コンテクストで行なわれてきた神学研究のための主題的序列を反映する形に抽象化されて来てしまった。従って、ディビット・ボッシュが問うように「数世紀にわたって、組織神学は一般的に哲学（それも特にキリスト教的哲学を）のみを議論の相手と考え、キリスト教外の全ての現実を無視して来た事実は、どのように正当化できるのだろうか。…いまだに組織神学が解放の神学や他の第三世界神学への言及なしに教えられる機会が多いのである」[33]と主張されるのである。あるいは、ハーヴィ・コンが問うように「祖先礼拝やアニミズムの力学構造、あるいは神の子イエス・キリストの回教における誤解釈といった問題に対して、人々は神学と同一視する歴史的伝統のどの部分にいって解答を見出すことができるのだろうか」[34]という質問が当然問いかけられることになるのである。

　それゆえに、第三世界の伝道牧会の、コンテクストから遊離した抽象化とそこから出る問題は、重大な欠陥となってくるのである。当然、西欧的学校教育の基準に合わない賜物ある人々への教会の職務への道は閉ざされてくるのである。

　以上が、今日における教会とミッションの関係の問題状況の概観である。教会とミッションの関係の問題は、最底辺に心理的問題があり、非常にデリケートなものであることを知る必要がある。既述のことがらが、すべて日本における状況に当てはまるとは限らない。教会的には、日本からの海外宣教

---

(32) Ibid., p. 351.
(33) David J. Bosch, "Theological Education in Missionary Perspective", *Missiology* 10 (January 1982)：27—28.
(34) Harvie M. Conn, "Theological Education", p. 352.

師は増加しつつあるとは言え、大勢においては、宣教師を受け入れる第三世界に属し、経済的には、先進国に属しているためである。しかし、原則的には、日本の教会にも当てはまることであるように思われる。筆者は日本の教会人として、「こうした伝統的な教会とミッションの関係、その依存的構造、教会の階級的内部構造を如何にして、聖書的なものに再構成することができるだろうか。われわれ日本の教会が世に対する宣教という本質的性格に、より自己意識をもって目覚めるために、常に改革する教会として現在の危機的状況を如何に変革することができるだろうか」と問わなければならないと思う。この問題を日本のコンテキストにおいて次に論ずることにしよう。

II　日本教会における状況

　ここでは、日本教会のミッションへの依存状況と、階級的内部構造の問題について触れてみたい。日本教会の外国ミッションへの依存関係については、例えば、日本長老教会のように当初から自給、自伝、自治の三自原則を貫いてきた教会もあるが、外国ミッションとの係わりが強い教団、教派においては、開拓初期からミッションへの経済的依存は相当あったのではあるまいかと想像される。表面的には、自給原則を貫いていたにしても、開拓伝道については、相変らず宣教師に大きな荷重がかけられていたり、会堂、土地購入、会堂建設に際して、ミッションの基金からほとんど無利子に近い形で融資を受けるというように、何らかのミッションへの依存状態は残っているのではあるまいか。

　筆者の所属するリーベンゼラ・キリスト教会連合とその延長上の教会合同による日本福音キリスト教会連合《JECA》（1993年、単立キリスト教会連盟、リーベンゼラ・キリスト教会連合、新約教団、北海道福音教会協議会は教会合同を実現させた）に関して言えば、特に困難な地方の農、山、漁村伝道を実施してきたミッションとその結果出来上がった教会は、数量的な意味での教会成長も当然困難であり、ミッションからの牧師給援助という形でのミッションへの依存状態

は、近年まで続いてきたのである。合同以前、団体の国内伝道委員会では自立のための幾つかの案を提出し、所属諸教会は表面上、経済的独立を果した。しかし実情は経済的未自給は明らかで、その実体はミッションより分離した教会連合の所属教会が宗教法人を取得するよう団体実行委員会の勧告があったのにも係わらず、現在に至るまで依然として法人格取得が出来ていない教会が茨城県の諸教会には数多くあることからも指摘できる。

　こうしたキリストのからだの部分としての貴重な働きをしておられる地方伝道の教会が、ミッションへ依存していることを批難しているわけでは決してない。筆者の属する旧リーベンゼラ・キリスト教会連合が正にそれだったのである。そこで問題の起点として、過去のリーベンゼラ・キリスト教会連合の歴史から、外国ミッションへの依存関係について述べることにしよう。ここではミッションへの依存状態を最も端的に示す、ミッションから日本教会への援助金の変遷に関するデータは、公にすることが出来ないので省略し、主に歴史的面から触れてみたいと思う。

A. 旧リーベンゼラ・キリスト教会連合の歴史から

　1927年、ドイツ、リーベンゼラミッションは、5名の宣教師を日本に派遣し、東京近郊で開拓伝道を開始した。その結果、四つの教会が誕生した。しかし第二次大戦中、戦後を通し、ある教会は戦災で焼失、分散したり、他教団にそれぞれ参加し、グループ結成に至らなかった。

　1951年、最初の四人の宣教師の中の一名が来日、川崎市中野島（現在の多摩区中野島）に事務所と教会を開設、事実上のリーベンゼラ日本伝道会の幕開けとなった。その後、農、漁村に主に重点を置いた伝道を開始し、特に教会数の少なかった茨城県を重点的な宣教地域として伝道をした。その後、1960年代から人口急増の都市地域への伝道に一部軌道修正し、教会数も1951年1、1961年14、1971年27、1981年36と急増していった。こうした教会数の増加のすべては、宣教師の開拓によるものであり、国内教会が開拓を開始するようになったのは、やっと80年代に入ってからであった。そして教会成長の中心は、都市部における教会であり、茨城県を中心とした

第 2 章　日本における教会とミッションの関係 (I)

地方都市、農漁業地域の教会は、低成長と信徒の都市流出に悩まされ続けてきた。こうした地域における教会は、経済的自給力が弱く、勢いミッション援助に依存して来なければならなかった。

　1978 年、リーベンゼラ・キリスト教会連合に名称変更され、これとともに、各個教会主義の路線が打ち出され、自給化への努力が加連された。 1980 年の連合総会では、1985 年末を目標にミッションよりの完全自給化への努力が確認され、1983 年の総会では、正式にこれが決議された。 1986 年総会でミッションよりの完全自給化は達成され、これとともに国内教会による開拓への努力が確認された。

　なぜ旧リーベンゼラ・キリスト教会連合の教会が、リーベンゼラ・ミッションに長期間依存しなければならなかったのか。日本宣教開始当時より、困難な地への宣教を選択した初代宣教師たちのヴィジョンは多とすべきであるが、そこで出来た教会と、それを引き継いだ日本人牧師は、低成長に悩み続けなければならなかった。経済的にも宣教開始と同時にミッションが経済をすべて負担し、牧師給も不足分を支払っていた。教会内には、こうして経済的に困った時はミッションに依存する体質が出来上がって来てしまったのである。当時の指導者は「MSA（ミッション[M]の財布[S]を当てに[A]する）体質」と表現した。教会のミッションへの依存の原因が、地方町村部の小規模教会が援助を必要としてきたことによるところが多いが、これは困難な地を敢えて選択した宣教戦略上の問題点とともに、日本人の甘えの心理によるところが多いと理解される。

　全く反対の状況を示しているのが、韓国における「ネービアス方式 (Nevius Method) と言われるものである。ピーター・バイヤーハウス (Peter Beyerhaus, 1929～)は、その諸原則を次のように挙げている。

① 宣教師の広域にわたる個人伝道。
② 自伝の原則、そしてすべての信徒が誰れかの教師となり、自分より整えられた人の学習者となること。
③ 自給の原則、そしてすべびグループが最初無給の指導者を自分たちで立てる。また自分たちで給料を支払う巡回指導者の指導を受け、

その人は後に牧師にあけ渡す。そして地区、地域、全国単位の指導者訓練会を巡回で行なう。

④ 自給の原則。礼拝の場所はすべて、そこの信徒が提供する。教会が設立されるや直ちに巡回教師の給料を支払い始める。学校に対しても分担金を支払う。いかなる教会の牧師でも、外国の資金によって給料は支払われない。

⑤ 組織的な聖書研究をそのグループの指導者、巡回教師がすべての信徒にほどこす。そしてすべての指導者、教師は宣教師による聖書研究のクラスに出席する。

⑥ 厳格な教会訓練と聖書的な制裁。

⑦ 他教団との協力と合同をする。最低、領域の区分を明確にする。

⑧ 個人的な訴訟事件とそれに類することに不介入であること。

⑨ 人々の経済的な問題に関して可能な時には、宣教師は一般的に好意的であること。(35)

このうち、④と⑤はネービアス方式において、その土着性とそれの実践の手段としての聖書研究の強調のために、最重要なものとして強調されてきた。

この原則をリーベンゼラミッションの日本における宣教活動との関係で見てみると、リーベンゼラミッションの日本教会の自立精神涵養への努力が弱かったことがうかがえる。そのすべての経済的必要は、開拓伝道の当初から、旧西ドイツ・ミッションから支給されてきた。そしてこの方針は、自給達成に近づいてきた80年代に至るまで、基本的に実行され続けてきたのである。こうして甘えの構造は、深く日本の国内教会に根づくことになったと言える。

以上が筆者の所属していた旧リーベンゼラ・キリスト教会連合の例であるが、これは決して特別な例ではなく、日本におけるミッション主導型の宣教の極く一般的な例の様に思える。そして、こうして依存的体質を内部構造にもった教会が自立すると、概して宣教する教会、教会を生み出す教会、他者の責任を担う教会とはなり得ないのではないか。未自給時の甘えに見られ

---

(35) Beyerhaus and Lefever, *The Responsible Church*, pp. 91, 92.

第 2 章　日本における教会とミッションの関係 (I)

る自己保存的体質は、相変らず継続することになるからである。この意味で、ミッションへの依存という形態は、経済的豊かさへの成長によって解消されても、内部構造的に外部に向かっては他教会、隣接する弱少教会への無関心となって現れ、内に向かっては、その自己保存的性格を安定化させるための階級構造をもつ体質の教会となってくるのではなかろうか。つまり依存と階級構造という定式は、他の第三世界の教会に見られるものと同一の現象ということができると考えられる。日本の場合には、その経済的豊かさのゆえに多少ともその依存形態が解消されたに過ぎないのではないだろうか。

そこでわれわれは、次に日本の教会とミッションへの依存と階級内部構造の問題と、それを補強する歴史的、社会的、心理的、人類学的諸要素について見てみることにしよう。

B.　依存と階級的構造

1.　歴史的視点から……儒教的、武士道的影響

日本社会には、西欧社会には見られない独特の社会的倫理があるが、これは儒教的、武士道的倫理ともいうべきものであろう。明治以降、近代国家形成の道徳的バックボーンとなったものは、正にこれであったし、今日の国民的性格の形成に計り知れない影響を与えてきた。

現代社会の縮図としての教会内においては、この儒教的武士道的倫理は、牧師・先生－信徒・弟子という階級的タテの線とに現れてくる。ここに、道徳としては、幾多の優れた面を持ちながらも、ダイナミックな教会的交わりと証しを阻害するものとして、また教会のミッションへの依存関係を補強し、階級構造形成に力をかしているものとして、教会における儒教的、武士道的要素をマイナスの面から見ていくことにしよう。

江戸時代に至るまで、武士道と儒教は直接には結びついていなかったことは、歴史家の指摘するところである。戦国時代には、むしろ主従関係は否定されてきた。武士道と儒教が結びついたのは江戸時代からである。林 羅山（はやしらざん）(1583～1657)、中江藤樹（なかえとうじゅ）(1608～1648)、熊沢蕃山（くまざわばんざん）(1619～1691)、山鹿（やまが）

素行(1622〜1685)、伊藤仁斉(1627〜1705)、伊藤東涯(1670〜1736)、荻生徂徠(1666〜1728)といった儒者たちは、戦うことだけを目的とした武士たちに儒教の君臣、父子、夫婦、兄弟、朋友の五倫とこれを確立する精神的基盤としての仁、義、礼、智、信の五常によって、身を修めることを教えたのであった。

徳川政治体制を擁護し、これに最も適合するものとして朱子学が採用され、その創始者林羅山は幕府に重用された。この朱子学の影響は数多くあるが、その中の一つとして、社会の上下の差別や自分の生まれた身分を先天的なものとして受け取り、その中における自己の分に安んずるという性格を日本朱子学の人倫道徳はもっていた点がある。(36)これが徳川封建体制によくマッチした所以である。朱子学は、君臣、父子といった間に存する主従関係や上下関係が絶対的なものであると教えたのであった。彼らは、キリスト教ばかりでなく、仏教をも排撃した。それは、仏教は彼岸の世界、つまり「あの世」に最高の価値を見出して、此岸、つまり現世を「仮の世」として軽視し、ために、五倫をも否定するに至るからというものであった。(37)

しかし、武士道と儒教の結びつきを決定的にしたのは、林羅山その他の御用学者ではなく、中江藤樹、熊沢蕃山、山鹿素行などの浪人出身の儒者であったと言われる。(38)そして、武士道、特に儒教によって理想化された武士の生き方としての士道の体系化をなした人は、山鹿素行であった。彼は、古学思想の形成者としてよりも、儒教の武教化の実践者、士道の鼓吹者としてより大きな歴史的意義をもっていると言われる。(39)

素行の武士道はこうである。人倫が乱れたなら、この世の秩序は成り立たない。そこで人倫を正し、世間に示すのが武士の任務である。それゆえに武士は、「その自覚を高めること、意志を明確にすること、徳を練り、才能を磨くこと。よく行為の善悪をかえりみ、威儀を正しくすること。常日頃の行

---

(36) 源了円『徳川思想小史』(中央公論社、1973), p25.
(37) 奈良本辰也『武士道の系譜』(中央公論社、1975), p74.
(38) 源了円『徳川思想小史』p. 79.
(39) 前掲書、p. 80.

いを慎しむこと」という六つの項目を、厳重に守らなければならない。そして、武士の態度となって現れる場合は、平素から士気を養っておくことであり、温情をふくんだ形容、威あって猛からざる身のこなし、義理をわきまえ、天命に安んずる気持、清廉、剛直、正直といった徳目がにじみ出るような人物でなければならないとする。いわば戦国的武士を東洋流ジェントルマンに仕立て上げようとしているのである。⁽⁴⁰⁾

　この素行武士道に対して、『葉隠』武士道は多少趣きを異にする。有名な「武士道というは死ぬ事と見付けたり……」で始まる『葉隠』は、「長崎喧嘩」を起点としている。この事件は、鍋島家の深堀屋敷に勤める深堀三右衛門と志波原武右衛門が、長崎町年寄、高木彦右衛門の仲間惣内と路上でゆきあったとき、たまたまぬかるみの泥水が惣内にかかった、かからぬといったことが発端になって喧嘩になり、両人の身内、高木方の主人以下家来一同まで、それに巻き込まれ、事の起こった翌朝には両人およびその身内の者は高木家を襲い、主人以下を皆殺して武士の名誉を守り、自らも切腹して果てたという事件である。⁽⁴¹⁾『葉隠』の著者山本常朝は、この事件は、赤穂浪士復讐事件と比較し、主君の死にさいしては殉死こそ武士の選ぶべき道であると言って、赤穂浪士を批判する。常朝にとって、主君に対する忠とは、儒教に説くような物々しいことではなく、いわば恋人に対するような気持ちで主君に仕える情誼的関係である。そして死とは無条件に主君に自らを献げ、主君のために自らの命を捨てることである。それなら武士は自らの価値をどこに見い出すのであろうか。それは主君との関係においてである。主君に近づけば近づくほど、自らの価値は高まる。それゆえに武士にとって最高の徳とは、独立した自己を見ることではなく、主君に仕えることである。彼は儒教的士道の流れに抗して、自己の一身を賭して献身の美徳に生きる戦国武士の精神の美しさを後世に伝えたいと願ったのである。

　「毎朝毎夕、改めては死に、常住死身になりて居る時は、武道に自由を得る……」なる表現に、死を日毎に、日常生活の中に置くこと、つまり、死を

---

(40) 前掲書、p. 82.
(41) 本文　和辻哲郎、古川哲史校訂『葉隠』（全3巻）（岩波書店、1980）参照。

日常化すること、生活のすべてをそこに統一するということであり、そこに創造的生き方を見い出すものである。

以上概観してきたように儒教、武士道それぞれ意味内容を多少異にしつつも、全体として江戸、明治期を通じ、現代日本社会の倫理的バックボーン形成に大きく影響を与えてきた事実を見のがすことはできない。ちなみに明治期におけるキリスト教指導者であった内村鑑三（高崎藩士の子、1861～1930、写真上）、植村正久（旗本の子、1858～1925、写真中）、新島襄（安中藩士の子、1843～1890、写真下）らは、皆ことごとく武士階級出身の人々であった。

この儒教的武士道的倫理観が、教会の中に入り込むとどうなるか。主イエス・キリストに命をかけた献身をする。こうなった時の武士道的キリスト者は立派である。ところが、目に見えないキリストに献身することが、目に見える牧師に献身することに容易にすり変えられる。信徒は「先生の弟子」たることを求め、逆に、こうした牧師と信徒の関係を求めても得られぬ時に、牧師への拒絶というアンビバレンス現象がおこる。めんどう見のよい牧師と、先生の弟子たることを求める信徒の組合せがマッチした時に、人間的親密さの上に立った階級的構造は出来上がる。両者を結び合わせるものは、キリストにおける愛（ヨハネ13：34, 35）よりも、義理であり、人情であり、それだけ傷つきやすく、壊れやすいものとなってくる。

さらにこうした縦型構造が宗教的敬虔によって増幅され、権威主義的リーダーに対する無批判的服従となり、こうした積み重ねの中に、ある問題をきっかけに教会リーダーである牧師に対する反乱・分裂事件になって現れてくる場合がある。

2. 社会学的視点から……タテ型社会と仲間意識

　日本社会を、親分・子分、先輩・後輩などのように上下関係を軸として広がっていく単一的なタテ型社会であると規定したのは、社会学者中根千枝（1926～）であった。[42] 中根教授によれば、日本人の人間関係は、先生・弟子、先輩・後輩、親分・子分などのようにタテの線で、底辺のない三角形のかたちでつながり合っており、そのつながりの形態は、一つの所属集団への帰属というものであって、複数の場への所属は不可能であるというものである。ここから高度成長経済時代、企業などにおけるような終身雇用、年功序列が制度化し、序列意識、能力平等主義が生まれてくるというものである。米経営学者 J. C. アベグレン（1926-2007）なども、古くから日本経済の驚異的成長と安定を支える日本経営の秘密として、今は廃れたが、終身雇用と年功序列の二点を挙げ、欧米に紹介してきた。[43] 確かに、中根教授の指摘は見事なものであり、『タテ社会の人間関係』で説明される種々の例については、強い説得力をもっている。中根氏の指摘以来、長い間、一般には日本社会はタテ型社会であるとの基本的認識があったように思われる。

　しかし高度成長経済以後、企業では実力主義が採用されたり、社員の中途採用、退職、ベンチャー企業の登場などに見られるように、欧米におけるような可動性が増加し、タテ社会理論だけでは説明し切れないようないろいろな現象が出始めてきた。そして日本社会をもう少し多元的に見ようとする試みがなされてきた。文化人類学者、米山俊直（1930～2006）の『日本人の仲間意識』である。[44] 米山教授の指摘はこうである。日本人の社会生活のすべては、世間・仲間・身内・同胞の四つのカテゴリーで行われるが、日常生活においては、仲間が最重要の契機として働く。そしてこの所属集団としての仲間は、中根の主張するように一つであるのではなく、二つ以上同時に

---

(42) 中根千枝『タテ社会の人間関係』（講談社、1967）．Chie Nakane, *Japanese Cociety* (Berkekey：Univ. of California Press, 1972)．

(43) James C. Abegglen, *The Japanese Factory* (Glencoe,Ill：The Free Press, 1958)．

(44) 米山俊直『日本人の仲間意識』（講談社、1976）．

存在する。たいていの日本人は、いくつかの所属集団を同時に持ち、こうすることによって生きがいを感じている。中根のタテ社会的集団編成は、むしろ大企業、中央官庁、講座制の残っている大学のようないわばエリートにおいてよりよく認められるのであって、庶民一般はむしろ中根のいう「ヨコ社会」的一部分参加的、機能的、社交的世界に住んでいるのではないか。日本社会における人間関係を考えるには、中根のタテ社会的な上下関係、親分子分的垂直関係と、仲間関係に見られるヨコ社会的上下関係という二つの側面を考える必要があるというものである。

　それでは中根のタテ型社会と米山の仲間意識は、教会とミッションとの関係において、また教会の内部構造において、どのように作用しているのであろうか。教会が明確な意識をもって、神の国の原則に立とうとする時に世俗的要素の影響力は少なくなるが、教会はこの世にあるという意味において、またこの世的教会であればあるほど、これらの要素は確かに教会内において存在すると言える。

　タテ社会的な面としては、牧師社会における先輩・後輩の関係が明確に存在する。神学校の卒業年度、牧会就任年度、牧会期間、牧師の年齢は、その牧師の教団内における位置付けをする要因になる。また教団・教派内における指導的牧師、影響力のある牧師、かつては自分が会員であった教会の牧師は、親分的な牧師になり得るし、自分は子分としてその人に従うことがある。その人に従いたくない独立心のある人は、一匹狼の牧師として存在することにもなる。親分・子分、先輩・後輩の関係は、特に尊敬の要素が加わると、だれだれ先生の弟子として自らを自認することになる。ここには確かに垂直的な関係が存在し、これが、神的権威の代表にもなり、権威主義的な体質を帯びてくるのも事実である。牧師の上に宣教師が位置し、他のアジア諸国のようにヒエラルキーを構成するかどうかはわからぬが、日本においては他の第三世界における程ではないように思う。牧師間においてだけではなく、牧師と信徒の間にも先生・弟子、親分・子分的関係が成立する。

---

(45) 前掲書、pp. 71、72.
(46) 前掲書、p. 73.

牧師が尊敬すべき人格の待ち主であったり、著名な人であったりする場合には、信徒は、その先生の弟子であることを誇りとするであろう。著名な英文学者であった斎藤勇は、「植村正久の門守たらんとした」と伝えられる。良きにつけ悪しきにつけ、牧師と信徒の間には、ヒエラルキーは存在するのではあるまいか。

　教団内部における仲間意識は、そのグループの大きさにもよるが、相当強いものがあるように思われる。たいてい教団内の牧師間においては、出身神学校別、同年代別、性格の合う者同志、牧師夫人同志のつながりといった関係で、仲間がいくつも成立してくる。しかし、教団内部のこうしたいくつかの仲間も、他の団体との関係になれば一つの大きな仲間となって結束し、他団体を排除する傾向となって現れてくる。これが分裂こそすれ、合同は決してなかった日本プロテスタント史の事実となって現れている。

　仲間意識は悪くすれば、筋を通さぬ慣れ合いにも通じる。これがミッションとの関係になると、ミッションを巻き込んだ形での教団全体の仲間意識となり、ミッションへの依存関係が成立しているところでは、これを補強する材料になってくる。各個教会レベルの仲間意識も、教会全体としての仲間意識、つまり牧師と信徒の間における仲間意識、また信徒間におけるいくつかの仲間意識となって現れてくる。自分たちの仲間から献身し、外で牧師となった者に対してもこの仲間意識は続き、献金・交わり等で援助したり、母教会の後任牧師として招聘するというように、その関係の結びつきは強固なものとなっている。

　このように教会内におけるタテ社会的要素は、牧師間、牧師信徒の関係を硬直化させ、より階級的性格を強めることになり、さらに宗教的敬虔さは、これらのものを強化する材料となっている。また教団内の仲間意識は、ミッションへの依存関係をより以上に補強することに貢献していると言えるのではあるまいか。

3.　心理学的視点から……甘えの心理

　日本教会の階級構造的性格とミッションへの依存を持続させるもう一つの

要因として、日本人の甘えの心理がある。精神分析医の土居健郎（1920〜2009、写真）はこれを『甘えの構造』で見事に解明した[47]。

　土居によると、甘えとは「相手との一体感を求めること[48]」であり、「他者に接近し、そして相手と一体になりたいという、そういう感情であり、行動である[49]」。それゆえに、逆の表現をすれば、「甘えの心理は、人間存在に本来つきものの分離の事実を否定し、分離の痛みを止揚しようとする[50]」ことなのである。この甘えが働く場は内と外に分けると内なる世界であり、そこは個人の属する集団の世界であって、遠慮を働かす必要のない領域である[51]。米山のいう仲間の世界と同一である。教会とミッションが、経済的援助をミッションより受けることにおいて一体であろうとすること、両者が分離されることを否定すること、分離される痛みを回避しようとすることこそ、正に甘えということなのである。ここに甘えの心理は、ミッションの経済的依存関係を維持する上も最も強力な要因として働くのである。

　土居はまた、甘え心理を中根のタテ社会と結びつけ、甘えを重視することは、日本社会のタテの関係を重視することであると規定する[52]。タテの関係を軸として、そこに親分・子分的な一体感が甘えを働かせる場を提供し、逆にまたこれがタテの関係を強化するという相互作用が働くのであろう。教会の内部構造においても、教会とミッション、牧師間、牧師と信徒の関係において甘えが働くときに、階級構造と権威主義構造への道を開くことになるのではあるまいか。

---

(47) 土居健郎『甘えの構造』（弘文堂、1971）．
(48) 前掲書、p. 87。
(49) 大塚久雄、川島武宜、土居健郎『甘えと社会科学』（弘文堂、1976）、p. 9．
(50) 土居健郎『甘えの構造』p. 82．
(51) 前掲書、pp. 38—41.
(52) 前掲書、p. 23．

第2章　日本における教会とミッションの関係 (I)

　甘えの心理的原型は、母子関係における乳児の心理にあるといわれ[53]、ここに母子は渾然とした一体感と安定感を享受する。この母子一体感の延長線上に、すべてを母なるもので包容する東洋的心性の世界があり、その対立軸として父性的な西洋的世界がある。

　一体感を求めようとする甘えは、その甘えを満足させるために相手に対して受身的依存的姿勢をとる。甘える相手は、自分の意のままにならないから甘える当人は、それだけ傷つき易くなる。ここに被害者意識がでてくる[54]。別な表現をすれば、被害者意識は、甘えを媒介として、人との共同関係を経験することができなかったところから発生するという[55]。

　この一体感を求める心理は、個と集団との関係における所属欲求に現れてくる。日本人は欧米人と比較して、集団所属欲求が強いと言われる。集団の中にある個人が、集団との利益が対立するときに、そこからくる苦痛をのり越えて集団に所属する方を選びとるときに、その個人に「自分がない」のである。日本人にとって「自分がある」とは、集団に対立する自己を主張することではなく、集団に所属し、その所属によって否定されることのない自己の独立を保持できるときに「自分がある」のである[56]。従って「自分がない」とは、個人が集団に埋没し、従属することであるとともに、その一方で、個人が集団から孤立し、文字通り、天涯の孤児となる場合にも「自分がない」ということが言われる。土居氏は統合失調症患者の例を引いて、「人間は何ものかに所属するという経験を持たない限り、人間らしく存在することはできない」[57]と語るが、神学的に言えば、神の像として造られた人間が神に立ち返り、神に帰属するときに、真の聖書的な意味における「自分がある」ということができると言えるであろう[58]。日本人が甘えということによって、人間集団に帰属し、「自分がある」ことを見出そうとすることは、このことの安

---

(53) 前掲書、p. 80.
(54) 前掲書、pp. 155、156.
(55) 前掲書、p. 159.
(56) 前掲書、pp. 162、163.
(57) 前掲書、p. 167.
(58) 前掲書、p. 169.

易な代替行為でしかないと言わざるを得ない。伝道は「神に立ち返ることにより真の自分を見出す」ことを明らかにするのである。

　集団へ埋没するかたちでの自分がない状態、すなわち甘えは、ミッションへの依存関係にある教会が経済的自立への道へ歩み出そうとする時に、これを引き留める力として内に強く働く。逆に何らかの強制的力によって依存関係が切断される時に、断ち切られた教会の内部には強い被害者意識が働くか、あるいは教団指導者層に対する強い反発となって、教団離脱現象となって現れてくる。

　しかし、各個教会の集団所属欲求が十分に満足され、甘えが享受されている状態では、こうした事態は起らない。その様な状態では、教団内部の、また各個教会レベルでの権威主義構造は、それを訂正しようとして集団から対立して自己を主張しようとする（「自分がある」）力が極度に弱いために、それは温存されることになる。

　こうして日本教会内部におけるミッションへの直接、間接の依存関係、甘えの心理、そして権威主義構造は、渾然一体となって日本教会に存在し続けているのではないかと思われる。

4. 人類学的視点から……関係思考

　日本人の思惟方法はしばしば関係思考であると定義されてきている。このことは、日本語を英語の否定疑問文に対する答えの相違に良く現れている。日本語で「あなたは行きませんか？」という問いに対し、「はい、行きません。」と答える。英語では"Don't you go?"に対して、"No, I don't."と答える。仏教学者中村元は、この違いを「西洋では相手の述べる疑問文のうちに素材として含まれている客観的な事柄に対して否定あるいは肯定を述べるのであるが、日本およびインドは相手の抱懐する思念あるいは意向の内容に対する否定あるいは肯定を表示するのである…簡単にいえば事柄に対する返答ではなくて、相手に対する返答である」[59]と説明する。このように日本人の第一の関心事は、西洋のように客観的な事実そのものではなく、人間関係なの

---

(59) 中村 元『東洋人の思惟方法3』(春秋社、1979), p. 96.

である。

　元在日宣教師D・J・ヘッセルグレーブは、日本人の関係思考を別の視点から次のように分析する。現実認識の形態には、(1) 概念的（西洋）、(2) 直感的（インド）、(3) 具体的関係的（中国）の3つのアプローチがあり、日本人は具体的関係的である。概念的アプローチとは、西洋人の理論的、命題的思惟のことであり、直感的アプローチは、内的経験や想念から出る直感や知識を強調し、具体的関係的アプローチでは、生活や現実は具体的状況の中で感情的な関係によって、いきいきと理解される。認識過程におけるそれぞれの優先順序は下図のように示される。[60]

　従って日本的思惟によれば、真理は言葉、すなわち普遍的命題によって理解されるのではなく、具体的人間関係において理解されることになる。

　中村は、日本的思惟の特長としての人間関係重視の傾向を『東洋人の思惟方法3』の中で大きく取り上げて論じている。[61] 土居は、これは甘えの心理

実在に対する認識の3つの基本的アプローチ

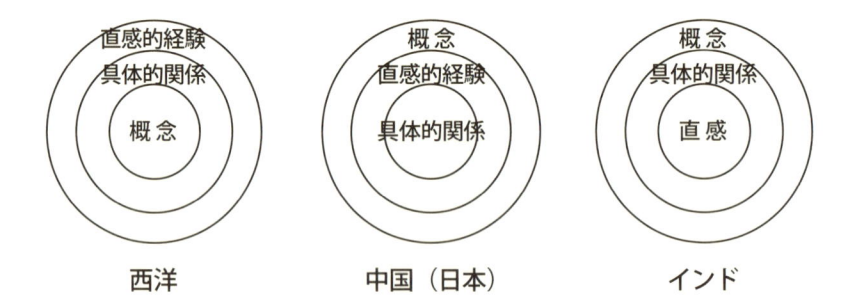

西洋	中国（日本）	インド
直感的経験／具体的関係／概念	概念／直感的経験／具体的関係	概念／具体的関係／直感

西洋：概念的→具体的・関係的→直感的
中国（日本）：具体的・関係的→直感的→概念的
インド：直感的→具体的・関係的→概念的

---

(60) David J. Hesselgrave, *Communicating Christ Cross-Cultural1y* (Grand Rapids: Zondervan, 1978), pp. 208ff.
(61) 中村 元『東洋人の思惟方法3』、pp. 95―284.

をいいかえたものとしている[62]。

　日本人は普遍的意義を有するものとしての人間ではなく、限定された人倫的組織に従属する人間を重視する。つまり、人々との間柄において把握された人間こそが重要なのである。それゆえに、多くの日本人にとって、善とか悪とかは、それ自体の価値のことではなく、他者との関係、全体性との関係で理解される。つまり他者や全体を益することが善であり、他者を害なうことが悪なのである。従っていかなる犠牲を払ってでも真理を求めることは、それが当時の支配勢力と対立するならば望ましいことではなく、むしろ悪でさえある[63]。優先権は常に個人の他者に対する関係におかれる。このことは当然、ある特定個人に対する絶対的随順の態度となって現れてくる。この特定個人の権威を優先させるために普遍的法を無視する傾向を日本人は有するのである。

　さらに、人間関係重視の傾向は日本人の派閥的閉鎖性に現れている。日本社会のあらゆる領域において派閥、分派があることは、いまさらここでいう必要もないくらい明らかである。キリスト教会も決して例外ではない。中村は、日本の仏教になぜそれほど多くの宗派が分立しているかの理由も、ここにあるとして、次の様に説明する。

　　たとえば禅宗において多数の分派が存するのは、信仰あるいは教義の相違にもとづくものではなくて、師資相承というような単なる人間関係にもとづくものである。そこでは師弟関係が非常にやかましい。法脈相承をやかましくいいたてるのは日本仏教の一つの特徴である[64]。

　このように日本人は、歴史を通じて、家、主従関係、仲間、国家といった有限で、特殊な人倫的組織を重視してきた。このことは日本人が外国宗教を受け入れる場合においても、明らかであった。日本人は、その宗教の普遍的真理にではなく、その宗教が具体的人倫的組織をそこなわないか、あるい

---

[62] 土居健郎『甘えの構造』p. 83.
[63] 中村　元『東洋人の思惟方法 3』, pp. 107—109.
[64] 前掲書、p. 216.

第2章　日本における教会とミッションの関係（I）

はそれに有益であるかによって、それを摂取採用したのであった。[65]

　それでは日本人の思惟に見られる関係思考、人倫的組織重視の傾向は、教会のミッションへの依存関係と階級構造にどのように関係してくるのであろうか。人間関係重視の傾向は、まず教団内の既存の人間関係を基礎とした経済的依存状態を作り出す条件を提供する。これが各個教会のミッション、あるいは教団への依存、教団のミッションへの依存へとつながり得る。経済的、霊的自立を勧める客観的真理としての聖書的原則（IIコリント8：2）よりも、人間関係優先の原則は、みことばに聞くよりも、愛という名目の人のことばに聞き、依存状態を継続することになる。

　さらに人間関係重視は、特定個人への絶対随順となって現れ、教団、教会内のカリスマ的指導者への絶対服従の態度となって現れてくる。ここにしもべとしての師（ヨハネ13：14）よりも、支配をする師を頂点とする階級構造が成立してくることになる。またこうした階級構造は、指導者の人間的資質、要素によるところが多く、それだけに脆弱な性格をもっている。指導者への人間関係による対立はしばしば神学、信仰告白とは関係ないところで分裂、内部抗争へと人々を追いやって来た過去の歴史がある。

　以上、われわれは日本社会あるいは日本人一般に見られる儒教的武士道的倫理、タテ型社会と仲間意識、甘えの心理、人間関係重視の諸要素を概観し、これらがいかに日本教会のミッションへの依存関係を温存させ、教会内の階級的権威主義的構造を成立させているかを見てきた。これらの諸要素は渾然一体となって後者を成立させている文化的補強材料と見ることができよう。それでは次にわれわれはこれらの諸要素を聖書的、神学的な光に照らし出し、聖書における先生－弟子関係構造に注目し、伝統的牧師－信徒関係構造を見直してみることにしたい。

---

(65)　前掲書、p. 221.

第3章　日本における教会とミッションの関係（Ⅱ）

Ⅲ　聖書・神学的考察

　前章までにわれわれは日本のコンテキストにおける教会とミッションの関係に係わる問題領域について議論を進めてきたので、ここで、これらのことに関し聖書が何と語っているか、聖書が自ら語るところに耳を傾けることにしたい。こうすることによってわれわれの取り組もうとする問題点をより明確に把握することができるであろう。

A.　教会論の一般的考察
　キリストの教会は単なる社会的組織、制度ではない。それはキリストのからだ、神の民の共同体である。そこでわれわれは、特に階級的構造と依存の問題に関して教会の本質について考察することにしたい。

1.　階級的構造について
a. キリストのからだ
　キリストは十字架の死と復活の後、世界を支配する最高の権威と力を神から与えられた（マタイ28：18「わたしには天においても、地においても、いっさいの権威が与えられています。」；エペソ1：20, 21「キリストを……天上においてご自分の右の座に着かせて、すべての支配、権威、権力、主権の上に、……すべての名の上に高く置かれました。」）。キリストはまたご自身の民をこの世から集めて新しいイスラエル、真の神の民（Ⅰペテロ2：9「あなたがたは、選ばれた種族、王である祭司、聖なる国民、神の所有とされた民……」）とし、教会においてこの主権をもって支配しておられる。それゆえに、キリストの御国は教会において現存する実在である。すなわち、「教会だけがキリストによってキリストの支配が告白せられ、臨在が確認される神の国の体現であるべきところとされる[1]」のである。

---

(1) Edmund P. Clowney, "Toward a Biblical Doctrine of the Church," *Westminster Theological Journal* 31 (November 1968)：55.

しかし、主の王としての支配は教会において実在するが、その啓示の完全な栄光は主の再臨によって初めて現される。

　キリストはご自身が贖われた共同体の王としてだけでなく、かしらとしても君臨される。主がかしらであることは、教会の「代表的、生命的な契約のかしら[(2)]」としてご自身教会と一体となっておられるということである。

　主の代表者としての支配と機能は、旧約における契約的かしらの概念に根拠を置くものである。主のしもべアブラハムによって地のすべての家族は祝福された（創世記12：3；18：18）。この契約によって子孫は父祖たちを通して選ばれ、祝福されたのである（創世記17：7, 19）。そして最後に、キリストは真の預言者、真の祭司、真の王として神の民の仲保的かしらとして存在しておられる（申命記18：18「あなたのようなひとりの預言者を起こそう」；詩篇2：6「わたしは、わたしの王を立てた」, 7「あなたは、わたしの子、きょう、わたしがあなたを生んだ」；110：2—4「……とこしえに祭司である」）。キリストこそ選ばれた御子、子孫、しもべである。このお方にあって、神の民は召し出され、神に近付けられたのである。このお方を通して彼らの召しが成就したのである（イザヤ書42:1「わたしのささえるわたしのしもべ、わたしの心の喜ぶわたしが選んだ者。」；Ⅰペテロ2:4—8；エペソ1：3「神はキリストにおいて、天にあるすべての霊的祝福をもって私たちを祝福してくださいました」）。キリストこそ真のイスラエル、選ばれたエシュルン、真の選ばれたお方、愛されたお方である。このお方にあって贖われた者は神の御名とご自身の民の名を受け継ぐのである（創世記22：2；出エジプト記4：22；申命記33：5；イザヤ書44：2—5；42：1；ローマ9：13, 25；マタイ3：17；17：5；エペソ1：6）。

　キリストのからだの比喩は、この契約的かしらの概念から引き出されるものである。契約的かしらであることは個人としてのメシアなる「しもべ」と多数のしもべなる民とを結び合わす。このことは新約において「キリストにある」(en Xristō) という概念によって最もよく表現されている。

　「キリストにあって」私たちは祝福を受けるのである（エペソ1：3—5）。キリストによって天の祝福を受ける人は、キリストとともによみがえらされる

---

(2) Ibid., p. 60.

人である（エペソ1：3；cf.2：6, 7；コロサイ3：1, 2）。キリストは天にご自分の民の代表的かしらとして引き挙られた「しもべなる御子」として入られたのである。主は契約において約束された嗣業、すなわち、ダビデの子孫に約束された王座、アブラハムの子孫に約束された祝福、アダムに約束された支配をお受けになったのである。主こそ約束の「子孫」、「最初に生まれたお方」としての嗣業をお受けになる方である（エペソ1：10, 11；コロサイ1：18）。主は父なる神の右に座し、さばきの日、最後の勝利を待ち望んでおられる（使徒2：34—36；Iコリント15：25；エペソ1：20）。主に与えられたものはまた主に属する者にも与えられるのである。彼らはキリストによって子とされた者であり（エペソ1：5）、愛する御子によって神の恵みを受けた者（エペソ1：6）である。

「キリストにある」ということは第一に、キリストの偉大な贖いのみわざにおいて主と一つとされることをさす（ローマ5：12—21）。ここにある基本的概念は主観的、神秘的経験によるものではなく、客観的な救済史によるものである。キリストにある者は生ける主とのいのちの交わりにあずかるが、これは彼が代表的、契約的かしらとしてのキリストのうちにあるからである。[3]

パウロはその書簡において、キリストの契約的かしらを表現するのにkepharē（かしら）という語を用いている。彼の用法はギリシャ語旧約聖書における用法から来たものである。そこではほとんどのヘブル語rōsh（かしら）がkepharēと訳出されており、また arxē とも密接に関連している。[4] 首位、起原、栄誉、権威、総和といった意味が旧約の「かしら」の用法に帰せられている。[5] キリストはこれらすべての意味におけるかしらへと高挙されたのである。ちょうど万物が御子にあって造られ、御子によって造られ、御子のために造られた（コロサイ1：16）ように、万物は御子によって「一つに集め

---

(3) Ibid., p. 62.

(4) Gerhard Kittel ed., *Theolocial Dictionary of the New Testament* (TDNT hereafter), trans.Geoffrey Bromiley, 10 vols.(Grand Papids：Eerdmans, 1978), 3：675.

(5) Ludwig H. Koehler and Walter Baumgartner, *Lexicon in Veteris Testamenti Libros* (Leiden：E. J. Brill, 1953), pp. 865ff.

られる」（エペソ1：10）のである。長子（prōtotokos）、初め（arxē）という語はただ優先性ということより、この首位性を表しているのである（コロサイ1：15, 17, 18）。この天地万物、諸勢力、御使い、サタンの支配を越えたかしらなるキリストは教会のかしらでもある（コロサイ2：10；1：18）。

　教会における霊的権威、秩序はこのキリストの契約的かしらの概念から引き出されなければならない。キリストはご自身の贖いの共同体のすべての成員に賜物を与えておられる。そして、その一つ一つの賜物は異なっている。ある者は真理のみことばの奉仕へと召され、ある者は正義の確立のために、またある者は恵みを施すことのために召される。これらの賜物によって人々は使徒、預言者、伝道者、牧師、教師へと立てられる（エペソ4：7, 8, 11）。教会の奉仕者の権威は治められる人々の合意によって成立するものではなく、主の賦与と召命によるものなのである[6]。ここには職業的能力の原理を根拠とした人間的操作による教会奉仕者の階級的秩序を造り出す余地は全くない。教会のかしらは一貫してキリストご自身であって、他のいかなる人でもあり得ない。その霊的秩序は人間の操作の結果ではなく、契約的かしらであるキリストから来たものなのである。従って、キリスト者の彼らを治める者への服従は、その職業的専問性によってはりめぐらされた権威、地位の故にではなく、「彼らを治める者はキリストに対して果たす責任があるという認識」[7]のゆえなのである。監督は神の奉仕者であり、その主人に対して責任があるのである（テトス1：7；Iコリント4：1—4；Iペテロ4：10, 11）。

　霊的権威とはただ単に支配することだけを意味するのではない。主ご自身が模範をもって示された服従と謙遜をも意味する（ヨハネ13：4, 15）。奉仕者はしもべである（doulos ローマ1：1; diakonos コロサイ1：7; oikonomos Iコリント4：1）。このことは教会における階級的権威主義構造と霊的権威の相違を明確にするもう一つの面である。教会の階級構造には窮屈さがつきもの

---

[6] Edmund P. Clowney, "The Biblical Doctrine of the Ministry of the Church, "in *Missions in Creative Tension*, ed. Vergil Gerber(South Pasadena：Wilham Carey Library, 1971), p. 283.

[7] Ibid.

であるが、霊的権威と秩序には御霊の自由がある。なぜなら、御霊は自由の御霊だからである（Ⅱコリント3：17）。神のことばの天的実在は人を人間的律法の束縛から自由にする。教会は人間の良心を拘束するために新しい律法を作り出すことはしない。主のことばによって教え、支配するだけである。[8]

　共同体のかしらなるキリストはご自身の賜物をすべての信徒に与えておられるので、教会はその賜物を発見することに熱心でなければならない。ある者の賜物を自己充足的な奉仕へと用いることはキリストのからだと全く相入れないことなのである。また、他者の賜物の奉仕を否定することはキリストを否定することでもある（マタイ25：40；Ⅰペテロ4：10）。他者の賜物の奉仕を受けるのを拒否することはキリストを拒否することであり、御霊を消すことである（Ⅰテサロニケ5：17-22）。建徳とは、新約においては個人についてほとんど用いられてなく（Ⅰコリント4：14）、常に教会について用いられているものである（Ⅰコリント14：4, 5, 12）。からだはそれぞれの部分が正当に機能することによってかしらなるキリストのかたちへと成長するのである[9]（エペソ4：11-16）。しかしその反面、教会の階級構造は一般的職能による奉仕を失望させ、その正当な機能の作用を奪い去ってしまうことにその特質がある。

　b. 交わり

　教会のからだとしての比喩は契約的かしらなるキリストとの交わりを前提としている。この交わりはパウロにおける en Xristō の概念によく表現されているものであり、「キリストとの結合」（union with Christ）に密接に関係している。

　しかしこのキリストとの結合は、単に代表的、法的というよりは、全生命的、霊的、人格的なものである。キリストは単に代表的なかしらであるばかりではなく、契約の全生命的かしらでもある。[10]キリストとの生命的結合は教会における御霊の存在を可能にするものである。この意味において、教会は徹底して神中心的であって、人間中心的ではない。

---

(8)　Ibid., p. 295.

(9)　Ibid, p. 264.

(10)　Clowney, "Doctrine of Church" *WTJ*, p. 67.

第3章　日本における教会とミッションの関係（Ⅱ）

　教会の召命と存在は常に神の直接的存在のうちにあるものである。教会論はすなわち神中心であって、この意味において「神学的」なものなのである。神の民としての教会の起源は神中心的である（Ⅰペテロ2：9, 10；出エジプト記19：5,6；イザヤ書43：20,21；ホセア書1：6, 9；2：1）。神はご自身の臨在の前にアブラハムのすえを神の民とされた。メシアによって集められる新しい神の民に関する約束の成就はさらにキリスト中心的である。主はご自分の民をご自身へと引き集められるために来られた。キリストの交わりを現実化する聖霊の降臨によって神は教会に現臨され、天的充満、力、実在をもって教会を保持される。[11]

　さらに、「超越的」または「終末論的」という言葉は教会の神中心的本質を示すもう一つの表現である。教会の天的、終末論的性格は、教会の頑強な階級構造を超越する権威の様式を規定するのである。

　また、教会の天的実在は教会のいかなる地域的表現の絶対化に対しても警告を与えるものである。[12]階級構造をもつ教会は、その生来的な高慢さのゆえに自己の教会を絶対化する傾向を持つ。これが人間中心的な階級構造の教会のもう一つのたどりつく結末であろう。

　代表的、契約的かしらとしてのキリストは教会における神の民の交わりの本質を形成される。信徒の交わりの目的は教会の建徳、すなわち、すべての信徒に与えられた御霊の賜物を正当に用いることである。自分の賜物の自己充足のためのものではない。新約聖書はみことばの奉仕、秩序の奉仕、慈愛の奉仕のようにこの種の聖霊の賜物の奉仕で満ちている。新約における伝道牧会は単なるティーム牧会ではなく、それ以上のものである。それはみことばの奉仕者が最低二名いて行なうことをさすだけでなく、用いられる人は誰でも、可能な手段は何でも用いるというたぐいのものでもある。それこそ交わりによる牧会ともいうべきものであった。ルデヤのもてなしを考えて見よ（使徒16：14, 15）。[13]アクラとプリスキラの交わりと援助を（使徒18：2,

---

(11) Clowney, "Biblical Doctrine of Ministry of Church," p.238.
(12) Ibid., p. 294.
(13) Ibid., p. 286.

3, 18, 26)、ケンクレヤでのフィベの助けを（ローマ16：1, 2）、ピリピ教会クリスチャンの賜物を（ピリピ4：15）。パウロは同労者とともにあいさつを送るだけでなく（コロサイ1：1；ローマ16：21；Ⅰコリント1：1）、彼とともにいるすべての兄弟だちとともにあいさつを送っている（ガラテヤ1：2；ピリピ4：21,22；ローマ16：21―23；Ⅱコリント13：13）。実にパウロの同労者たちはその宣教活動による諸教会から引き寄せられた人々であった[14]。彼らの奉仕の特徴は自発的であり、弾力的であり、交わりに満ちていたのである。

最後に教会の奉仕の構造を図式で表したものを本章の終わりに掲載する。これは奉仕の対象、奉仕の賜物に分け、キリスト中心の奉仕の構造を見事に表現したものであり、筆者留学当時ウェストミンスター神学校学長であったE・クラウニー（Edmund P. Clowney）の創作によるものである[15]。

以上私たちが見てきたように、聖霊の賜物による奉仕における聖書的交わりの原則は、今日の教会の階級的構造に共通する中央集権的で固苦しい官僚主義とは全く相入れないものであることが理解されるであろう。

2. 依存について
a. 交わり

教会における聖書的交わりはキリスト中心的である。この聖書的交わりの核を形成するキリストとの生命的結合は教会の生命の根源であり、信徒の交わりの全性格を決定付けるものである。キリスト者にとってすべてのことは「キリストにあって」なされる。このキリストにあることは、キリストのからだとしての教会という概念に関係付けられることなのである。従って、ある兄弟が恵みの奉仕をある人に向かってなすのをその人が拒否すれば、神の多様な恵みの不忠実な管理者ということになる（Ⅰペテロ4：10）。冷たい一杯の水をキリストの兄弟の最も小さい者の一人に対して拒むのはキリストを拒むことになる。

キリストとの結合は「交わり」（koinōnia）における教会の生命を決定付け

---

(14) Ibid.
(15) E. P. Clowney, *The Doctrine of the Church* syllabus note, 1979.

る。語幹 koin は「共通の」という意味であり、その名詞形は「共有すること」をさす。しかし、koinōnos とその関連語句の中心概念は、他人との交わりではなく、あるものへ他人と同じく参画することなのである。従って、「koinōnia の中心になるものは社会的、社交的ではなく、神学的、構成的」[16]である。このように新約における交わりは、会員相互間の過剰で不健康な依存状態を許容する人間中心的な甘え心理による交際を確かに排除しているのである。聖書的な koinōnia は常にその性格はある意味において神的なものなのである。

　この交わりの神的性質は koinōnia のさらに別の一面を明らかにする。聖霊の賜物の多様性はからだのそれぞれの部分の分裂ではなく、一致を意味している。からだが有機的であるということは多様性が分裂を意味するのではないことをさしている。御霊における多様性はむしろ一致させるものである。なぜなら御霊は一つだからである。ペンテコステでは人々はいろいろな異なった言語で神を賛美し、あがめた。言語の多様性にもかかわらず、人々の間には御霊にある一致が存在していたのである。そこにはバベルの塔における人間の高慢の罪によって損なわれ、失われた人類の一致が神によって癒され、回復された姿があった。[17]

　この賜物は唯お一人の賦与者から来るとともに、その機能においては相互依存的でもある。「からだ全体が聞くところであったら」（Ⅰコリント 12：17）混乱し、まともに聞くことはできないであろう。キリストの賜物の多様性は分離をもたらすどころか、一致を求めるのである。キリストのいのちはご自身のみからだの中に集合的に現れるのである。

　その一方、甘え心理の自己中心性は神の民の間に分裂、分派を造り出す潜在的要因ともなる。というのは依存する者は自己の必要のみに関心があるからである。聖書的な交わりはこれとは反対に、それぞれの部分は他の部分の必要に関心を寄せるのである。相互的関心と相互的依存がキリストのから

---

(16) Clowney, "Doctrine of Church," *WTJ*, p. 72.
(17) Harry R. Boer, *Pentecost and Missions* (Grand Rapids：Eerdmans, 1979), pp. 57, 139. A

だのうちには常に存在する。「もう一つの部分が苦しめば、すべての部分がともに苦しむ」（Ⅰコリント12：26）のである。

聖書的 koinōnia のこの特殊な性格は、さらに貧しいマケドニヤのクリスチャンがエルサレムのより貧しい信徒のために与えられた献金（Ⅱコリント8：1以下）によく現れている。コン（Conn）は異邦人回心者によるこの献金について二つの優れた特徴をあげている。

(1) これはキリスト者の愛の現実化、貧しい人々の切迫した必要を満たそうとする努力であった（ガラテヤ2：10；ローマ15：26）。
(2) これは教会の一致の表現、キリストの一つのからだに属するすべての信徒の連帯性への具体的あかしであった。[18]

パウロは名詞 koinōnia を献金に関連して3回用いている（ローマ15：26；Ⅱコリント8：4；9：13）。この献金は xaris 恵み、すなわち、献金におけるキリスト者の心からの参加を可能にした神の賜物（Ⅱコリント8：1）であり、献金における参加の行為（Ⅱコリント8：6）である。また、そうした参加の結果（Ⅰコリント16：3）であった。[19]

異邦人は元来福音宣教において愛の負債者であり、献金はこの愛の負債の表明となったのである（ローマ15：27）。彼らの献金が愛からなされたのである限り、それは自主的、自発的また純正なものでなければならない（Ⅱコリント8：2, 5）。マケドニヤのクリスチャンのささげ物は彼らのキリストへのコミットメントの直接的結果、証しであった。そのように、キリストの自己を犠牲にして与える愛こそコリントのクリスチャンが応答するに際しての支配的動機でなければならなかったのである（Ⅱコリント8：9「主は富んでおられたのに、あなたがたのために貧しくなられました。それは、あなたがたが、キリストの貧しさによって富む者となるためです。」）。[20]

この点において甘え構造の日本教会は学ぶべき最も大切なことが明示さ

---

(18) Conn, "Money Barrier Between Sending and Receiving Churches" pp. 236, 237.
(19) Keith F. Nickle, *The Collection, Studies in Biblical Theology* No. 48 (Naperville：Alec R. Allenson,1966), pp. 109-110, quoted in Conn, "Money Barrier Between Sending and Receiving Churches," p. 236.
(20) Conn, "Money Barrier," pp. 237.

れている。甘えは、愛と経済的必要において自己中心的であることに他ならないが、これはキリストの自己を与える愛に基礎を置いたささげ物についての聖書的モデルとラディカルに対決させられなければならないのである。聖書的 koinōnia は世界的キリストのからだにおいても確立されなければならない。

b. キリストのからだ

キリストのからだの相互依存と日本教会の甘え依存の両者は本質的に別物である。前者の神中心的起源、キリスト中心的本質は既述の通りであり、後者は人間的起源、人間中心的であると言わなければならない。もし、あえて両者の共通点を見い出そうとすれば、キリスト中心的甘え、すなわち聖化された甘えは聖書的相互依存ともなり得るだろう。しかし、この相互依存は自分のない全体への埋没ではなく、同時に、調和の中での自立を促すものである。「人にはおのおの負うべき自分自身の重荷があるのです」(ガラテヤ6：5)。これが契約的、代表的かしらなるキリストによって支配されるものの持つ特質である。

甘え心理によるある部分の他への依存的態度は自己の責任放棄につながりやすく、キリストのからだの機能を麻痺させてしまうし、また、からだ全体の中での自己のアイデンティティも失われる。その結果、教会のからだとしての全体像は歪められ、変形させられてくるのである。

3. 新民族としての神の民
a. ひとりの新しい人

キリストの教会の徹底した神的本性はさらに次の重要な点を考慮に入れなければならない。すなわち、新しい民族としての神の民である。一つの神の民の思想は、エペソ2：11―22において最も明確に示されており、以下中心的な点について考察を進めて行くことにしよう。

聖書本文は、異邦人はキリストから離れていたが今やキリストの血により近い者とされたことを明らかにしている(12, 13節)。その結果、ユダヤ人も異邦人もキリストが与えられた新しい契約によって神と和解させられ、一つ

のからだとなり（16節）、隔ての壁、敵意の中垣は打ちこわされた（14節）。このようにしてご自分のうちにひとりの新しい人に造り上げ、平和を実現するというご自身の目的は果たされたのである（15節）。キリストが実現されたここでの平和とは、個人の心の中にある平和ではなく、むしろ社会的、政治的なものであった。[21]事実、キリストの生涯、死と復活はその効果において政治的なものであった。それはこの世における社会、政治的現実の新たな選択としての教会、すなわち、この世にあって共に生き、存在する神の民の新しい生き方としてのそれを創造したのであった。

キリストは和解が不可能なもの、あまりにもかけ離れていて近づけることができないものを和解させ、一つとされる。こうした和解の行為は高度に政治的な行為である。それは、これまでに行きわたっていた思考様式と現実を粉砕し、現実認識のための新しいパラダイム、新しい視座を創造するのである。

ユダヤ人と異邦人の和解と一致は、一方が他方を吸収することによって起こるのではなく、メシアの中に二つが包含されることによって生ずる機能である。ひとりの新しい人をご自身の人格において造り上げられ（15節）、神に対する敵意はご自身の人格において葬り去られたのである[22]（16節）。

新しい社会的現実としてキリストが造り出された新しい人は創造の行為である。それは単なる変化とか、改善とか、あるいは共通点を見つけたり、追加することによってできる多様な要素の一致とは区別されるべきものである。[23]神は十字架につけられたキリストによって、その十字架上で新しい創造を始められた（15節）。その新しい創造は「ひとりの新しい人」と呼ばれるものであり、エペソ5：23—32における教会と同一視される。教会はまた終末論的な政治的実在である。それは世にあって、神の前に、また神と共にいかに生きるかを見きわめる終末論的な神の民であることを示すものであ

---

(21) Markus Barth, *Ephesians*, Anchor Bible, vol. 34 (Garden City：Doubleday, 1974), p. 262.

(22) John E. Toews, "Biblical Foundations for Interdependence," *Mission Focus* 6 (September, 1978)：2.

(23) Barth, *Ephesians*, p. 308.

第3章　日本における教会とミッションの関係（Ⅱ）

る。この新しい人の存在は「隔ての壁」、すなわち、あらゆる形態の国家主義、宗教的うぬぼれ、個人主義からの解放、そして新しい社会行動への復活に基礎を置くものである。ユダヤ人も異邦人も共に教会においてこの解放と復活にあずかるのである。[24]

従って、この一つのからだとは新しい民族の創造であり、コンが指摘するところの「契約民族」[25]（covenant ethnos）というものであって、社会学的統計を重視した教会成長学派のいう「獲得可能な民」（winnable people）、または「反応する民」（responsive people）とは異なるものであることを知る必要があろう。人間中心的色彩の強い階級構造をもつ日本の教会と、その民族心理的特性としての甘えは、この神の民の終末論的実在とはその根幹において明確に区別されなければならない。

b. 主人、奴隷の関係について

それではこのキリストの一つのからだの概念は階級的関係にどのような影響を与えるのか。それをエペソ6：1—9における両親・子供、主人・奴隷の関係に見ることにしよう。パウロは次のように教える。「子どもだちよ。主にあって両親に従いなさい。…奴隷だちよ…恐れおののいて真心から地上の主人に従いなさい」。パウロはここで弱者は強者に従い、支持しなければならないと語っているのだろうか。そうだとすれば、不正義を阻止し、抑圧された状況を変えることには何もならないように見える。パウロの思想はあまりにも抑圧的、保守的であり、時代に制約され過ぎてはいないかと問うだろう。

このテキストについてはいくつかの点が挙げられなければならない。パウロはここで、人間社会の男性、自由人のみに語りかけているのではなく、妻、子供、奴隷についても語りかけており、彼らも良き社会的秩序のために等しく責任あるものと見なしているのである。共通の善のためにすべての社会構

---

(24) Ibid., p. 310.
(25) Harvie M. Conn, "Reactions and Guidelines : The Praxis of a Covenant Ethnos." Unpublished paper presented at the Consultation of the Homogeneous Unit Principle by Lausanne Theology and Education Group, Pasadena, California, June 1977.

成員が参加するというヴィジョンのためには、共通の責任を分かち合うということを確認することが必要である。そうすることによって、一人一人が責任と変化、発展の担い手となり得る。しかし、このことを可能にするのは十字架につけられた主の権威、すなわちパウロに、「弱さのうちに完全に現われる」力（Ⅱコリント12：9）に委ねる勇気を与えるその権威を知ることによるのである。[26]

　パウロが奴隷に語りかけるとき「恐れ」、「服従」についてだけではなく、「真心から」（エペソ6：5）また「心から」（6：6）とも語っている。それによって彼らが主の雇庸関係における労働者であるとの威厳を教えているのである。この彼らの意識こそが、乱暴で異数的な主人のもとであっても変わることなく仕え、また仕事をサボったり、へつらいによって偽わるようなことを回避させるものである。これは「主の御前に」また「主に対して」なされる奉仕である。それゆえに、主の御前にあっては、主人も奴隷も同じ位置に立つ。「すべての者よ、従いなさい」（エペソ6：1、4―7, 9）言われるのである。このパウロの期待する服従的態度の受容は、しもべ・メシアのモデルに基礎を置いていることは明らかであろう[27]（ピリピ2：3―11）。

　さらにこのキリスト論的な勧めは、終末論的な根拠を持つ[28]。そのことは主が報われること、差別されることがない（エペソ6：8―9）という言及において示されており、8, 9節とも共に終末におけるさばきをほのめかしている。汗しつつ働く奴隷は、主の絶えず進む、終わることのない訓練と矯正により頼みつつ生きるように期待されている。なぜならやがて来られる主のみが、富める者、貧しい者のなした善と悪とを決定なさるからである。奴隷所有権は永遠のものではなく、ただ一時的なものに過ぎないのである。

　ここにおいてわれわれは、ユダヤ人も異邦人も第三者なるメシア・イエスの介入によって一つの民とされ、上記のテキストにあげられた種々の社会的グループも、「キリストを恐れる」（5：21）ことのゆえに互いに自らを服従さ

---

(26) Barth, *Ephesians*, p. 757.
(27) Ibid.
(28) Ibid., p. 756.

せるときに平和を見い出すことができるのを確認するのである。教会内部における種々の文化的グループによって生ずるかも知れない亀裂は、この神の民という聖書的原則によって克服されなければならない。

c. 教職・信徒の区別か、一つの神の民か

　一つの神の民に関して、別の社会学的、教会的階層の区分は、教職・信徒のそれである。一体、教職・信徒の区分は、聖書的、神学的に正当なものであるのか。語源的に、また歴史的に見て、今日世界教会にしっかりと定着している教職・信徒の二区分は、全教会を laos, klēros と表現する聖書的概念からの逸脱による教会史的発展の結果生じたものである。この二区分は、ギリシャ・ローマ社会における二区分を反映している。ギリシャ・ローマ都市国家ポリスには、都市行政の中に二つの区分が存在していた。すなわち行政官僚 klēros と人民 laos である。klēros から教職 clergy が出て来たのであり、また、laos から信徒 laity が出て来たのである。[29]

　klēros はキリストにある新しい共同体に関して用いられる時には常に、神の贖いと栄光の賜物(すなわち「嗣業」klēros)にあずかる男女の群れをさす。従って、新約における klēros とは神の民 (laos) のことなのである。二つの語 klēros (教職) と laos (信徒) は、同じ人々を意味する。すべてのキリスト者は実際には神の信徒 (laos) であり、神の教職 (klēros) なのである。[30] そして新約聖書は神の民という契約による統一概念を指すのに laos という語を選択したのである。

　しかし、この有害な二分論が初期教会史から発生してきた。ニケヤ会議の頃までには、教職・信徒の区分は着実に広がり、信徒の役割はさらに従属的なものになってきた。そしてついには、信徒は教職によって支配される下層階級であるという、私たちによく知られた伝統的ローマ・カトリックの教義の理解がいたるところにまで行きわたった。教職は、事実上すべての権威を行使し、信徒は教職からサクラメントと宗教生活の指導を受動的に従順

---

(29) Hendrik Kraemer, *A Theology of the Laity* (London: Lutterworth Press, 1958), p. 51.
(30) Ibid., p. 52.

に受けるようになったのである。⁽³¹⁾

こうして教会における階級構造は、歴史的に条件付けされてきたのであった。私たちが今考察しようとしている教会とミッションの関係の理解をラディカル変革するためには、この一つの神の民という基本概念に立ち帰ることがいよいよ必要になってくるのではあるまいか。

B. 主イエス・キリストによる師弟関係のモデル

私たちは次に、主イエス・キリストが模範として示された師弟関係のモデルに関する新約聖書の語彙を取り上げ、その意味を見てみることにしよう。

1. Didaskalos（教師）

古典ギリシャ語においてはdidaskalosは知識や技術の組織的伝達に定期的に従事しているすべての人をさした。つまり、初等教師、家庭教師、哲学者、また詩公演のためのリハーサルを指揮する合唱長などである。[32]

70人訳（以降LXXと略）では、古典ギリシャ語と異なり、動詞形didaskoは、主に、知識や技術の伝達（Ⅱサムエル記22：35「戦いのために私の手を鍛え、私の腕を青銅の弓でも引けるようにされる」）ではなく、どのように生きるかを教えることであり（申命記11：19「それをあなたがたの子どもたちに教えなさい。あなたが家にすわっているときも、道を歩くときも、寝るときも、起きるときも、それを唱えるように。」；20：8）、中心になることは神のみこころであった。従って、その範囲は、全人格であって、人間のある一部ではなかった。LXXにおける教育は神の啓示されたみこころと、いろいろな現れ方とに対して人間の全的服従を要求している。[33]

ユダヤ教ラビ文献においては、この語は学問的決定を下すこと、あるいは確立された学問的見解を宣言することを意味することになった。

---

(31) Ibid., pp. 53-55.
(32) Cohn Brown, ed., *The New International Dictionary of New Testament Theology* (Exeter : The Paternoster Press, 1978), 3：766.
(33) TDNT 2：137.

第3章　日本における教会とミッションの関係（Ⅱ）

　イエスは弟子たちから didaskale（「先生」）と呼ばれた。このことは、主イエスが外面的には、ユダヤ教教師の像に自らを合わせられたことを意味しているが、その一方では、伝統的ユダヤ教ラビたちとは、根本的に異なることを示された。主イエスの時代には、弟子はラビの下履きを運び、ときには支えとなり、先生の先導となり、ろばを引いて行った。後期文献では、先生の下履きを脱がせることを除いて、弟子は先生に対して奴隷のなすべきことすべてをなすことを要求している。主の弟子たちは、舟こぎの役を果たしたし（マルコ4：35 以下）。群衆に食糧を配布する役目も果たした（マルコ5：37 以下）。彼らはまたエルサレム入城のためのろばを確保したし（マルコ11：1 以下）、奴隷の仕事とされる羊をほふる作業が含まれる過越の準備もした（マタイ26：17 以下）。

　主イエスと伝統的ユダヤ教ラビとの根本的相違は、主の教えの絶対性にある。主イエスは神の代言者として、そのみこころを直接的に宣言する旧約預言者たちを凌ぐばかりでなく、ご自身、「しかしわたしはあなたがたに言います」（ego de legō humin）と表現された。主は、御父の意志の責任ある体現者として御父と直接的に交わっていることを示された。主は絶対的な教師（マタイ23：8「……あなたがたの教師はただひとりしかなく」）であり、その権威はご自身の死以降も継続するものであった（ヨハネ3：2；11：27ff、13：13ff 参照）。

　初代教会においては最初の数世紀にわたって didaskalos の概念は大きく変化した。アレキサンドリアの didaskalos は、Ⅰコリント12：28 以降の教師とは全く異なっていた。教会は、アレキサンドリア的知恵の侵入を許した結果、didaskalos とは、フィロンに見られるように、この知恵を表し、教える者を意味するようになった。アレキサンドリア学派は初代教会の教師たちの働きを継続したのではなく、教会にキリスト教化された形でのギリシャ的制度を導入したのであった。従って初期弁証家と教師の任務は、同様の線に沿って、キリスト教の組織的提示と、弁証にあった。こうしたキリスト教信仰の知識化こそ、正に、主イエスやパウロたち初代教会教師たちが力を込めて語ったものを再導入する必要があったのである。[34]

---

(34) Ibid., 2：159.

今日の人間中心的権威主義的教会教師像は、どちらかというとラビユダヤ教のそれに近いものであり、また、高度に知的な牧師、教師像は、3世紀以降のアレキサンドリア的伝統と同列のものということができよう。

2. Rabbi（先生）

新約においてrabbiが現れるのは福音書だけで、そのほとんどの場合イエスに向けて語られた語である（マルコ9：5；14：45；ヨハネ1：38；6：25）。福音書記者たちはイエスについて語る時にdidaskalosを用いているが、原語は、ここと同様の［Hb］rabbi（マルコ4：38；7：17）であろうと思われる。

イエスが弟子たちや他の人だちからrabbiと呼ばれる時、イエスがある一面でユダヤ教律法学者のようにふるまったことをさすのであろう。弟子たちはイエスの前では師に対する学生として対し、rabbiと呼んで尊敬の意を表した。しかしイエスと律法学者の相違は、イエスが権威をもって教えられたことにある。

イエスが福音書でdidaskalosともrabbiとも呼ばれていることは、弟子たちとイエスの関係が、ユダヤ教教師と弟子とのそれとは異なっていることをさしている。福音書記者たちは、多くの箇所で、rabbiをdidaskalosと訳しているばかりではなく、rabbiに対して他の語を、イエスの威厳をよりよく表すものとして用いている。弟子たちは、イエスをrabbiではなくむしろkurieと呼んでいる（マタイ17：4；マルコ9：5ではrabbi）。マタイがrabbiやdidaskaleではなく、常にkurieと弟子たちの口を通して語らせていることは、明らかに彼が、イエスは、ユダヤ数的な教師ではなく、ご自分の民の主であることを強調しようとしているためである。(35)

3. Mathētēs（弟子）

語源的には「mathētēsは、あるものに自分の心を向ける人のことをさす」。

専門的な意味においては「知識において優れている者の権威に対し、その指導の下にある者の直接的な依存」をさし、「この関係は解消されないこ

---

(35) Ibid., 6：965.

第3章　日本における教会とミッションの関係（Ⅱ）

とを強調している」。古典ギリシャ語においては、この語はしばしば「哲学者、修辞学者の学生」を意味した。

　LXXにはmathētēsという語は全く出て来ない。旧約にmathētēs（[He] talmid）が全くというほど欠けている理由は、talmidが派生してきた原語lamadは、特に律法の書に要約されている神のみこころを学ぶことを意味するためであると思われる。神の選びの民の成員として、神のみこころを全うすることによって、民全体の責任を分担するのである。こうすることによってmathētēsは旧約においては、極く限られた役割しか果たしていない。従って、旧約においてはその啓示宗教のゆえに最初から、伝統の思想は、師たる人格へ傾倒するという意味において全く相入れないものであった。

　ユダヤ教においては、[He] talmid（弟子）という語は、聖書とユダヤ教の伝統に自らを学習者として委ねる者をさした。ここから、ギリシャ・ヘレニズム哲学の影響により、諸学派が発生してきたのである。

　新約においてはmathētēsは、いくつかの例外を除いて、師イエスに随伴する者を意味した。イエスの弟子の根本的しるしは、イエスによって弟子として召されるということであった（マルコ1：17；マタイ4：19）。主導者はイエスご自身である。しかし、ユダヤ教においては、弟子たろうとする者は教師につながらなければならなかった。さらにユダヤ教においては教師の知識や能力への尊敬が師弟関係を決定するのに対し、イエスの弟子においては信仰がその師弟関係を支配する要因であった。また、ラビやギリシャ哲学者はある特定の思想（律法、思想）を代表していたが、イエスはご自身を提示された。

　[He] talmidにとって、弟子たることはある一時期だけのことであって、彼の関心は、ラビの様になって、独立し、ある時には師以上になることである。しかし、イエスの弟子にとって弟子たることはそれを踏み越えて偉大な

---

(36) Ibid., 4：416.
(37) Henry George Liddell and Robert Scott, *A Greek-English Lexicon*（Oxford：The Clarendon Press, 1929）, p. 913.
(38) TDNT, 4：427.
(39) Ibid., 4：439.

ものになるというその第一歩ではなく、生涯定められたことの完成なのである。従って、イエスにおいては mathētai と douloi が同列のものであるという事実は、後期ユダヤ教とは全く異質のものなのである（マタイ 10：24ff；ヨハネ 13：16）。

　主の弟子のもう一つの性格は、伝統の原理の欠如にある。ギリシャ・ヘレニズム世界においてもラビユダヤ教においても、弟子は伝統の原理の代表ともいうべきものを所有している。すべての mathētēs, [He] talmid は一連の伝統の中の一員であって、その伝統の中に自己存在を負っているのである。しかし、福音書においては弟子たちの教師としてのイエスに対する関係は全く二義的なものとなっている。彼らにとってはイエスは学派の祖ではないのである。イエスはご自身の民の生ける主なのである。イエスの弟子は証人であって、伝統継承者ではない。そして、イエスご自身も常に、安息日のいやしの記事（マルコ 3：1ff；ルカ 13：10ff）に見られるように、伝統主義に反対された。主が、神への奉仕の基盤としての伝統の原理を否定されたことは、その批判精神や伝統的なものに対するリベラルな態度から来だのではない。それは、ご自身が聖書の真の啓示者であられるという事実に根拠をおいているのである。主は聖書の預言と御民の希望が成就した（ルカ 4：16）まさにそのお方なのである。その成就者として主はご自身の民の敬虔な伝統を終結させたのである。[40]

　ラビユダヤ教とギリシャ・ヘレニズム的哲学学派による伝統主義の強固な保持と、そこから来る学派大系は、日本教会の高度に知識化した神学教育とともに、同時に日本における牧師・信徒の関係においても比較されるべきものであろう。聖書的な師弟関係は主イエス・キリストとの生命的な結合に基礎を置いた、いのちと、信仰と服従によるものなのである。

4. Kurios（主）

　Kurios という語には、権力、堅固、能力、正当性、明確性といった思

---

(40) Ibid., 4：454, 455.

想が含まれている。LXX において、神を表す二つのヘブル語 Yahwe と adonai の訳である kurios は、一般的な意味において宇宙の主権者としての神を表し、特殊的意味においては人間の主、そうした権威を執行する権利を特たれるお方を意味する。

　Kurios は、新約においても同様に、ご自身の被造物との関係における主権的な神（マタイ 1：20；11：25）を表しており、この名は旧約の神に等しいものとしてイエスにも適用されている（ローマ 10：13；ヘブル 1：10；Ⅰペテロ 2：3）、「イエスは主である」という表現は、イエスは、力と栄光と賛美を受けるにふさわしい（黙示録 5：12）主であることを意味する。イエスは一切の権威を特たれ（マタイ 28：18）、すべてのものがひざをかがめて服従するそのお方（ピリピ 2：10）、普遍的な主権者（ローマ 10：12；ピリピ 2：11）、王の王、主の主（黙示録 19：16）である。従って、初期キリスト者を一般的に言い表すものとして「しもべ」が用いられたのは、極く自然なことだったのである（ローマ 14：4；Ⅰコリント 7：21―24）。彼らは、主につかえ（ローマ 12：11）、主にふさわしくその生活を整え（Ⅰコリント 11：27）、しもべの主に対する唯一の正当な反応である服従をもって敬意を表した（ヘブル 5：9）のである。
　イエスは主であるという表現は、キリストの苦難と復活に密接に関係している。それゆえに福音書において、復活前のイエスに対しては kurios は敬意を表わす英語の"sir"の意味として、または「先生」という意味での「主」として用いられている（マルコ 10：51；マタイ 20：33；ルカ 6：46）。しかし福音書は復活後の記録であり、福音書記者たちは、イースターの視点から書いたのである。彼らにとってイエスは比類なき教師、いやそれ以上の彼らの主権的主である。恐らく福音書記者たちは、歴史的イエスという目から kurios という名を冠したのであろう。というのは kurios という語の中には、イエスの中に単なるユダヤ教ラビとしか見なかった大衆の皮相的理解と同時に、後のイエスの中に神が人となったことを認めた信徒の共同体に見られる

---

(41) Ibid., 4：1041.
(42) Ibid., 3：1089.

より深い認識の両方の反映を見るからである。[43]

このようにキリスト者と主イエスとの関係は、kurios – doulos 関係として理解され、その性格は、地上の師弟関係を越えるものがある。それは主権と服従の関係である。イエスは教会の主である。それゆえに地上のいかなる人物も主イエスにとって代わることはできないのである。そしてその権威の性格は、次の exousia よって説明される。

5. Exousia（権威）

Exousia とは「ある行為を成し遂げる能力」そして「権威」「許可」「自由」をさす語である。[44] LXX では exousia は法的、政治的意味における権利、権威、許可、自由を意味し、また神によって与えられたそれらのものもさした。

新約においては exousia は、見えない神の力をさし、そのみことばは創造的力をもつ。イエスの exousia も同様の性格をもっている。それは御父によって限定的に委託されたものではなく、御父との一体によるイエスご自身の支配である（ヨハネ10：18）。イエスは、父より与えられた力について語っておられる（マタイ28：18）。主は罪を許し（マルコ2：10）、悪霊を追い出す（マルコ3：15）権利と力を意味する exousia を持っておられる。人々は特にイエスの教えにその exousia を見い出した（マタイ7：29）。Exousia は同時に権力をもさす神的委託と認定を前提としている。そしてこの exousia の特別な面は、これが神の国は近づいたという宣言と不可分であるということである。この権威と、病いを癒し、罪を許す力を持たれるお方の臨在により神の国は現存するのである。

教会の権威は、キリストによって授けられており、従って、教会は、その存在と本質をキリストに負っている。Exousia はまた使徒の行為における力との関係において不可欠のものである。「あなたがたを倒すためにではなく、立てるために主が私たちに授けられた権威」（Ⅱコリント10：8. cf. Ⅱコリ

---

(43) Merril C. Tenney, ed., *The Zondervan Pictorial Encyclopedia of the Bible* 5 vols. (Grand Rapids：Zondervan, 1977), 3：960.
(44) TDNT, 2：562.

ント 13：10）は、自分勝手に用いられてはならない。この権力の適用において使徒たちは、「立てるために」主によって拘束されているのである。他方 exousia は、責任ある使用を求めるものである。これは、イエスがマルコ 13：34 におけるたとえで「旅に立つ人が、出がけに、しもべたちにそれぞれ仕事を割り当てて責任を持たせ」ることに示されており、またパウロが援助を拒んだことに表されている。Exousia は、教会によって支持されるべき権利であることをパウロは教えている（Ⅰコリント 9：4―6, 12, 18）。

　さらに特別な意味で、exousia は教会に与えられた自由を意味する。「すべてのことが私には許されたことです。しかし、すべてが益になるわけではありません」（Ⅰコリント 6：12）。しかし、この自由は二つの原則によって制御されなければならない。すなわち、適当性と建徳性の原則である。前者は人間個人に関するもので、自由があるところ常に危険があることを教える。後者は、隣り人を配慮に入れたものであり、隣人に何が助けになるかを問いかけるものである。

　キリストの教会に与えられた自由は、exousia の概念に本来的に含まれているものである。階級構造による日本教会の権威主義と伝統主義は、教会をより固苦しいものにし、この自由を失わせている。それ以上に、その権威自体も、人間によって操作されるものである限り恣意的傾向をもち、主イエスがかつて地上で特たれたもので、今はご自身の教会において特っておられる権威とは異なるものである。イエスの権威はみことばの権威、上からのものである。さらに教会における exousia は、使徒によってしばしば自主的に差し控えられさえしており（Ⅰコリント 9：12）、責任概念によって注意深く制御されているのである。これに対して、日本の甘えは押さえのきかない依存の表現である。それゆえに、全くこれからのものを欠くことになるのである。

6.　イエスの師弟関係モデル
a. イエスの反階級的立場
1）イエスの反知的特権意識

　イエスはご自分に従う 12 人の弟子たちを選ばれたが、その多くは［Hb］

am ha-arets（地の民）であり、専門的、学問的訓練を受けたことのない普通の人々であった。富める者と思われる者は誰もいなかった。ほとんどはガリラヤ周辺の貧民階層の出であった。しかし、イエスの語られた真理に対しては、これを無視することなく皆反応した。彼らは、教えることのできる人々であり、正直であった。イエスは、彼らの中に御国のための指導者としての可能性を見た。さらに重要なことは、彼らの神と永達のいのちの実在に対する真実なあこがれがあった。民衆よりも彼らにイエスはそのすべてを注がれた。それは、彼らを通して民衆がついに放われるためである。これがイエスの戦略の核心であった。[45]

　イエスの教育方法は実際的、具体的であった。主は弟子たちと共にとどまり、時を過ごされた。主は彼らを生活の状況の中で教えられ、実際の仕事の中で訓練を与えられた（ルカ8：22—25；ヨハネ6：22—59；マルコ6：7—13）。彼らにとって知識とは、師から律法や教義によって伝達されるものではなく、彼らの間を歩まれたお方の生ける人格を通して伝達されるものであった。主の弟子たちはある儀式に外的に適合していたというよりは、主と共にいることによって主の教義にあずかっていたのである（ヨハネ18：19）。[46] イエスは多くの実物を用いて教えられた。永遠のいのちを教えられる時にパンを用いたり、謙遜を教えられる時に子供を引き寄せられ、慰めを教えられる時に花や鳥を指したりしたのである。イエスは極く自然に弟子たちを教えられた。彼らは主がどのようにして人々をご自身に引き寄せられるかを見た。弟子たちは、あらゆる状況の中で、また富者と貧者、健康な者と病人、友人と敵、ありとあらゆる種類の人々の中で、偉大なる救霊者としての主が働いておられるのを見て来たのである。[47]

　イエスが12弟子を召された時、彼らの中には賜物の多様性があった。ペテロは岩の人、ヤコブとヨハネは雷の子、マタイは取税人であった。偉い

---

(45) Robert E. Coleman, *The Master Plan of Evangelism* (Old Tappan: Fleming H.Revell, 1979), p. 33.
(46) Ibid., pp. 38, 39.
(47) Ibid., p. 79.

第3章　日本における教会とミッションの関係（Ⅱ）

人ばかりではなく、小さな人物も必要とされた。というのも人間の本性は一面的であり、小さな人物も彼らなりの特別の価値と賜物を有しており、より知られた人々以上のあるものをなしとげることができるのである[48]。これこそ12弟子を訓練なさる時の主のお心であった。しかし、賜物の多様性は、弟子たちの間の分裂、分派ではなく、かえって、兄弟愛と柔和さと慈愛による心の一致を意味する。イエスの共同体は、きよい、愛し合う、一つとされた交わりである。

2）イエスの反権威主義

権威と権威主義とは、全く異なるものである。イエスは地上におられた時、権威を持っておられたが、決して権威主義的ではなかった。前者は「啓示された真理に根拠を置いており」、後者は「教条主義から来ている[49]」。イエスの特にパリサイ派に対する反権威主義は明らかである。主は、神の律法より自己の伝統を優先するパリサイ派を公然と非難された（マルコ7：8−9）。また、彼らの偽善（マタイ23章）、神の前の高慢（ルカ18：11, 12）、その権威主義的態度（マタイ23：6, 7）を批判された。

逆に、弟子に対する師としてのイエスの像は彼らの足を洗われる謙遜なお方（ヨハネ13章）としてのそれである。主は、ご自身、模範を示されることにより、弟子たちが互いに愛し合い、仕え合うようになることを期待された（ヨハネ13：34）。さらに主は、弟子たちがご自身を「主、先生」と呼ぶことを許されたのみならず、彼らを「わたしの友」（ヨハネ15:14）とも呼ばれた。このことは、「主が私たちに常にしもべであること、つまり、そのお方の意志がわからないまま盲従することを要求しておられるのではないということを意味する。主のご意図は、私たちが究極的には、友としての地位に昇ること、つまり、外的な命令に機械的に応ずるのではなく、自分自身への律法として、主のみこころを知的に、自由に行なうようになることである。しかし私たちがしもべとしての服従を始めることによってのみ、この高い地位に到

---

(48) A. B. Bruce, *The Training of the Twelve* (Grand Rapids：Kregel, 1978), p. 39.
(49) Robert E. Coleman, *The Mind of the Master* (Old Tappan：Fleming H. Revell, 1977), p. 40.

達することができるのである」[50]。

　イエスの反権威主義的態度は、十字架の道に至るご自身の服従に示された模範の姿においても明らかである。主は、弟子たちに十字架を負って従うべきことを教えられた（マタイ16：24）だけでなく、ご自身が、自らを無にして十字架の死にまでも従われた（ピリピ2：7, 8）。イエスの十字架への委託と服従は、弟子だちと私たちすべてが従うべき権威ある基準となっている。

b. イエスの自立的姿勢－その自立への霊的訓練－

　イエスは弟子たちに、ご自身が地上から離れ去った後に彼らが自立できるように多くの霊的訓練を与えられた。弟子たちは、自分たちが大切と思っていた肉体的満足、評判、名声などを主が拒否されたのを見、その一方、彼らが逃れようとしたもの、すなわち、貧しさ、謙遜、悲しみ、そして死でさえも、主が彼らのために喜んで受けられたのを見てきた[51]。事実、十字架への道は孤独ではあったが、その霊的訓練は、弟子たちを一人立ちにした。

　ペテロはよみがえりの主に「あなたは私を愛しますか」と三度問われた。この問いかけは、ペテロの三度の否定を痛々しく思い起こさせた。次いで主は彼に、ご自身の羊を養うことを委ねられた。主はペテロに事実上次のように語られたことに他ならない、「あなたは、今まで、羊のように導きを必要としていたし、他人の知恵と勇気によって見守られ、保護されてきた。しかし、今や、あなたは羊飼いとならなければならない時が来た。これからはあなたは弱い人のために、わたしがあなたにしてきたことを喜んでするであろうし、そうできるのである。」換言すれば、「事実、イエスはここでペテロと他の者たちに、少年から成年へ、生徒から自治者へ、依存から自立へ、被保護者から影響、権威、責任を持つ者へ移行すべきこと、そしてキリスト者の共同体の中で、指導者、指揮者として、長い間訓練を受けてきたそのわざを行なうべきことを宣言しているのである」[52]。間もなく、この移行、変化は、確実に起こった。「審判の間、弱々しく主を否定したペテロは、サンヘドリンの

---

(50) Bruce, *Training of the Twelve*, pp. 348, 349.
(51) Coleman, *Master Plan of Evangelism*, pp. 62, 63.
(52) Bruce, *Training of the Twelve*, p. 521.

前で大胆に主を告白したのである。師のことばを絶えず誤解し続けた、無知で、愚かな弟子たちは、知恵と悟りの霊に満たされ、ちょうど彼らがイエスご自身のことばに耳を傾けたように、人々は彼らのことばに耳を傾けたのである」。[53]

このようにイエスの弟子たちに対する訓練は常に変革、つまり自立への変革のそれであった。そしてその自立とは、福音の進展と、神の栄光のためのものである。

結論として、教会論の聖書・神学的考察と、主イエスをモデルとする師弟関係は、日本教会一般に見られる階級構造と、それに付随する甘え心理の合法性を支持していない。反対に、以上の批判的考察により両者は、その主要な点において明確な一線を画するのである。それゆえに、私たちにとってその批判的実践はいかにあるべきかを自らに問わなければならない。日本教会の階級構造をいかにして再構成することができるのであろうか。日本人の甘え心理から自らを隔絶させ、教会をより聖書的に機能するものに変革するためにはどのようにすべきなのであろうか。

IV 聖書的教会・ミッション関係の批判的実践（praxis）

A. ラディカルな認識の転換

私たちは、日本教会の構造的問題を明らかにし、聖書・神学的にこれを批判し、両者の違いを明らかにしてきた。そこで、以上のことから実践の部分に入って行くことにしよう。その実践とは、現状に対する危機認識によって動機付けられた批判的実践（praxis）である。ラテン・アメリカにおける革命的教育家、パウロ・フレイレ（Paulo Freire, 1921〜1997, 次頁写真）の言葉を使えば、それはコンテクストにおける現実の「危機意識化」(conscientization)[54]

---

(53) Ibid.
(54) "Conscientization" という用語は、パウロ・フレイレによれば「社会的、政治的、経済的矛盾を認識し、現実における抑圧的諸要素に対して行動を起こすための学習」を

であり、現実への拒否がこれには常に随伴するものである。この概念を日本のコンテクストに適用すれば、批判的考察の結果として、私たちは階級構造と甘えの構造を拒否しなければならない。日本における教会とミッションの関係に関して、包括的教会論と弟子化の概念について、ラディカルな認識の転換が最も必要とされるのである。それをどのように転換するのか、二つの点の考察を提案したい。すなわち、弟子化についての新しい理解の必要、そして信徒の動員の必要である。

1. 弟子化についての新しい理解の必要

　第1章に明らかにしたように、第三世界における教会とミッションの関係の階級構造と依存状態を強化する主要な問題のうちの一つは、西洋的な神学教育の移植である。これは第三世界教会における知的特権意識を醸成させることにもなっている。私たちの扱う主題に関する聖書・神学的考察は知的特権意識を根幹から否定するものであり、それゆえにこれは拒否されるべきものである。(55)

　これにとって代わり、「いのちあるからだ」(bodylife) と賜物の原理が教会の隅々まで行き届かなければならない。各々の成員が知的特権主義の原理ではなく、自己の賜物の原理によって、キリストのからだの部分として十二分に機能することになるのである。こうすることによってからだ全体が、各々の部分の相互作用と相互依存によって優越感、劣等感を持つことなく成長す

意味する。Paulo Freire, *Pedagogy of the Oppressed* (New York：The Seabury Press, 1970), p. 19.
(55) Ted Ward は今日の教会におけるこの知的特権意識をも含めた以下の5つの問題を別のところで取り上げている。(1) 信徒の受動性、(2) 階級構造、(3) 知的特権主義、(4) 誇りと地位、(5) 操作的戦術。そしてこれらすべての問題はその根源たる信徒の受動性の問題に帰着するという。この問題を私たちは以下のところで取り扱う。
　Harvie M. Conn, *Evangelism：Doing Justice and Preaching Grace* (Grand Rapids：Zondervan, 1982), pp. 93, 94.

第3章　日本における教会とミッションの関係（Ⅱ）

るのである。

　ノーマン・クラウス（Norman Kraus）はこの種の共同体を、悔い改め（metanoia）の原理を機軸とする「真正な共同体」（authentic community）と定義している。[56] metanoia とは精神と心のラディカルな転換のことであって、個人の生活態度と社会様式における革命的再構成となって現れるものである。[57] それゆえに metanoia がある共同体とそれがないものとは、根本的に異なるものなのである。クラウスは両者を次のように比較する。[58]

　metanoia をもつ新しい共同体は「キリストにある」ものである。それのない古い共同体は「アダムにある」ものである。キリストは神中心の新しい本性を代表し、人々が互いに他の重荷を負い合うように助ける。その原理は koinos（使徒2：44）であり、心と霊の開かれた状態、分かち合い、一致を表している。アダムは古い本性の自己中心的原理を代表している。この原理は idios であって、自己の利害を求めるという意味で、私有財産に関心をもつものである。

　双方の共同体は、その力学の原理が異なっている。古い共同体は自己（eros）に訴えたり、高揚させるものを欲求する。その力学原理は、競争、独立への闘争、自己の拡大強化である。新しい共同体は他者が好ましいか否かに関係なく、本能的に価値あるものとして認めて応答する agape を動機としたものである。その動機となる原理は、相互依存と必要に応じて与えられる公正な配分による koinonia である。

　古い共同体においては、人々は法的規則と力の均衡の原理によって支配される。新しい共同体では、人々はキリストの霊、善をもって悪を克服する愛の法則によって支配される。それは神の恵みへの応答であり、古い共同体では、それは自己にとっての最高の利益を知るという啓発である。

　以上で新しい共同体の性格は明らかにされたと思う。それはそれ自体が真

---

(56) C. Norman Kraus, *The Authentic Witness* (Grand Rapids : Eerdmans, 1982), pp. 93, 94.
(57) Ibid., p. 125.
(58) Ibid., pp. 125-137.

正な証しであることを証明している。真正な証しとしての教会は、人間存在の霊的面ばかりではなく、物質的面をも考慮に入れなければならない。こうすることによってその証しは、全的、包括的なものになる。聖書的な教会・ミッションの関係は、私たちに人間生活のすべての面を全体的なキリスト者の弟子化の様式に組み入れることを要求する。

2. 信徒の動員の必要性

既に述べられたように、教職・信徒の二重構造は聖書的には正当なものとは言えない。教会の全体的な奉仕は神の民の概念に基礎を置いたものでなければならない。Missio Dei（神の宣教）は神の民全体によって実践されるべきものである。

信徒の受動性は歴史的条件付けの結果生じたものである。私たちのいう教職の給与制の概念ですら、二重構造の強化材料に他ならないものであるが、初代教会の文書によって証明できるものではなく、コンスタンティヌス帝の回心以降、教会に大量に流入した財産によってのみ定着して来たことなのである[59]。その結果、信徒の受動性は教会にしっかりと定着し、今日教会に見られる堅固な階級構造を形成するのに手を貸してしまったのである。

信徒の受動性は、現代日本の教会に深刻で、有害な諸問題を引き起こしている。信徒は会堂の座席に深く座り込み、牧師に霊的満足を与えるよう要求する。彼らは宣教の対象としてのみ自己を見、信徒としての聖書的責任を牧師に委譲してしまっているかのようである。「牧師にやらせればよい。私たちは給与を支払っているのであるから」が、彼らの本音のようである。こうして教会全体がより内向化し、世への宣教はいよいよ教会にとって阻害されることになるのである。

信徒の受動性を強化するもう一つの要素は、西欧教会の一教会一牧師制度の移植である。日本のようにキリスト教人口の全人口に占める割合が非常に少ない国においては、この制度は社会、経済的に欠陥のあるものである。

---

(59) W. G. B. Ream, "The Support of the Clergy in the First Five Centuries A. D.," *International Review of Mission* 45 (October, 1956): 428.

特に農村地帯における 10 〜 15 名程度の会員しか持てない小教会において1人の牧師を支えることは事実上不可能となる。しかしミッション援助が教会にとって不可能なことを可能としてしまうのである。そして、その結果、国内教会の信徒からその聖書的役割を奪い取ることになるのである。

このようなわけで、信徒の役割についての理解のラディカルな転換が喫緊の課題となっている。信徒は宣教の主体である。その対象ではない。元日本宣教師で、信徒の動員の強力な推進者であるニール・ブラウン (Neil Braun) は、信徒の動員が日本ばかりか世界各国においても教会刷新を引き起こしている事実を示した。(60) 一教会一牧師制が訂正されていかなければならない。複数教会の教職と信徒の共同牧会が聖書的にも要求されているのである。小教会で牧師不在のままもつ集会のために信徒を訓練することが特に必要になってくる。これらのことが教会構造と教会とミッションの関係更新のために、基本的枠組を形成するものと言えよう。

3. 日本におけるいくつかの障害要因とその解決

信徒を伝道に動員することは、例えば総動員伝道などで盛んに取り入れられてはいても、牧会に動員することは日本においては、例外的に地方の無牧教会において、信徒牧会者が孤独な戦いをしていることを除けば、ほとんど行われてはいないのが実情ではあるまいか。そしてその例外的な信徒牧会者といえども積極的使命をもってしているというより、できれば牧師を招聘して自分は止めたいのだけれども、いたし方なく続けているというのが実情ではあるまいか。

日本においてなぜ信徒を牧会に組み入れる信徒動員がなされなかったかの理由は、教職と信徒の双方にあると言って良い。教職の側の問題は、今まで論じてきた教会の階級構造と甘えの構造にある。教職の側からすれば、これは都合の良いもの、安心感を与えるものである。信徒を牧会に組み入れれば、それだけ教職の地位は信徒によって脅かされることになり、不安定になる。牧師独占権は崩れ、その権威は低下するのである。信徒の牧会への

---

(60) Neil Braun, *Laity Mobilized* (Grand Rapids：Eerdmans, 1971).

動員が、教職・信徒の関係を悪化させ、両者の間に不信感を増大させると、多くの教職者は考えているようである。これがこの制度が定着しない理由の一つであろう。

　理由は教職にばかりあるとは言えない。信徒の側の問題は、賜物を持つ人材の不足、信徒の献身の不足、また職場、家庭からの圧迫という社会的、経済的、心理的要因もある。人材の不足は、人を備えたもう全能の主に熱心に祈り求めることから始められなければならない。必ずしも高学歴である必要はない。賜物があるかないかの問題である。信徒の献身の不足は、自らの生活を第一とする偶像崇拝の罪であるから悔い改めから始められなければならない。しかし社会的、経済的、心理的要因は、非常に深刻である。経済最優先の今日の日本の社会の中にあって、牧師の代役を果たすべき信徒の年代の人は最も多忙な人々である。職場においても、家庭においても責任は重くのしかかっている。礼拝に出席するのがやっとで、くたくたに疲れているのが最大公約数ではないだろうか。どうしてこれ以上牧会の責任を委ねることができるだろうかというのが大方の牧師の印象ではないだろうか。信徒の動員はしようにもできないのが実情であると言われるかも知れない。しかし経済最優先ということ自体が偶像崇拝の罪なのであるから、仕事上の責任であるからといって、あたかも治外法権のごとく容認されるのではなく、悔い改めて、生活時間のすべてが神の栄光のために再構成されて行くべきであろう。必要性の優先順位を聖書的に決め、不必要と思われるもの、時間的に能力を越えるものは削減することが必要になるであろう。

　しかし、信徒の側の問題は、信徒個人の信仰の姿勢の問題である。その解決はどのようにもなるが、より本質的な問題は、あくまで教会の階級構造、権威主義と甘えの心理にある。この転換がまず必要である。みことばへのラディカルな服従が要求されるところである。

　信徒のためのこうした障害をどのように乗り越えて行くべきか。コンの教会刷新のための次の提案は傾聴すべき示唆に富むものと言えよう。

　①変革しようとする者は、変革されなければならないと自分が思う文化的要素をその人々の視点に立って理解することを求めなければならない。

②変革しようとする者は、危機的転換は最少限に止めるようにすること。
③変革しようとする者は、オピニオン・リーダーを変革することを目指すこと。
④変革は、個人よりもグループによって支持されるときに、より効果的に現れる。[61]

これらの諸点を参考にして、日本における教会とミッションの関係の再編成と、教会の階級的内部構造の転換のための実践を、筆者の所属する地区教会と、旧リーベンゼラ・キリスト教会連合という二つのレベルでのケーススタディによって見ることにしよう。

B. 日本教会の再構成 —— ケース・スタディ
1. 地域教会レベル

筆者は 1983-90 年茨城県旧リーベンゼラ・キリスト教会連合（現・日本福音キリスト教会連合，JECA）小川教会、八郷キリスト教会の二教会牧会、1990-2012 年の現在まで八郷キリスト教会専任で牧会伝道に任に当たらせていただいた。八郷牧会は都合 28 年になる。牧師は小川時代、八郷時代を通じて完全自給を貫いてきた。しかし、伝道の成果は遅遅としている。

旧八郷町（現・石岡市）は三方を山に囲まれ、「日本の里山百選」にも選ばれた美しい町である。梨、ぶどう、栗、柿等の果樹、野菜、茨城コシヒカリ米のおいしい桃源郷ともいうべき農村地帯である。商業・住宅地の中心部は 6 千人、周囲農村部を含め合計 3 万人の町である。だが農村地帯で、平和で、危機意識に乏しく、住民が生活に満足している事実は福音宣教にとって大きなマイナス要因である。最近の新聞報道によると、日本における県別幸福度調査によると福井、富山、石川の北陸 3 県が最も幸福度が高いというデータが出た。[62] しかしこの地域は浄土真宗の影響が強く、福音宣教が最も困難な地域であることはよく知られている。福音宣教には伝統的に国内が政治的

---

(61) Conn, *Evangelism*, pp. 102-107.
(62) 法政大学大学院、坂本光司教授の「47 都道府県の幸福度に関する研究結果」、2011 年 11 月。朝日新聞 2011 年 11 月 23 日号全国版。

緊張、圧迫があり、国民の間に経済的不満があることが宣教が進展する理由の一つであることが良く知られている。その代表的例が韓国である。

　こうした条件の上に、茨城県地方農村部伝道には特殊な困難がある。都会から来たある青年は「八郷には江戸時代が残っている」と言った。元来「水戸っぽ」は、「理屈っぽい、怒りっぽい、飽きっぽい（または骨っぽい）」の「3ぽい」と言われる。小川・八郷も広域的にはこうした地域に含まれる。「水戸っぽ」は保守伝統的であり、外部の思想、宗教に対して概して排他的である。これは徳川斉昭（1800～1860）、国学者藤田東湖（1806～1855）に代表される後期水戸学の影響がある。後期水戸学は幕末期、尊皇攘夷思想の中心となり、開国派井伊直弼と対立し、水戸浪士は桜田門外で井伊直弼を暗殺した。明治維新以降は天皇制国家の思想的支柱となった思想である。また政治のレベルでは茨城県は保守、自民党の地盤である。民主党政権になっても県議会、町議会レベルでもこれは変わらない。こういう訳で、外来宗教と見なされるキリスト教に対しては概して排他的である（もちろん例外はあるが）。しかし、こうした農村部でも救われ、迫害を受けつつ信仰を告白してきた例もある。

　教会内に霊的リーダーシップのある信徒は少ない。そのため霊的意味では弟子訓練は著しく阻害されている。時間を献げ、超教派を含めた種々の集会に集い、みことばをよく学び、良く祈る信徒が少ない。いわゆる霊的な人材不足である。こうした中でいくら信徒伝道者、信徒訓練とか言っても人がいなくてはどうにもならない。牧会以前の問題である。

　だがこうした中でも、八郷キリスト教会では1993年に重量鉄骨製の3階建て新会堂を献堂し、2011年には会堂借入金は完済した。また1996年には宗教法人を取得した。これらすべて主の奇蹟である。

　筆者は過去地元有力者と15年以上も聖書研究を続けたが、実を結ぶことができなかった。また友人の会社社長は牧師と同年であり、会堂建設には多大の協力をしてくれた。教会が地域の文化活動をしていることを認知してもらうために、大学教授、精神科医、筑波研究学園都市の科学者等による文化講演会をしばしば開催した。旧八郷町教育長は講演会にも校長会で教師

に出席を促し、自らも出席された。牧師はカウンセリングで教育長と協力し不登校児童のカウンセリングにも応じた。こうした文化活動によりある程度教会に対する町の認知は進んだと思われるが、実際、教会礼拝、受洗に結びつく人は誰も起こされなかった。

2. 神学教育

小川教会時代には地域牧師と協力し、「ベレヤ信徒聖書学校」を1982～85年まで開設した。この中から1名は牧師として献身し、現在牧会に従事している。他の2名は日曜、牧師不在の時礼拝説教を担当した。

筆者はここ八郷キリスト教会において1998年から現在に至るまで、「北関東神学研修センター」を教会内に設立し、在京神学校教師を含めた教師陣による牧師の継続教育を行って来た。これには筆者が1997年まで14年間、共立基督教研究所で宇田進所長のもと、継続教育の奉仕をしたときに体得したノウハウが生かされているとともに、自分自身が地方伝道で苦闘してきた中で、何とか地方伝道者が倒れないで、地道な伝道を継続するために、神学継続教育を通して彼らを励まし、学びと交わりの場を提供するために設立したものである。過去この研修センターからは牧師として献身した者3名（牧師を辞めようとして立ち上がった牧師を含め）が出た。2010年からは信徒聖書学校のプログラムを併設し、地域の教会から現在3名の信徒献身者が学んでいる。

また2000年からはシンポジウム「地方伝道を考える」を斎藤篤美師（あつよし）（元同盟教団理事長、2012年逝去）とともに毎年夏開催し、現在12回を数え、毎回シンポジウム報告書を発行し、地方伝道者の活動を報告してきた。これも地方伝道者が経済的困難な中で、彼らを励まし、自立し、連帯するために開催されたものである。幸い多くの賛同者を得て、またクリスチャン新聞が第2回より大々的に報道してくれたこともあって、主から祝福を頂いてきた。共同発起人も徐々に増し加えられてきている。当初はここ石岡市で開催したが、その後仙台、高松、佐渡相川、千葉県富津市でも開催してきた。報告書は神学校実践神学教師（数名）がこれを実践神学の教材として使用してい

る。また地域の牧師会の勉強会のテキストとしても用いられてきている。

3．団体レベル

　今からは旧聞になるが、既述のように、旧リーベンゼラ・キリスト教会連合は、1985会計年度でリーベンゼラ・ミッションより援助を打ち切り完全自給体勢に踏み出した。筆者は当時会計担当実行委員として経済的自立のために旗振りの責任を果たさせていただいた。1982年末までに、8教会が牧師給、または家賃の援助をミッションから受けていたが、この時点で、国内宣教協力委員会は、以下の「自給のための五つの選択」を提案し、実行委員会はこの線に沿って、自給化路線を進めてきた。

　　a. 姉妹教会よりの援助
　　b. 兼牧
　　c. 教会合同
　　d. 牧師のアルバイト
　　e. 牧師自身の経済的犠牲

　これにより1985年末をもって、予定通りミッションより完全自給化を達成した。連合はこれを踏まえて、自由献金による「開拓伝道協力基金」を1986年に発足させ、国内宣教協力委員会提出による「開拓伝道協力基金規則」を1987年総会で承認した。これによりリーベンゼラ・ミッションは従来より一歩退きつつ、在来教会との協力により日本宣教に従事するという教会・ミッション関係の成熟段階に入ったのである。

　また日本の教会はミッション依存状態から自立し、「教会を生み出す教会」をめざして、独自に開拓伝道を開始しようという体制に入った。これはJECAの現在もこの姿勢を貫いている。福岡、八王子南の開拓も開始された。

4．今後の課題

　完全自給は達成されたものの、現実は経済的未自給教会は何の援助もなく放り出されたようなものである。多くは姉妹教会よりの少しばかりの援助があるが、牧師給は低いままの状態である。定期的援助のない教会もある。

第3章　日本における教会とミッションの関係（Ⅱ）

アルバイトをしている牧師もいる。が、リーベンゼラの場合はこれを認めた。しかし多くの教団は公式には牧師のアルバイトを認めず、黙認の状態である。もし認めれば主日礼拝や伝道が疎かになるからである。特に結婚式場の司式のアルバイトは日曜日に集中するために、結婚式場の司式をして、礼拝はビデオ礼拝を行うか、午後礼拝をするか、礼拝を閉じてしまうかのいずれかである。これでは主の御名を汚すようなものである。主の召しに忠実であろうとすれば結婚式場司式のアルバイトはできないであろう。

　地方伝道は定職を持ちながら自給伝道をし、信徒を集め、教会を設立するほかあるまい。信徒で職業を持ちつつ、献身をし、自分で礼拝を始めるのが一番手っ取り早いが、果たしてどの程度献身できるのか、その程が試されるところである。公立学校教師であっても日曜出勤は必ずあるからだ。その時には礼拝はテープ礼拝をすることになるのか。牧師になるために献身をした人の献身度とは自ずからその程度が異なるであろう。

　牧師になるために全てを捨てて、献身をし、神学校を卒業して牧師になる人にとって、手に職を持つことは容易なことではない。医師、薬剤師、大学教授、といった高度の専門職はこれができるが、これらの門は狭き門である。誰もがなれるわけではない。ミッション・スクール教師の場も地域的にごく限定されている。まして高校卒業で直ちに神学校にはいる方々にとっては働きの場はごく普通の肉体労働を主としたアルバイトとなるであろう。

　こうした条件を考慮すると、地方伝道は徐々に後退を余儀なくされる。生活を支えられない地方伝道者は講壇を去り、いきおい伝道は大都市及びその周辺に教会は集中することになるであろう。これに輪を加え心を病み、牧会を去る牧師が増えている。今後益々日本の教会は無牧化と教会閉鎖の坂道を下ることになるであろう。このための対策として例えば日本基督教団関東教区（新潟、群馬、栃木、茨城、埼玉の５県）では「ナルドの壺献金」（現在全信徒一日10円献金）のような教区を挙げての薄く広い基金により地方伝道を支えるような動きが既に機能している。これはよきモデルである。こうした動きが福音派諸教会に出てこなければならない。筆者はまた前出のシンポジウム「地方伝道を考える」を友人たちと毎年開催してきた。主のあわれ

みである。だが決定的な解決はない。しかしビジョンと情熱があれば、地方伝道は継続できる。

　日本の教会は「教会を生み出す教会」となると同時に、宣教師を送り出す教会とならなければならない。近年開拓伝道は宣教師が行ってきたが、今はそういう時代ではない。既存の教会が開拓を実施すべき時代なのだ。だが多くの教会はそのことに気がついていない。自分の教会のみを拡大することに注意を向け過ぎているからだ。JEAなどを見ても近年福音派教会が教会開拓をしている教団は著しく減少しているのが実情だ。

　また世界宣教についても、日本からの宣教師は今までに送り出されてきてはいるがその数は少なく、世界宣教のための献金は現在は激減している。高齢信徒は召天、引退し、戦後昭和30年代に青年として信仰を持ち、教会を熱心に支えてきた第1次ベビー・ブーマーたちは定年を迎え、生活費は年金として半減しているからである。このために派遣宣教師のデピュテーションを迎える教会が激減しているといわれている。

　元来日本、韓国からの宣教師は西欧宣教師とは異なり、第三世界の人々の心を理解でき、西欧宣教師のように現地教会によるモラトリアム運動（「宣教師は母国に待機せよ」）は起きていない。このためには日本の宣教師は大きな働きができると言える。現地の教会・ミッション関係においても良好な関係を築くことが可能である。このためにも宣教師派遣を継続すると同時にその人数を増やさなければならない。

　こうした悪条件にもかかわらず、世界宣教は主の絶対命令（マタイ28：18－20）であるゆえに実施されなければならない。大都市教会牧師は危機意識を持って、自らの牧師給を半減させ、その分を地方伝道協力基金、世界宣教に献金として献げても良いのではないだろうか。

おわりに

　元来教会・ミッション関係は、宣教師が開拓し、信徒を育て、信徒の中

第3章 日本における教会とミッションの関係（Ⅱ）

から献身者が出、神学校を卒業し牧師になり、教会が成長し、一人前となった段階で、ミッションは一歩退いて、教会と大人の関係に入り、相互に協力し、教会・ミッション関係を再構築するという関係に入る。一方教会は開拓伝道をし、教会を生み出し、同時に宣教師を派遣し、宣教師は派遣国で教会・ミッション関係を新しく始める。これが教会成長のパターンである。しかし日本の教会はそうなっていない。この問題を本小論で掘り下げ取り扱ったものである。

　第三世界における教会・ミッションの関係に見られる依存構造とその結果生ずる教会の階級的内部構造を私たちは検討してきた。これらのものはかなり普遍的に見られる現象であると同時に、日本の教会一般にもその種々な文化的強化因子によって、事実であると言えよう。筆者は、本稿で扱ったケースは特殊なものではなく、極普通のケースであると考えている。

　日本の教会は世界的キリストのからだである世界教会共同体の一部としての責任を分担し、それを積極的に果たして行かなければならない。今世界は経済的悪条件の中にある。米国、そしてギリシャ、イタリアを初めとするEC諸国の経済は下降に向かっている。新自由主義経済によって1％の人々が世界の富を独占し、99％の人々は失業か生活保護か低収入に甘んじている時代である。しかし、聖書を見よ。パウロの生き方を見よ。鞭打たれ、定期収入なく、世界伝道を成し遂げた。私たちは経済感覚を乗り越え、時に無視して、パウロのように世界宣教と地方伝道に向かわなければならない。

第1部　日本宣教神学

教会の奉仕の構造

(E. クラウニーの図式)

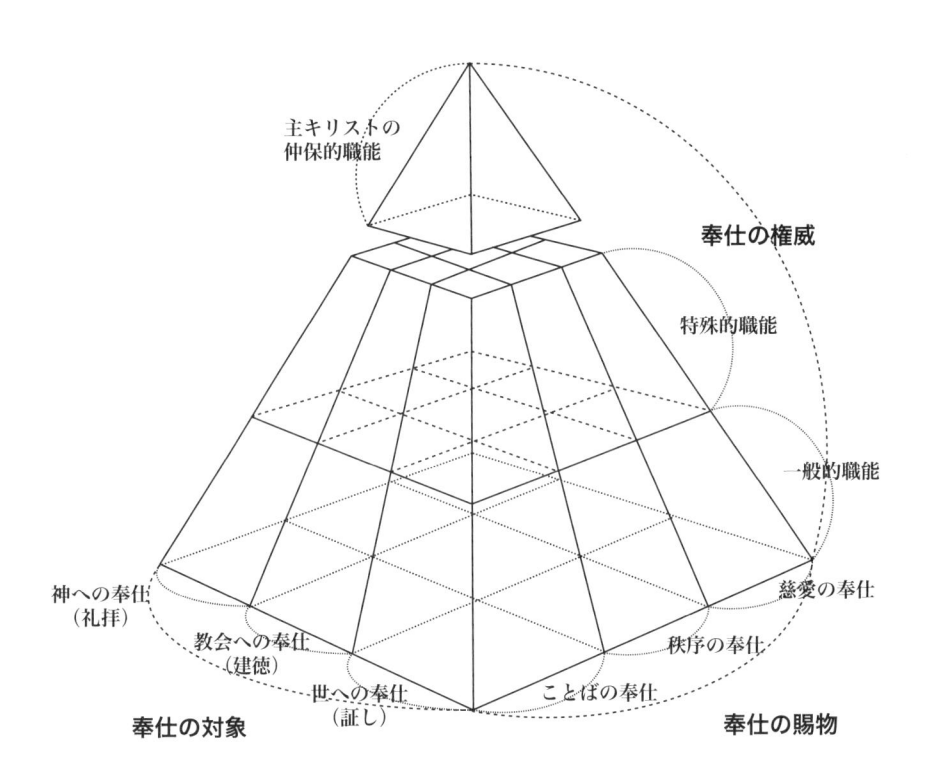

主キリストの仲保的職能

奉仕の権威

特殊的職能

一般的職能

神への奉仕（礼拝）

教会への奉仕（建徳）

世への奉仕（証し）

ことばの奉仕

秩序の奉仕

慈愛の奉仕

奉仕の対象

奉仕の賜物

第4章　新約聖書におけるコイノニアと教会協力

　この章は新約聖書における交わり、コイノニアを検討することによって現代日本の教団内および超教派における教会間の協力関係を再考しようとするものである。

　「交わり」を意味する関連語には名詞 koinōnia（交わり）、koinōnos（同労者、仲間）、動詞 koinōneō（分け合う、あずかる）等がある。

I　新約におけるコイノニア

A.　主イエス・キリストとの交わり

　「交わる」「あずかる」「仲間」等と訳されているコイノニアは種々の用法で用いられている。ペテロの手紙第Ⅱ1：4では贖いは神的性質にあずかることを教えている。クリスチャンは光の子として罪と交わらない（エペソ5：1）。他人の罪にかかわることは同じさばきを招くことになる（Ⅱテモテ5：22）。終末を前に神の民はその罪とさばきにあずからないためにバビロンを離れなければならない（黙示録18：4）。

　新約で何と言っても際だっている概念は主イエス・キリストとの交わりである。Ⅰコリント1：9でパウロはクリスチャンは主イエス・キリストとの交わりに入れられたと語る。これは信仰による霊的交わりのことである。現在既にそれがあるので、将来における完成を待ち望むのである（黙示録21：3）。御子との交わりは福音にあずかる（Ⅰコリント9：23）ことであり、信仰の交わり（ピレモン6）をも意味する。

　主の聖餐における交わりは主キリストとの交わりを具体化、強化するものである（Ⅰコリント10：16f）。犠牲の供え物を食べることは神と交わることを意味した（18, 20節）。それゆえに主の聖餐にあずかる者はキリストにあずかるのであり、従って偶像に備えた食事を避けなさいと言われるのである。パンと葡萄酒を食することによりキリストと霊的に交わり、キリストの死によってもたらされた罪の赦しの祝福を受けるのである。この交わりは一つのパンを食することによってあずかるすべての人に拡大して行く（17節）。

キリストとの交わりは主とともに生きること、苦しむこと、死ぬこと、神の相続人となること、支配すること（ローマ6：8；8：17；6：6；Ⅱコリント7：3；コロサイ2：12－13；Ⅱテモテ2：12；）を意味する。ここには交わりの2面がある。第1はキリストの謙卑のそれ、第2は高挙のそれである。パウロはその生涯においてキリストの全的苦しみにあずかること（ピリピ3：10；コロサイ1：24）、またそれと対比的にその栄光にあずかること（ピリピ3：10；ローマ8：17）を語っている。ペテロも同様の点を指摘する（Ⅰペテロ4：13）。パウロにとって彼個人の苦しみは交わりの原則において全共同体である教会の苦しみの部分を形成していると語る（コロサイ1：24；Ⅱコリント1：5、7）。

B.　聖徒の交わり

キリスト者は御霊の交わりをともに分かち合う。そして主は彼らの内にともに内在される（Ⅱコリント13：13）。ピリピ2：1ではこれは御霊の賜物というよりは御霊における交わりであることを明らかにしている。

主との交わりは他のキリスト者との信仰と奉仕の交わりをも意味する（ピレモン17；Ⅱコリント8：23）。異邦人キリスト者はユダヤ人キリスト者とともに祝福にあずかるのであるから物質面においても分かち合うのである（ローマ15：27；12：13）。彼らは苦しみを分け合うとともに恵みも分け合うのである（ピリピ1：7；4：14）。苦しんでいないときでも苦しんでいる兄弟たちとともに苦難を共有するのである（ヘブル10：33）。

ヨハネの手紙第Ⅰでは koinōnia は顕著なことばであり、そこではキリスト者同士を結びつける生ける絆を表すものとして用いられている。それはまず私たちと御父、御子との交わりから始まり（1：3, 6）、このうちに留まり続けること、そして終末における完成（3：2）を待ち望むのである。コイノニアはまたキリスト者の家族としての交わり（1：3, 7）を形成するのである。宮村師論文はこの点を明らかにしている。

コイノニアが純粋な意味でキリスト者の交わりを意味する場合もある。ガラテヤ2：9ではキリストにある同じ信仰の交わりのことが言われている。使徒の働き2：42では初代教会の信徒の群が信仰の家族としての交わりを

形成していたことが言われている。

II 初代教会間のコイノニア

新約における koinonia には上記の他に「物を相互にやりとりする」意味での用法がある。私たちの関心は JECA における教会協力であるのでこの点ついて焦点を合わせ考察を進めてみることにしたい。

A. 分かち合い

「物を分かち合う」という意味での koinonia は世俗ギリシャ語ではまれであるが、新約では、特にパウロにおいては良く見られる用法である[1]（ピリピ 4：15；ガラテヤ 6：6）。初代教会の物質的に貧困な時代、物をやりとりすることは極普通のことと考えられていたことなのであろう。ピリピ 4：15 ではピリピの教会がパウロが困難な時に捧げ物をもって二度までも補って、交わりを提供してくれたことをパウロは感謝している。パウロはピリピ教会にみことばを通して霊的な賜物を分け与え、ピリピ教会は物を持ってパウロの不足を補ったのである。彼はこうした相互の補完性をガラテヤの教会にも命じている（ガラテヤ 6：6）。教師が霊的教えを教会の信徒に与え、教会は教師に物をもって分かち合うことが勧められている（Ⅰコリント 9：11）。

以上の点からパウロは献金（捧げ物）を koinōnia との関係において論じていることは重要である。ことは単に経済的問題ではない。ユダヤ人キリスト教会と異邦人キリスト教会との最も深いレベルでの霊的交わりを意味するものであった。それゆえに献金は霊的意味を持つものであった。パウロはエルサレム教会が極度の貧困にあえいでいた時にマケドニヤとアカヤの教会がエルサレム教会のために献金を集めることにしたことについて語っている

---

[1] Gerhard Kittel, ed., *Theological Dictionary of the New Testament*.trans. by G. W. Bromiley (Grand Rapids：Eerdmans, 1978), 3：808.

(ローマ 15：26)。このことが遠隔地にある二つの地域の教会の交わりを形成することとなった。二つの地域的にも宗教的背景も異なる教会共同体（ガラテヤ 2：9）が「キリストにある」(en Xristō) 交わりのかたちとして母教会のエルサレム教会に献金が与えられたのである。抽象的なコイノニアはパウロにとって具体的な献金となって現れたのである。この献金は奉仕における交わり（Ⅱコリント 8：4）の意味を持つと同時に、信仰告白に従順で惜しみないささげ物（Ⅱコリント 9：13）でもあった。ヘブル 13：16 にも持ち物を分かち合うことが勧められている。

B. コリント人への手紙第Ⅱ 8：1―5

初代教会の教会間の献金についてコリント人への手紙第二 8 章は特に重要である。「マケドニヤの諸教会」(1 節) とは新約によればピリピ、テサロニケ、ベレヤの諸教会のことである。彼らは苦難のバプテスマを受けた人々であり、その苦難は貧困と迫害の結果であった。それゆえにピリピ書、テサロニケ書には富の誘惑に関する言及はない。しかしそれにもましてエルサレム教会はさらに貧困に直面していた。この中で彼らの献金がなされたのである。ここで献金はコイノニアとの関係で論じられていることは重要である。つまり献金は聖徒の奉仕における交わりと一致という宗教的意味が与えられているのである。さらにこの献金は 8：6 では「恵み」(xaris) であると言われている。

勿論パウロにとって金を集めるということが主たる目的ではないのは明らかである。献金の額からすればマケドニヤの信徒たちの献金は少額であったことであろう。しかし彼らは「自ら進んで、力に応じ、いや力以上に」(3 節) 捧げたのであった。彼らは自らの生活の現在および将来の必要に対する配慮を越えて、いや無視して献金したのであった。まだ会ったこともないエルサレムの極貧の信徒の必要を聞いて、彼らのためにキリストにある兄弟愛

---

(2) Ibid.
(3) Philip E. Hughes, *The Second Epistle to the Corinthians*, NICNT, (Grand Rapids：Eerdmans, 1979), p. 289.

に動かされて、力以上に捧げたのであった。「天の父上はご自身の子どもたちの必要をすべてご存じであり、その必要を天の宝の中から満たしてくださる」(マタイ6：8；ピリピ4：19)という信仰によって神により頼み自分たちの必要を無視するという特別な印となったのである。

この献金はパウロが頼んだのではない。彼らが進んで捧げたのである。極度の貧困のうちにあるマケドニヤの信徒から献金を期待すべきではないとパウロは当然考えたことであろう。しかしエルサレム教会の更なる極貧の状況を聞いた彼らは自ら自発的に「交わりの恵みにあずからせて欲しい」という願いを申し出、これをパウロは受け入れたのである。

さらに彼らの驚くべき献金について追加すべき要素が加わる。「まず自分自身を主にささげ、またわたしたちにもゆだねてくれた」(5節)ことである。彼らの献金はまず第一に主に対する献身の表れであった。その献身の当然の結果として自己犠牲的な献金が出てきたのである。主に捧げることは主に仕えるしもべとしてのパウロにも委ねることになったのである。

III 結　論 ── 今日的意義

新約聖書におけるコイノニヤはすべて信徒と主イエス・キリストとの交わりから出発する。これが信徒の交わりに拡大し、教会間の交わりへと拡大する。

さらに今日の教会協力という観点から初代教会のコイノニアと献金について学ぶときに新約は模範となるべきパターンを私たちに提供している。初代教会は迫害、天候その他の理由による極度の貧困に見舞われていた。その中で彼らは自ら進んで、自らの生活の保障を放棄してより貧困な教会と伝道者パウロに献金を捧げた。これは信徒の主イエス・キリストとの交わりという縦の面、そして信徒同士の地理的距離を超越した交わりという横の面の交錯した教会共同体の中から自発的になされた恵みのわざ(IIコリント8：6「私

たちは、テトスがすでにこの恵みのわざをあなたがたの間で始めていたのですから、それを完了させるよう彼に勧めたのです。」）なのである。

　既に JECA 北海道地区が聖書の理想に近いようなことを実践しているように私には見える。誰でも北海道を訪問すれば気づくであろう。拓銀が倒産し、基幹産業が本土ほど豊かではなく、気候は厳しい。経済は本土の8割経済であるという。これは沖縄も同様である。互いに支え合わなければ倒れてしまう。聖書的な交わりが自然に発生する。援助も自発的になされる。この「北海道モデル」ともいうべきものを全国レベルにまで拡大して行くことが JECA が今後歩むべき方向性のような気がするが、独り合点であろうか。

第5章　祖先崇拝

　われわれはここで、コンキスチュアリゼーションの一つの具体的例として日本における祖先崇拝(1)の問題を取り扱う。

　祖先崇拝は西洋社会では見られない特殊な文化的現象である。それゆえに、西洋神学的発想の上に立つ欧米の教会と神学校では最近まで、このテーマは全く無視されてきたが、アニミズム、一夫多妻制などとともに、今日宣教学の分野では格好の研究対象として注目され始めてきている。つまり、従来の伝統的な祖先崇拝研究には見られない、宣教学的視野に立った研究が求められてきているのである。

　しかし、このことは、祖先崇拝が日本だけに突発的に発展した特殊な慣習であるということを意味しない。祖先崇拝は今日、東アジア、アフリカのかなり広い地域にわたって見られる現象であることは、民俗学・文化人類学研究が明らかにするところである。すなわち、日本における祖先崇拝は、同じ仏教圏の東アジア諸国におけるそれとは違ったかなり特異な発展形態をとりながらも、それらとの相互影響の中に生じたものであり、これらとの比較研究によってより真相が明らかにされてくるということである。

　この日本における祖先崇拝の普遍性と特殊性の両面を兼ね備えた研究が今、われわれに求められているのである。ここで取り扱う領域は祖先崇拝についての文化のモデルから、社会的・歴史的分析、教理的分析、そして聖書神学的分析と幅広く、与えられた紙幅でそのすべてを取り扱うことはとうていできないので、ここではその、ほんの方向性を提供するにとどめたい。

---

(1) 日本における祖先崇拝に関する文献は膨大である。柳田国男、折口信夫両日本民俗学泰斗による古典的なものから、最近の文化人類学的研究も多い。
　『定本 柳田国男集』全31巻、別巻5、筑摩書房。『折口信夫全集』全31巻、別巻、中央公論社。
　本稿では特に文化人類学的視点による以下の著作を参考にした。竹田聴洲『祖先崇拝』平楽寺書店、1987年。竹田聴洲編『先祖供養』『葬送墓制研究集成Ⅲ』名著出版社、1982年。堀 一郎『民間信仰』岩波書店、1951年。ロバート・スミス『現代日本の祖先崇拝』(上)(下)、前山 隆訳、御茶の水書房、1981,1983年。中村 元『東洋人の思惟方法3』春秋社、1979年。橋本 巽『日本人と祖先崇拝』いのちのことば社、1984年。

I 祖先崇拝に対するコンテキスチュアル・アプローチ

　ウィローバンク・レポートの定義によれば、文化とは宗教を含むものであるという意味において、祖先崇拝は文化現象の一つであると言える。このことはその歴史的・社会的分析によってより明らかにされる。

　福音が文化現象としての祖先崇拝に接近するときに、両者の関係はどうなるのか。リチャード・ニーバーはキリストと文化のモデルの中で「文化に対するキリスト」、「文化のキリスト」、「文化の上にあるキリスト」、「矛盾におけるキリストと文化」、「文化の改造者キリスト」と五つのモデルをあげているが、伝統的福音派教会の立場は「文化に対するキリスト」か「文化の上にあるキリスト」であろう。祖先崇拝は、研究はおろか、排斥すべき悪魔の業であると見なすか、それと一切関わりを持たないようにする立場であろう。典型的なものは、クリスチャンになれば直ちに仏壇・位牌等を廃棄せよと命ずるものである。総じて福音派の祖先崇拝に対する態度は対決型である。

　対決型モデルにおいては福音は伝統的価値・文化とどのような関係になるのであろうか。ポール・ヒーバートのモデルは、われわれに重要な示唆を与える（次頁を参照）。

　対決型によると、一部の明確なクリスチャンは祖先崇拝に関する慣行には瞬時的に関わりをもたないようになるが、そのことによる直接・間接の波及効果にはあまり好ましいものが見られなかったことが多かったようである。橋本巽師は、宣教師がこうした態度をとった結果、町全体から拒否されてし

---

(2) H・リチャード・ニーバー『キリストと文化』赤城 泰訳、日本基督教団出版局、1967年。
(3) 福音派教会内における祖先崇拝に関する古典的指導者であった橋本巽師の『祖先崇拝と日常生活』（いのちのことば社、1958年）も基本的には対決型であると思われるが、その改訂新版『日本人と祖先崇拝』（1984年）では巻末対談において驚くほどの牧会的・宣教的配慮がなされていることは注目すべきである（113-115頁）。
(4) Paul G. Hiebert："Critical Contextualization", *Missiology* 12 (July 1984)：290.

第5章　祖先崇拝

コンテキスチュアリゼーションの型 (ポール・ヒーバートのモデル)

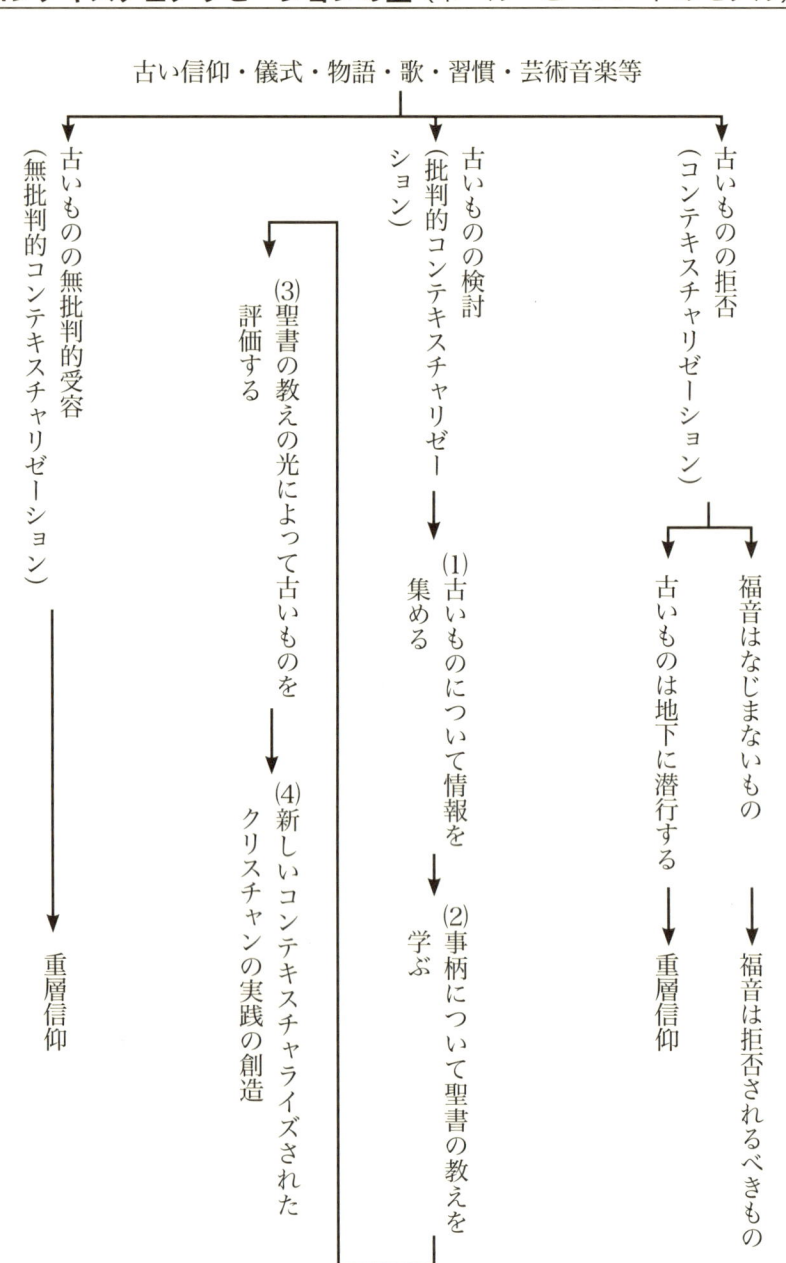

古い信仰・儀式・物語・歌・習慣・芸術音楽等

- 古いものの無批判的受容（無批判的コンテキスチャリゼーション）
  → 重層信仰

- 古いものの検討（批判的コンテキスチャリゼーション）
  1. 古いものについて情報を集める
  2. 事柄について聖書の教えを学ぶ
  3. 聖書の教えの光によって古いものを評価する
  4. 新しいコンテキスチャライズされたクリスチャンの実践の創造

- 古いものの拒否（コンテキスチャリゼーション）
  - 古いものは地下に潜行する → 重層信仰
  - 福音はなじまないもの／福音は拒否されるべきもの

まった例をあげておられるが、これが欧米宣教師が過去に犯してきた誤りであろう。また次頁の図が示すように、表面では拒否しながら、その裏で祖先崇拝を継続するという重層信仰に陥る。これも福音派が犯してきた誤りである。その一方で正々堂々とした焼香・死体礼拝の慣行もまかり通っている。古いものの無批判的受容である。

　福音派教会のもう一つの問題点は回心の解釈に関するものである。福音派クリスチャンによく見られる「私の回心は何年何月何日何時何分です」式の回心の理解は、本書「ウイローバンク研究会議に現れた福音派の対応」の「回心と文化」において学んだとおり、再検討を求められよう。瞬時的回心の理解は、祖先崇拝の慣行をも瞬時的に廃棄することを要求する。しかし、回心を文化との関係で終末的過程としてとらえていく時に、文化の主権者なるキリストに、ある過程を経て完全に明け渡し、J・バーヴィンクのいう「占有」(possessio)にまで至ることができるであろう。われわれの提唱したいモデルは、「文化の上にあり、しかも文化を貫くキリスト」である。

　コンテキスチュアル・アプローチは、祖先崇拝に関する正確なデータを集めることを要求する。祖先崇拝について教理的に分析するばかりではなく、日本人の思惟方法、祖先崇拝の中心概念としての家についての歴史的社会学的分析もなされなければならない。その歴史的発展を文化人類学的な冷静な目で分析しなければならない。また東アジア諸地域における慣行と合わせ比較研究してみなければならない。そして聖書神学的に批判分析した上で新たな実践を造り出していくのである。以上のことをまとめれば、祖先崇

---

(5) 橋本 巽『日本人と祖先崇拝』114 頁。
(6) 何年何月何日何時何分式の回心者たちの間には、信仰脱落者が多いことが知られている。ハーヴィ・コンはウイローバンク研究会議提出論文「回心と文化」において回心を神学的に分析している。この中でコンは回心は終末的に解釈すべきものであり、終末を目指して進む継続的な変化、過程であることを指摘する。また世界観の転換は被宣教地の文化を占有してゆく中で起きるものであり、これもまた過程であることを指摘している。John Stott and Tobert T. Coote eds. *Gospel and Culture* (Pasadena：Wm Carey Library, 1979), pp. 195-239.
(7) J. H. Bavinck, *An Introduction to the Science of Mission*, (Philadelphia：Presbyterian and Reformed Pub. Co., 1960), pp. 179ff.

拝は共時的に (synchronic)、通時的に (diachronic) に分析していかなければならないということである。

II 祖先崇拝の分析

A 社会文化的分析

同じ仏教圏でありながら、仏教と祖先崇拝がかくも深く一体化した国は日本以外にない。中国・韓国・台湾においては仏教と祖先崇拝はそれほど強い結びつきを示してはいない。

これには歴史的経緯もさることながら、日本人の思惟方法、特に中村元教授が指摘する日本人の人倫重視思考があるのであろう。死者も生者と同じく、盆、また日常生活レベルで一つの拡大家族を形成するのである。そこにあるのは日本人の「家」概念である。日本人にとって、たとえ身内の血縁は跡絶えても、家は養子という手段によって永続されるべき絶対的原理なのである。[8]

B. 歴史的分析

日本においてかくも強固な祖先崇拝が出現した歴史的要因は、少なくとも三つある。六、七世紀の仏教奨励、徳川時代のキリスト教弾圧と檀家制度、それに明治期の国体思想と天皇制である。[9] これらの歴史的経緯は竹田聴洲『祖先崇拝』に詳述されているので、ここではそれに譲る。これらのものは明らかに政治的行政的意図をもって作り出されたものであり、歴史の中で強化されてきたものである。それゆえに実体は何もない。

C. 教理的分析

死人の霊魂は次のように極めて御都合主義的に変化していく。

---

(8) 竹田聴洲『祖先崇拝』20 頁以下。
(9) 同書、143—210 頁。ロバート・スミス、前掲書（上）11—62 頁。

死霊→新仏→ホトケ→先祖→神

ホトケから先祖に移行する時期は33年か50年目である。

盆行事が最初に行われたのは、記録によると606年推古天皇の時とされるが、先祖祭は柳田国男らによると仏教渡来以前からあったとされる。恐らくこれは正しいだろう。しかし、盆が日本に入ってきた時には、中央アジア仏教・ヒンズー教・道家・儒家等の混合物であったが日本人はこれに多くの土着信仰や祭事を付け加えたのである。

盆に来る霊とは何か。柳田国男によると祖霊であり、無縁仏がこれによって慰霊されるというのは後代の追加であるとされる。しかし、鈴木満男氏によると、これは誤りである。日本の盆は東アジア全域に分布している盛夏の霊祭（台湾の普渡、北朝鮮・韓国のマンゴン・イル）である。元来それは餓鬼に食物を供えて不幸や疫病を回避しようとした儀式であった。中元節に祖霊を礼拝するのはむしろ後から追加されたもので、朝鮮半島では儒教により、日本では仏教によりなされたという。(10) もしこれが正しいなら、柳田国男の理解は明らかに神道神学先行の祖霊論展開ということになろう。

『盂蘭盆経』の偽典、祖霊祭の矛盾は橋本巽が見事にあばき出しているとおりである。

以上の分析によって日本における祖先崇拝の虚構性が露呈していると思う。祖先崇拝とは全く実体のないものなのである。

III 祖先崇拝の聖書神学的分析と宣教

家族単位の伝道が最も有効であることを明らかにしたのは、ドナルド・マックギャブランの教会成長論であるが、血縁関係の家族そのものに適用できないにしても、キリストの十字架による再生は肉の家族を霊の「神の家族」（エペソ2：19）という契約共同体に変換するのであり、この意味で家族は宣教論的な重要単位であることは否定できない。先祖供養の機会をとらえ、霊の

---

(10) 鈴木満男『盆に来る霊』竹田聴洲編「葬送墓制研究集成 III」323―367頁。

第5章　祖先崇拝

家族の祝福を繰り返し繰り返し説く必要があるだろう。「多くの証人たちが、雲のように私たちを取り巻いている」（ヘブル12：1）のであるから。

　偶像崇拝に関する教えが多く含まれている書はコリソト人への手紙第一である（8：1－7、9－13、10：23－32）。特に注目すべきは、「世の偶像の神は実際にはないものであること、また、唯一の神以外には神は存在しないことを知っています」（8：4）であろう。祖先崇拝の虚構性は明らかにされたとおりであり、このみことばは説得力をもつ。仏壇は回心したキリスト者にとっては木の箱、位牌は一つの木片にすぎない（もちろん大方の日本人にとっては何よりも大切なものであるが）。仏壇に関して最も困難な状況に置かれているキリスト者は、それを廃棄するのに祖先崇拝者たちの反応に細心の注意を払うとすれば、必ずしも回心直後にする必要はないだろう。まして回心は過程であるとする理解に立てばなおさらである。

　では申命記の「神々の彫像を火で焼かなければならない」（7：25）の命令はどう解釈すべきか。この命令はカナン先住民を聖絶すべきことの中で出てくる箇所であり、前後の脈絡から「直ちに」焼却すべきことを要求していると理解される。しかし、先住民の聖絶と一つになって出てくる規定を、今日、聖絶だけは比喩的に、偶像廃棄だけは字句通りに解釈・適用することに無理があるのではないか。より進展し、開花した啓示である新約の同種の教えに聞くのが聖書解釈の原則であろう。

　偶像に献げられた肉については、肉それ自体が汚れているというのではなく、良心・愛の問題として取り扱うべきことをパウロは教えている（Ⅰコリソト8・1-13、10：23－31）。使徒の働き15章20節の「偶像に供えて汚れた物と不品行と絞め殺した物と血とを避ける」のは、異邦人伝道が開始されて、異邦人が教会に入り始めた時に、彼らが旧ユダヤ教徒クリスチャンの「弱い兄弟たち」をつまずかせないための牧会的配慮なのである。[11]

　しかし、パウロは別の箇所で「偶像の神にささげた肉は悪霊にささげられ」（Ⅰコリント10：19, 20）たものであると語っている。これはどのように解釈されるべきか。ここの「悪霊」（ダイモニオン）には定冠詞はなく、より抽象的

(11) F. F. ブルース『使徒行伝』聖書図書刊行会、1958年、338頁。

存在について語ったものである。またダイモニオンはダイモンに比べ、より抽象的存在を意味する(12)。ここの「悪霊」は暗闇の力一般をさしていると理解するのが最も自然である。仏壇が悪霊の特定な居所であるということをさすのではないのである。

　キリスト者は先祖供養・仏式葬式・仏壇・位牌を前にして恐れをなす必要はない。その虚構性は明らかにされたと思う。キリスト者は、復活により死を征服されたイエス・キリストによって圧倒的な勝利者となるのである（ローマ8：37「私たちは、私たちを愛してくださった方によって、これらすべてのことの中にあっても、圧倒的な勝利者となるのです」）。偶像崇拝を巧みに排除しつつ、ラディカルに「木箱と木片」に向かっていくべきではないだろうか。そして時至って廃棄すればよいのである。

　誤解のないように付け加えるが、筆者は祖先崇拝を勧めているわけではない。従来のものとは多少異なった、宣教学的な視座のもとに祖先崇拝の分析とキリスト教的実践を提唱したいのである。より多くの祖先崇拝のとりことなっている日本人をキリストに導くために。

---

(12) F. W. Grosheide, *The First Epistle to the Corinthians*, (Grand Rapids：Eerdmans, 1976), pp. 235-236.

第II部　宣教の聖書神学（I）

第6章　パウロのアレオパゴス説教
第7章　聖霊と宣教
第8章　聖書の無誤性と日本宣教

第6章　パウロのアレオパゴスの説教

はじめに

　本小論の目的は使徒の働き17：16—34に見られるパウロのアレオパゴス説教を宣教論的に分析、評価し、加えて、その応用として日本文化における接触点としての恥の問題を検討しようとするものである。

　福音が異文化社会に入ってくるときにどのような反応を起こすのであろうか。そこにある文化と福音が接触するときにどのような関係が成立するのだろうか。またその社会にある既存の宗教に対して福音はいかなる意味を持つのだろうか。福音は他宗教と対話が可能なのか。あるいは対話すべきなのであろうか。これらの問題は福音と他宗教、他文化との接触点[(1)]（point of contact, Anknüpfungspunkt）の問題にほかならず、長いキリスト教の歴史を通じて重要な問題となってきたことは言をまたないことである。そしてその最も古典的な例をわれわれはパウロのアレオパゴス説教に見ることができるのである。

　この問題が今日、なぜこれほどまでに重要性を持つに至ったかの理由には、宣教学の発展とともに、宗教の多元化の問題がある[(2)]。後者は西側キリスト教世界にとっては、イスラム教、仏教、ヒンズー教の移入、キリスト教の絶対性の崩壊により、今までになく深刻な問題として浮かび上がってきている実状がある。

　このような事情を背景にキリスト教と他宗教の接触点の問題は「対立」から「関係」へと大きく流れが変って来ている。そこで、このような流れは聖書を唯一絶対の規範と信ずるわれわれ福音主義の立場から是認し得るのか、聖書自らが提供する回答は何かをパウロのアレオパゴス説教から見ていくこ

---

(1) この問題を全扃を通して扱ったものに宇田 進編『神の啓示と日本人の宗教意識』共立基督教研究所、1989年、共立モノグラフno.3がある。
(2) この領域における代表作としてJohn Hick, *God Has Many Names* (London：The NacMillan Press, 1980). 邦訳間瀬啓允訳『神は多くの名前を持つ―新しい宗教的多元論』岩波書店、1986年。古屋安雄『宗教の神学―その形成と課題』ヨルダン社、1985年。

とにしたい。

I パウロのアレオパゴス説教 ── 聖書・神学的分析[3]

A. 歴史的背景

　パウロは当時すたれたとは言え、学問の都アテネをどのような目的で訪れたのだろうか。明確な宣教的戦略のもとにアテネに来たのだろうか。もしそうだったとすれば、余りにも少数の回心者しか得られず、アテネ人の嘲笑をかって退散せざるを得なかったパウロ、しかもその伝道によってアテネには教会は生まれなかったことを考えると、アテネ伝道は失敗ではなかったか。ルカはその宣教方策的に失敗であったアレオパゴス説教をなぜ大幅な紙面をさいて記録したのか。これらの問に明確な回答が与えられなければならない。

　パウロのアテネ滞在の当初の目的は休暇と名所見物であった。それがアクロポリスに来たとき、「偶像でいっぱいなのを見て」(17：16) 心に憤りを感じ、計画を変更したのであるとストーンハウスは説明する。[4] パウロはマケドニヤでの苦難や危険から離れ、休息を得るためにアテネに来た。彼はヨーロッパ伝道の最初から敵対者に悩まされ続けてきた。ピリピではシラスと共に打たれ投獄された。テサロニケでは不信仰なユダヤ人が人々を扇動し、騒乱を起こしたため活動が不可能になり、危険に陥った。ベレヤでは好意的な歓

---

(3) パウロのアレオパゴス説教の歴史性について多くの議論がなされてきた。Albert Schweitzer, *The Mysticism of Paul the Apostle* (1930). Martin Dibelius, *Paulus auf dem Areopag*(1939). はその歴史性を否定する代表である。

　これに対して B. Gartner, *The Areopagus Speech and Natural Revelation* (1955). 保守派の立場からの N. B. Stonebous, *Paul before the Areopagus* (1957). はその歴史性を擁護している。その他、B. ケイン "パウロのアレオパゴス説教" (1) (2) 基督神学 3 (1986), pp. 24-39；4 (1988), pp. 59-73. 参照。ここでは宣教学的な意味を検討することが主目的であるので歴史性の議論は省略する。

(4) N. B. Stonehouse, *Paul Before the Areopagus* (London：The Tyndale Press, 1957), pp. 4-6.

第6章　パウロのアレオパゴス説教

迎を受けたものの、テサロニケのユダヤ人がやって来て群衆を扇動し、パウロの使命も生命も危うくなり、一切は帳消しになった。こうした事態から逃れ、安息を得るためにアテネに向かったのである。しかしこれは明らかにコリントへ行く途中にちょっと立寄るといった程度のものであった。それというのもシラスとテモテはできるだけ早くパウロに追い付くように命じられていたし、事実再会はコリントで実現している（使徒18：5「シラスとテモテがマケドニヤから下って来ると、パウロはみことばを教えることに専念し……」）。そこでパウロは1年半滞在している（同18：11「一年半ここに腰を据えて」）。従ってパウロはアテネでは短い休暇をとろうとしていたわけである。その短期間に、実際に彼が行なった活動は予期されなかったに違いない。

パウロはアテネの名所見物へと出かけた。ところが市内は「偶像でいっぱい」な事実に衝撃を受けた。これがパウロの拒否反応を呼び起こした。この彼の憤りこそ初めの計画を変更させた原因である。パウロは休暇を返上して福音を宣教せざるを得なくなった。ところがひとたび口を開くやアレオパゴスに連れて行かれ（同17：19「パウロをアレオパゴスに連れて行って……」）、自らキリスト教信仰を説き明かすという思わぬ事態に立ち至ったという次第なのである。だが計画変更の真の原因はアテネの特殊な事情というよりも、パウロ自身の主なる神への熱烈なる信仰である。この主への熱心がその僕パウロを捕らえ、沈黙を破らざるを得なかったのであった。

以上のわれわれの考察から、パウロは当初アテネでは宣教の意図がなかったこと、そして当然のことながら教会建設の計画がなかったことが明らかであり、アテネ宣教は回心者が少なく、教会も建設されなかったことの故に失敗の烙印を押すことは誤りであることが理解されるのである。

ではなぜ著者ルカはパウロの計画変更のアテネ宣教がかくも重要な意味と位置を与えているのであろうか。この問題を次に見てみることにする。

B. エルサレムとアテネ ── アレオパゴス説教の内容

アレオパゴス説教は以上のような条件にもかかわらず、著者ルカによってパウロ伝道活動の頂点をなすものとして扱われている。シュテーリンはその

文学的技巧を指摘するが、その中心点は何より福音のギリシャ哲学との対決、アテネに対するエルサレムである。シュテーリンはまた説教を次のように分解する。説教の題として、また接点として「知られない神に」(22―23節) が冒頭にきて、以下3つの主題グループが続く：

1) 神は世界の主である。それゆえ神は神殿も祭儀も必要としない (24―25節)。
2) 人間は神の被造物である。それゆえ人は神を必要とする (26―27節)。
3) 神と人間とは近い親戚である。だから神々の偶像は無意味である (28―29節)。

結びは悔い改めへの呼びかけ、審判の予告、イエスの復活の宣教となっている。

パウロの説教で問題になるところはローマ人への手紙1章との関係である。パウロはローマ人への手紙1章では偶像礼拝を厳しく非難しているが、使徒の働き17：29 (「私たちは神の子孫ですから、神を、人間の技術や工夫で造った金や銀や石などの像と同じものと考えてはいけません。」) においてはその論調は穏やかである。ディベリウスはこうした点から両者には大きな神学的相違があり、アレオパゴス説教の創作者はルカであるとする。しかしこれは誤りである。ここでの状況は異邦人への宣教であることを考慮に入れれば当然その語調は穏健なものにならざるをえない。キリストの復活、審判 (同17：31「神は、お立てになったひとりの人により義をもってこの世界をさばくため、日を決めておられるからです。そして、その方を死者の中からよみがえらせることによって、このことの確証をすべての人にお与えになったのです。」) への言及もパウロの宣教の定式通りである。

それでは福音のギリシャ思想との接触点という観点から以下にパウロ説教の重要点を検討してみることにしよう。

---

(5) G. シュテーリン『使徒行伝』大友陽子他訳、NTD 新約聖書注解刊行会、1977年、p. 460.
(6) 前掲書、同頁。
(7) Nartin Dibelius. *Studies in the Acts of the Apostles* (London：SCM, 1956), p.71.

第6章　パウロのアレオパゴス説教

1．接触点

a．「知られない神に」（使徒 17：23）

　パウロはまず初めにアテネ人が非常に宗教的な性質を持っていることに感銘を受けたと述べている。「宗教心にあつい」（[Gk]deisidaimonesterous）は「多少迷信的である」とも訳せる語である。お世辞ととることも不可能ではないが、アレオパゴス評議所で演説する場合、好感を博しようとしてお世辞の前置きをすることは禁じられていたようである。(8) ギリシャ人が信心と思っていたことはパウロに言わせれば迷信でしかない。とにかく彼は事実を述べているのであってお世辞を言っているのではない。

　この歪曲されているとはいえ、人間の生まれながらの神から与えられた宗教性、神に応答する能力としての神の像こそ福音伝達の接触点としてパウロは用いたのであった。(9)

　さらにパウロは「知られない神に」（[Gk] Agnōstō theō）と刻まれた祭壇に言及する。明らかに彼は「知られない神」を真の生ける神をのべ伝えるきっかけとして用いている。Agnōstō（知られない）は agnoountes（知らずに）に対応している。「知らずに」と訳されているものは「無知のうちに」と訳されるほうが適切である。アテネ人は自ら拝んでいるものに対して知識を欠いており、しかもそのことを公にしている。パウロはそれを最大限に利用したかった。つまり、彼らの言葉をそっくりそのまま用いて、それを彼らの宗教の特色としたのである。彼は事実上「あなたがたが公然とあなたがたの無知を認めながら拝んでいるものを知らせてあげよう」と言っているのである。強調されているのは礼拝よりもむしろ無知であり、パウロは彼らが無知であることを認めていることがらに関して知らせてあげようと意志表示しているのである。(10)

---

(8) F. F. ブルース『使徒行伝』柳田友償訳　聖書図書刊行会, 1962 年, p. 384.
(9) ローマ 1：19 における "in them" の解釈を見よ。John Murray, *The Epistle to the Romans* NICNT, (Grand Rapids：Eerdmans, 1960), pp. 37. 38.
(10) Stonehouse, *Paul*, p.19.

パウロは「知られない神に」を引用し、ギリシャ人と接触点を求めた。しかしその神を生ける主なる神と無条件に同一視しなかったのである。すなわち単なる関係、適合（adaptation）を求めるのではなく、それを契機としながら彼らの無知をあばき出し、対決をせまろうとしているのである。

　b．創造者、主権者なる神

　この神は天地の創造主、主権者なる神である。この神は熱心に探り求めるなら見い出すことも出来る（使徒17：27）とパウロは語る。これはパウロが自然宗教の可能性を認めたことを意味するのではない。むしろ彼は神による人間の創造と支配に基づき、人間の側の宗教的応答について述べているのである。人間こそ創造者との宗教的交わりの特権が与えられたのであり、それは意識的な神追求によって獲得されるべきなのである[11]。

　そこでパウロは2つの異教詩人からの言葉を引用する。「私たちは神の中に生き、動き、また存在しているのです」はクレテ人エピメニデスからの引用であり、「私たちもまたその子孫である」はストア派のアラートスの作品からの引用である[12]。

　パウロはなぜあえて「無知の時代」に属する詩人から引用したのか。パウロはここでエルサレムとアテネの関係性、共通基盤を見い出そうとしているが、それは彼がギリシャ哲学に譲歩して、ゼウスを主イエス・キリストの父なる神と同一視しようとするためではないことは明らかである。パウロはここで宣教的意図をもってギリシャ哲学を引用しているに過ぎない。だとすると、彼がもとの文脈から切り離して言わせようとしたことと、ギリシャ詩人の文脈の意図とは異なっているとの非難は当たらないのか。パウロが切り離して用いたことは、ギリシャ思想とは切り離されて、中間領域として独自に用いることは可能なのであろうか。これらの問題は宣教学的に重要な問題として回答が与えられなけらばならない。

　パウロは異邦人でさえ神が自然を通して啓示を与えており、神認識においては弁解の余地がないことを主張している（ローマ1：19以下、使徒14：17「恵

---

(11) Ibid., p.27.
(12) ブルース、前掲書、pp. 389—90。

第6章　パウロのアレオパゴス説教

みをもって、天から雨を降らせ、実りの季節を与え、食物と喜びとで、あなたがたの心を満たしてくださった」)。しかし彼らは不義をもって真理をはばんでいる（ローマ1：18）。こうして異邦人は一方では被造物として神の啓示に対する応答能力を有しながら、他方ではこれを罪ゆえに排除しているという内的対立状態が展開されてくる。ここにある、異邦人であっても「神のうちに生きている」こと、「神の子である」という思想は、それゆえ、その異教的コンテキストから切り離されている限り、また切り離されているだけ、正当な応答をすることが出来たということは誤りではないであろう。つまり「もとの異教的コンテキストの中ではまったく非キリスト教的であり、反キリスト教的であった思想でも、ある程度までは啓示された真理の事実上の理解を含むものと認めることができたのである」[13]。

　神への無知と真理の啓示を排除するという人間の神認識における罪の面、しかしその罪にもかかわらず、神の被造物として神聖感覚を有する積極的面。罪ゆえの人間の内面にあるこうした自己矛盾の中にあって、パウロはこの積極的面に訴え、神認識を呼び覚まそうとしたのである。罪ゆえ神の真理を倒錯するという事実にもかかわらず、主権的神と神の像としての人間との関係の反映の残存に訴えることにおいて、そこに聖霊の働きにより回心に導かれる可能性があるのである。ここに中間領域としてのギリシャ思想引用の正当性が主張されると思う。しかし、この中間領域は完全中立というのではなく、神認識を拒否し、歪曲していることにおいて、その全体は神に向けられているというより、神とは反対方向に向いている形式中立であることを記憶しておきたい。

2．分岐点としての十字架と復活

　パウロは最後に関係から対立へと移る。
　「その方を死者の中からよみがえらせることによって、このことの確証をすべての人にお与えになったのです」(使徒17：31)。
　アレオパゴス説教の中に十字架のキリストは明確に出ていない。恐らく著

---

(13) Stonehouse, *Paul*, p. 30.

者ルカが説教の記事を圧縮したためであろう。ここでは十字架より復活とさばに重点が置かれている。

パウロは異邦人を審判の日に直面させつつ、悔い改めを迫っている（同 17：30）。悔い改めは神の救いの宣言である。イエス・キリストの福音は使徒の働きの中のパウロの他の説教や、パウロ書簡に見られるように徹底して十字架につけられた方の福音である。そしてその福音はキリストの高挙において完成に達すると見られる。そのため十字架よりさらに鋭く神の決定的な救いのわざを要約するものとしてキリストの復活が大きくその比重を占めているのである。この説教の中でキリストの復活の深遠な意義を宣言することはすなわち、十字架の事実をも適切に包含していることにほかならないのである。この十字架と復活こそ主権的神の歴史への介入を証明するもの、「さまざまな思弁と神の知識に逆らって立つあらゆる高ぶりを打ち砕き、すべてのはかりごとをとりこにしてキリストに服従させる」（IIコリント 10：5）神のわざなのである。

C. 説教の結果（使徒 17：32—34）

回心者は少なかった。ラムゼーは、パウロはアテネの哲学に合せようとしたために失敗した、アテネの後コリントへ行ったとき彼は哲学的には語ろうとしなかった（Iコリント 1：22「ユダヤ人はしるしを要求し、ギリシヤ人は知恵を追求します。」）という。しかしこれは誤りである。回心者は少なかったが、いた。またパウロのアテネへの当初の目的は伝道旅行ではなく、休暇であり、活動期間も短かった。さらに最も重要なことは、回心者が少なかったがゆえに失敗であったと断定することの危険性である。J. I. パッカー（James Innell Packer, 1926〜, 写真）が注意を喚起してくれたように、伝道とは、その行為が伝道

---

(14) Ibid., p. 40.
(15) William M. Ramsay, *St. Paul the Traveller and Roman Citizen* (Grand Rapids：Baker, 1962), p. 252.

となるかどうかは回心者を得るか否かではない。結果ではなくキリストをのべ伝えるという目的という意味において明確に定義されなければならないのである。アレオパゴスの説教は回心者を得た立派な宣教であった。

　もしパウロの説教が失敗したような印象を与えたとするならば、それはギリシャの精神的エリートが福音を拒んだということなのであって、パウロの説教方法の責任ではない。もしルカがそう考え、それを示そうとしたならば、彼は説教をこれほど広範に、これほど技巧をこらした形に再現はしなかったであろう。彼はこの説教によって、むしろ神の人間に対する聖書的使信を伝えようとの試みが行なわれる一つの説教の古典的例を挙げようとしたのである。

II　アレオパゴス説教 ── 宣教的評価

A. 占有

　われわれはパウロのアレオパゴス説教を関係と対立の視点からその意味を検討してきた。パウロは時に関係を、時に対立を強調する。関係のみを強調する方向は福音の絶対性を失った宗教的多元論へと進む。対立のみを強調する方向は現代社会と遊離した非現実的キリスト教へと進む。われわれは福音と文化、エルサレムとアテネ関係を同一平面上の関係としてとらえてきた。しかしもし、われわれ福音主義者が十字架における神の行為を超時間的、絶対的神の行為としてとらえるならば、「すべてのはかりごとをとりこにしてキリストに服従させる」神の力を信じることができないのだろうか。単なる関係と対立の関わり合いではなく、相手をのみ込んで自らの主権の下に治めていく、「占有」(possessio) の関係こそわれわれは提唱したいのである。J.

---

(16) J. I. Packer, *Evangelism and the Soverignty of God* (London：Inter-Varsity Fellowship, 1961), pp. 37ff.
(17) シュテーリン『使徒行伝』, p. 483.

バーヴィンク（Johan Herman Bavinck, 1895〜1964）はこれを次の様に定義をする。

> 「キリスト者の生活は異教的生活様式にそれ自身を調整したり適合させるのではなく、後者を占有し、そうすることによって新しく造り上げるのである。……キリストは人々の生活を御手の中におさめ、倒錯し、腐敗していたものを再生し、再建されるのである。主は一つ一つのことがら、言語、習慣に新しい意味を与え、新しい方向を与えるのである。これらのことは『適合』とか調整ではなく、天地においてすべての権力が与えられている方によって、あるものを本質において正当に占有すること（possessio）なのである」[18]。

それゆえにわれわれは、「占有」なく、関係のみを強調する福音的宣教は十字架さえもその絶対性を換骨奪胎され、結局は宗教的多元論への同じ道を歩むのではあるまいかと考えるのである。そこでは十字架が平面化され、文化人類学のいう機能代理（functional substitute）によって文化が福音を侵食していく現象が起こる。今日福音主義教会に見られる世俗化はこの例であると言えよう。ここにはJ. ヒックの指摘するキリスト教世界の矛盾に対する解決策はない。

パウロはアレオパゴスにおいてアテネの知識人を十字架によって占有しようとした。しかし聖霊はその多くの人々の心を閉ざされたのである。もちろん占有を可能にするのは人々に罪を示す聖霊の働きであることはいうまでもないことである。

B. 日本文化との接触点としての「恥」

アレオパゴスを日本に移してみよう。もしパウロが同じような説教をこの日本でするとすればどのような説教をするであろうか。その接触点として多くのものがあるが、ここでは恥の問題を考えてみよう。

---

(18) J. H. Bavinck, *Introduction to the Science of Mission* (Philadelphia: The Presbyterian and Reformed, 1960), pp. 178, 79.

第6章　パウロのアレオパゴス説教

1．恥と罪責[19]

　ルース・ベネディクト（Ruth Benedict, 1887～1948, 写真）の罪の文化、恥の文化という文化類型的区分により、日本文化は恥の文化として伝統的に理解されてきた。もちろん恥の文化の中に罪意識が内在化していることが指摘されているが、基本的に日本は恥の文化であることに変わりはない。

　この恥の文化を持つ日本人にどのように福音を伝達するのか。問題はこの日本人に聖書の罪と罪責概念を伝達できるかどうかではなく、恥に対して敏感な感覚を持つ日本人に真の聖書的恥概念を伝達することであると松元師は指摘する[20]。だとすると聖書は恥について何と語っているか。

　聖書は現代人が意識する以上に恥について語る。恥は社会的制裁、排除、そして無能力、失敗に附随する主観的感情に伴うものである。この意味において古代イスラエル共同体における汚れに関する規定は恥に関するものと言えよう。しかし恥の極致はキリストの十字架における恥であろう。N. クラウスは恥の神学、恥の救済論を最近著した[21]。

　彼は指摘する。キリストの贖いを余りにも法的な

---

(19) 恥の問題を文化人類学的、宣教学的に論じたものに次の研究がある。
　Paul Matsumoto, "The Missiological Implications of Shame in the Japanese World View." A Th. M. thesis submitted to the faculty of the School of World Mission and Institute of Church Growth, Fuller Theological Seminary, 1985.
(20) Matsutoto, "Shame", P.119.
(21) C. Norman Kraus, *Jesus Christ Our Lord* (Scottdale：Herald press. 1987). 邦訳『しもべとなった王』新教出版社 , 1989. なお J. R. Stott（John Robert Walmsley Stott , 1921～ 2011, 写真）も従来には見られなかった新しいキリスト論を著した。*The Cross of Christ* (Leicester：Inter-Varsity Press,1986).

ものに還元してしまったのはローマにおける法概念であり、これが中世キリスト教世界に至るまで支配してしまった。現代においては罪責不安が中心になっているという。十字架における贖いと和解は罪責のみならず恥をも取り扱わなければならない。こうして従来の贖罪論に欠落していた恥概念を大幅に取り入れた恥の救済論をクラウスは展開している。

恥の救済論の目的は、恥概念によって聖書の贖罪論を歪曲することではない。そうではなく、恥を接触点としつつ、日本人の恥を聖書の恥の光に照らし出し、その疑似性を暴き出し、キリストの十字架の下に悔い改め、ひれ伏させることが目的である。ここに聖霊の照明が必要である。この意味において日本人による救済論の再構成という新しい貢献が期待されるのである。

結　語

パウロのアレオパゴス説教はその回心者の少なさにもかかわらず、異教思想との接触という意味において極めて重要な記録である。しかしその接触は、単なる接触のための接触ではなく、文化変革者、主権者なるキリストの下に占有するためのものである。占有なくして接触は意味をなさない。この占有を最終目的とした日本文化との接触点、例えば恥の問題を検討することによって日本におけるアレオパゴス説教を現実化することができるであろう。

第7章 聖霊と宣教

はじめに

　本論に入る前に予備的な考察として宣教に関する用語の定義について検討して見ることにしよう。

　聖書における宣教は使徒の働きのペンテコステから始まるというのがしばらく前の宣教学における一般的な考えであったが、今日こうした考え方は訂正されている。宣教とは Missio Dei（神の宣教）と言われるように人の業というよりは神の業である。この意味で世界宣教は旧約聖書の第一巻、創世記から始まるというのが今日の宣教学の常識である。神の業は常に世界が視点となっている。
　神は世界を創造され、人間を神のかたちに創造された。しかし人は罪に堕落し、その結果人類は罪と滅びの内に陥るが、キリストの十字架の贖いによって神は救いの道を備えられる。そして黙示録で神は贖われた神の民をキリストにあって完成する、というのが聖書における神の業の壮大なスペクタクルである。
　旧約においては地上における神の都エルサレムを中心として世界の民は集まり（求心的 centripetal）[1]、新約においてはエルサレムから全世界に良き知らせは広がって行く（遠心的 centrifugal）。そして再び天の都エルサレムを目指して神の贖われた民は集められて行く（求心的 centripetal）。こうした民の壮大な流れ、普遍性こそ神の宣教と呼ばれるべきものである。
　ところで宣教とは何であろうか。宣教と伝道とはどう違うのか。「宣教とは海外宣教のことで伝道とは国内伝道のことである」と言った一般化したイメージがあるかも知れない。

---

(1) centripetal, centrifugal という表現はスウェーデンの宣教学者 Bengt Sundkler が言い出し、Johannes Blauw がその名著 *The Missionary Nature of the Church* (New York：McGraw Hill, 1962) で一般化した言葉として知られている。

148

今日学問的には宣教とは伝道以上の幅広い意味で用いられている。すなわち宣教とは伝道と社会的責任（または社会的行為）を含むものである。伝道とはキリストの福音を伝えること、社会的責任とはキリスト者の地の塩、世の光としての社会的行為のことである。それではその両者の関係はどうなるのか。伝道の手段としての社会的責任、伝道の結果としての社会的責任、等の立場が歴史的に見られたが、今日一般に認められるのは「伝道のパートナーとしての社会的責任」[2]という見解である。どちらが上下ということはない。両者は同時的に手に手を結びながら進行する。両者は独立した存在でありながら、互いに属している。そして両者はそれ自体が目的である、という立場である。この見解は1974年のローザンヌ世界伝道会議によって確認されたものであり、それ以後の福音派の世界と日本の伝道会議、つまり1989年のローザンヌⅡマニラ会議、1982年の第2回日本伝道会議（京都）、1991年の第3回日本伝道会議（塩原）においても表明された立場であり、定着したと言えよう。

こうした見解を受けてマクギャブラン（Donald A. McGavran, 1897～1990）は宣教を次のように定義している。宣教とは「キリストに従っていない人々に、文化の壁を越えて福音を伝え、主として救い主としてイエス・キリストを受け入れ、その教会の責任ある会員となるように勧め、聖霊の導きに従い、神のみこころが天になるごとく地にもなるように、伝道と社会的責任の両方において奉仕をすることである」[3]。これは教会の社会的責任の重要性を認めつつも、異文化間伝道、つまり外国伝道を宣教の中心と見る伝統的な宣教の定義ということが出来る。これに対してオランダの宣教学者 J. フェルカイル（Johannes Verkuyl, 1908～2001）のものは以下の通りである。「宣教とは世々を通して神の国を実現させようとする父、子、聖霊（なる神）の救いの行為であり、この神の世界大の命令に仕えるために、教会が聖霊に頼り、

---

[2] John R. W. Stott. *Christian Mission in the Modern World*. (Downers Grove: Inter Versity Press, 1975), p. 27.

[3] Arthur F. Glasser & Donald A. McGavran, *Contemporary Theologies of Mission* (Grand Rapids: Baker, 1983), p. 26.

第7章　聖霊と宣教

ことばと行為をもって福音と神の律法を余すところなくすべての人々に伝達することである」[(4)]。この定義はマクギャブランのものより、より神学的である。救いの伝達が曖昧にされているという批判があるかも知れないが、宣教を三位一体、神の国、そして教会の業と関係づけた点においてより包括的であるということが出来るように思われる。この中には救いの伝達はもちろん含まれている。私はこの定義を推奨したい。

　では国内伝道と海外宣教の区別はないのだろうか。この点についてはラルフ・ウィンター（Ralph Winter, 1924～2004）のE1、E2、E3伝道の区分が[(5)]よく知られている。E1伝道とは同一文化内の伝道のことである。日本国内の伝道がこれに当たる。E2伝道とは類似文化間の伝道である。日本人の韓国、台湾伝道がこれに当たる。南米日系人伝道もこれに当たる。E3伝道とは異文化間伝道のことである。日本人宣教師によるアフリカ、イスラム圏、漢字文化圏以外のアジア伝道などである。今日世界中から異文化間宣教師の必要が強く叫ばれて久しい。こうしたウィンターの分類は、自国中心的に国内・国外を区分するのではなく、全世界を視野に入れながら伝道という枠でくくり、その中で文化の同一性の程度によって区分をするやり方は、神の宣教は全世界が視野に入る世界宣教であることを考えればより妥当性を持つものであり、多くの人に支持されている所以でもあろう。

　とはいえ上記の区分は比較的新しいものであり、教会行政的には国内伝道、海外宣教という区別は今後とも便宜上継続するであろう。しかし、以上の視点は現代における宣教を考える上で常に心に銘記すべきことであろう。

　日本を中心として入ってきた宣教師、出ていった宣教師の働きについては第3節で触れる。

---

(4) J. Verkuyl, *Contemporary Missiology : An Introduction* (Grand Rapids : Eerdmans, 1978), p. 5.
(5) Ralph D. Winter, "The New Macedonia : A Revolutionary New Era in Missions Begins, "in *Perspectives on the World Christian Movement*, ed. Ralph Winter and Steven Hawthorne (Pasadena : William Carey Libray, 1981), p. 299.

I　新約聖書に見る聖霊と宣教

　既述のように聖書における宣教は創世記から始まる。しかし、宣教が聖霊の業と関係づけられて登場するのは明らかに使徒の働きのペンテコステからである。旧約聖書における聖霊の働きも創造（創世記1：2）、特殊技能としての賜物（出エジプト記35：31）、預言者（Ⅰサムエル記19：20）など確かに見られるが、概して少ない。神学的には神が聖徒や預言者に働きかけるのは聖霊を通してであるから、この意味では旧約における聖霊の働きは実際には枚挙にいとまがない。しかし旧約から「神の霊」とその類似語の箇所を引き出すとなると比較的少ないのが実状である。
　そこでここではペンテコステを中心に聖霊と宣教との関係を見てみよう。

A.　大宣教命令と宣教

　マタイ28：18―20には歴史的に多くの宣教師を鼓舞してきた有名な大宣教命令が記されている。

> 「わたしには天においても、地においても、いっさいの権威が与えられています。それゆえ、あなたがたは行って、あらゆる国の人々を弟子としなさい。そして、父、子、聖霊の御名によってバプテスマを授け、また、わたしがあなたがたに命じておいたすべてのことを守るように、彼らを教えなさい。見よ。わたしは、世の終わりまで、いつも、あなたがたとともにいます。」

　しかし、この大宣教命令は宗教改革者たちの注意を引きつけることはなかった。ルター（Martin Luther , 1483〜1546 次頁写真上）、カルヴィン（John Calvin, 1509〜1564 次頁写真上段2枚目）、メランヒトン（Philipp Melanchthon, 1497〜1560 次頁写真 上段3枚目）、ツヴィングリ（Huldrych Zwingli, 1484〜

第 7 章　聖霊と宣教

1531　写真4番目）らは一様に「この宣教命令は使徒時代で完結した」と考え、イエスの約束が現在まで、そして世の終わりまで継続するものとは受け止めなかったのである。それは宗教改革者たちの主たる関心事がヨーロッパにおける宗教改革であり、またローマ・カトリックとの政治的軍事的戦闘に多くかかずらったため、物理的資源を世界に向ける余裕がなかったためである。宣教命令が現在まで続く主の約束であると理解されるようになったのは H. Saravia (1531～1613)や後代の William Carey(1761～1834)によってである。前者の影響は Danish-Halle Mission や英国ピューリタン、米国ニューイングランドのインディアン伝道で知られる John Elliot（1604～1690, 次頁写真）に現れており、後者は現代世界宣教の父と称せられているほど、彼により世界宣教の渦潮は事実上引き起こされたと言って過言ではない。

　もう一つの大宣教命令、ルカの手による「しかし、聖霊があなたがたの上に臨まれるとき、あなたがたは力を受けます。そして、エルサレム、ユダヤとサマリヤの全土、および地の果てにまで、私の証人となります」(使徒1：8) は、これ以降の使徒の働きにおいて大宣教命令がいかに実現していったか、その青写真として重要である。すなわち第1―7章においてエルサレムにおける福音の拡大を、第8―9章においてはユダヤ、サマリヤにおける拡大を、第10―28章においては全世界を、その中心としてのローマに焦点を置いてルカは記録している。そしてその一大動因としてペンテコステが挙げられるのである。使徒の働きの記録は使徒たちの大宣教命令の忠実

---

(6) Verkuyl, *Contemporay Missiology*, p. 19.

な実践ではなく、聖霊による大宣教命令の実践なのである。この意味で大宣教命令はペンテコステの歴史的出来事によってのみ意味づけ、力づけを与えられるのである。

B. ペンテコステ

ここではペンテコステと宣教の関係を考察して見ることにする。

「また、炎のような分かれた舌が現れて、ひとりひとりの上にとどまった。すると、みなが聖霊に満たされ、御霊が話させてくださるとおりに、他国のことばで話しだした。」(使徒2：3—4)

使徒の働き2：1—13の出来事は歴史である。そしてこの歴史は、聖霊降臨によりガリラヤの人々がディアスポラの人々（2：9—11）の言語で主をほめたたえるという超自然的事実を含んでいる。これは福音の普遍的浸透のシンボル、あるいは指標となってる。このシンボルが歴史的超自然的事実に立脚しているということである。ペンテコステとそれに付随する事実は神の力強い業であるとともに福音の世界的拡大の備えとしてその根拠となっているのである。

「他国のことばで話す」(2：4)（[Gk] lalein heterais glōssais）とは何を意味するのか。「自分たちの知らない外国語」(G. V. Lechler, Th. Zahn, K. F. Nosgen, N. Adler, A. Steinmann, F. F. Bruce, I. H. Marshall, etc.) と理解するのか「Ⅰコリント12章にある異言に似たある種の霊感されたことば」(F. W. Grosheide, J. M. S. Baljon, A. Wikenhauser, RB. Rackham) と取るのか、立場が分かれる。しかし「自分の国のことば」(6, 8, 11節)（Gk. te idia dialektō）は明らかに「言語学的意味を持った外国語」意味する。他国のことばで同じ主を称えることはバベルの塔のことばの混乱によって引き起こされた分裂の逆転、癒しを明らかに意味している。バベルの塔という人間の高慢が引き起こした分裂を聖霊は癒

---

(7) Harry R.Boer, *Pentecost and Missions* (Grand Rapids：Eerdmans,1979), p. 57.

し、御霊にある一致を与えられるという約束をここに見るのである。

　このペンテコステにより初代教会は設立され、最も強力な世界宣教への動因を得たのである。従来ユダヤ民族だけに限定されていたイエスの福音はこれによって世界の福音へと拡大、成長する。使徒の働きにはこの世界の福音へと成長する過程において、過去の歴史において乗り越えることが出来なかったいくつかの障壁を乗り越えて来た記録が記されている。ペンテコステの聖霊がこのことを可能としたのである。一つはサマリヤ（8章）の壁であり、もう一つは異邦人（10章）の壁であった。サマリヤは同じユダヤ民族でありながら異教徒への妥協をはかった妥協主義者。ユダヤ人のサマリヤ人に対する敵対心は強かった。異邦人はかつて主イエスご自身が選びの外（マタイ15:24「わたしは、イスラエルの家の滅びた羊以外のところには遣わされていません。」）と言われた民族。神の選びは彼らにはなかった。この二つの壁を越えて福音は伝えられて行った。

　バベルの塔の逆転をされたペンテコステの聖霊はこれらの「隔ての壁」（エペソ2:14）を打ち壊し、一つの神の民とされたのである。全世界に散っていたディアスポラたちが「他国のことば」で同じ神の栄光をほめたたえ、一つとされたことは教会の宣教の終末的状況を予表するものである。それゆえ福音は全世界へと拡大して行くのである。

　ペンテコステにより教会はイエス・キリストから大宣教命令を受けただけではなく、そのかしらなる主から強力で内的な、いのちと愛の動因を抵抗しがたいほどに受け、これを周囲の世界に伝えるよう押し出されるように遣わされたのである。それゆえ宣教の働きは目的、方法、動機においてすべて聖霊による霊的な事業である。

　ここに聖霊と宣教の密接な関係がある。聖霊のみが教会に宣教の使命を啓示し、世界に対する宣教を備えさせるものである。聖霊は教会をその自己中心性から解放し、キリストにならういのちと奉仕のヴィジョンへと引き上げるものである。聖霊こそすべてのクリスチャンが宣教への召しがあることを教えるものである。世界宣教は神の事業であり聖霊はその偉大な宣教師である。

C. ペンテコステの意味

1. いのちを与えるお方としての聖霊

　ペンテコステは「聖霊があなたがたの上に臨まれるとき、あなたがたは力を受けます。そして……わたしの証人となります」（使徒1：8）という約束の実現である。では主の証人となるということは具体的に何を意味するのであろうか。それは聖霊が旧約時代とは区別された新しい時代のいのちを与えられることに他ならない。つまりキリストの贖いによって信じる者に永遠のいのちを与えること、これが聖霊によって可能となることが宣教である。このいのちは新しい創造（IIコリント5：17「新しく造られた者」；ガラテヤ6：15「大事なのは新しい創造です。」）を意味する。人を再創造し、世界を再創造される聖霊の働きはより高次元へと引き上げられ、永遠に留まり、この世における教会として現実化されていく。教会は、いのちを与えられる聖霊によって書かれたキリストの手紙であり（IIコリント3：3—6）、クリスチャンはそれゆえに御霊によって歩むように勧告されており、その結果御霊の実を結ぶようになる（ガラテヤ5：16、22—23）。

　このいのちはパウロ神学では、クリスチャンの歩みの中で「いのち・死」「新しい人・古い人」、「御霊と肉」という対比によって表現されている（ローマ6：3—6；ガラテヤ5：16—25；エペソ4：22—24；コロサイ3：9—10）。クリスチャンは復活のキリストとともに歩む。この関係は「キリストにあって」（in Christ）というパウロ独特の表現によって現されている親密な一体性であり、夫婦の一体性に比されている（Iコリント6：15f.）。さらに「キリストにある」関係は「御霊にある」関係でもある。なぜなら「主は御霊です」（IIコリント3：17）と言われるからである。この信徒—キリスト—聖霊の三者一体の関係を特色づけるものは親密性である。キリストは御霊であり、信徒はキリストに結合しており、また御霊にある（ローマ8：9）。

　この信徒におけるいのちは、キリストの復活に根拠をおいている点において極めて終末論的であると言える。このいのちが教会に既に実在として存在している。教会は新しい終末論的時代に与るものであり、ペンテコステの御

第7章　聖霊と宣教

霊がこの永遠の世界に導いたのである。なぜなら「いのちを与えるのは御霊」（ヨハネ6：63）だからである。御霊にあふれた初代教会の宣教のメッセージはこの永遠のいのち、復活のキリストであったのである。

2. いのちの保証・初穂としての聖霊

ペンテコステの聖霊は教会と信徒に永遠のいのちを与えられた。しかしわれわれはこの地上では不完全さと罪と死の中を歩む。ではこのいのちを与えられる御霊はわれわれのどこにそれを啓示されるのか。この問に答えるのは「いのちの保証・初穂」としての聖霊である。

聖霊降臨により使徒たちは劇的な変換を遂げ、聖霊の力は使徒2章以降全体を力強く特色づけている。聖霊は完全な贖いの保証・初穂として教会に絶えず臨在し、働き続けている。パウロは聖霊を保証（Ⅱコリント1：22；5：5；エペソ1：14）、また初穂（ローマ8：23）と呼んでいる。これは聖霊が分離することなく教会に内住すること、そしてこの内住こそ完全なからだの贖いを保証するものである。「保証」「初穂」という言葉は聖霊の分離した一部、のように受け取られるが、決してそうではない。

エペソ1：13—14では約束の聖霊こそクリスチャンが御国を受け継ぐことの保証であると言われている。ここでは聖霊と保証がまったく同義に用いられていることが分かる。［Gk］arrabōn は恐らくセム語の商業用語から来たものと思われ、購入した物品の全額が後で支払われることの保証金を意味した。神が約束した完全な贖いの保証とは教会に内住する聖霊である。

同様の思想がローマ8：23の「初穂」によって表現されている。初穂とは聖霊そのものである。聖霊こそすべてのキリストの業の実が刈り取られる保証となるものである。信徒は御霊の内にあり、神の御霊が彼の内に住む（ローマ8：9、10）。彼は御霊によってからだの行いを殺し（同8：13）、「アバ、父」と呼ぶ子としてくださる聖霊を受けたのである（同8：15）。

聖霊が保証・初穂であるというパウロの理解は極めて終末論的であると言える。聖霊はこのいのちの十分で完全な贖いの予表、前触れである。クリスチャンはこの完全な贖いを待ち望み、期待する。聖霊はこのための保証となっ

ており、教会にこの聖霊が臨在していることはそれゆえに終末の予表となっている。被造物世界全体が神の子どもたちの現れを待ち望んでいるである(同8：18-23)。聖霊は新しい永遠の世界のすでに現在する力、いのちであり、このお方をいただく者たちにこの永遠のいのちと力に与りたいというあこがれを起こさせる。そしてこのあこがれは人間がかしらである被造物世界において静かなうめきとなって現れるている。「聖霊は私たちが御国を受け継ぐことの保証であり」(エペソ1：13)、「贖いの日のために聖霊によって証印を押されている」のであるから「聖霊を悲しませてはならない」(同4：30)と言われるのである。

さらにパウロはコリント人への手紙第Ⅱ5：1ffにおいて終末論的なからだの贖いと聖霊がその保証であることについて触れている。私たちの住まいである地上の幕屋が壊れるとき神のくださる建物がある。その天にある永遠の家に私たちが入るとき、いのちが地上の有限性、死をのみこむ。聖霊の保証を与えてくださった神は、かの日に私たちが新しい存在形態に移ることを可能にする保証を与えてくださったのである。

教会における聖霊の臨在はそれゆえに明らかに終末論的な現象なのである。終末は聖霊において現在する。終末の時における聖霊の中心的機能は現在の時の終わりにいのちの完全な現れをもたらすことである。

3. ペンテコステの終末論的意味

いのちの保証・初穂としての聖霊の降臨をまとめて一言で言えば、「教会はペンテコステにおいて永遠のいのちに満ちる新しい永遠の時代に入った」ということである。つまりペンテコステは極めて終末論的な歴史的出来事なのである。

聖霊の降臨はヨエルの「終わりの日に、わたしの霊をすべての人に注ぐ。」という預言(ヨエル書2:28)の成就であった(使徒2:17)。つまり「終わりの日」というのはただ単にキリストの再臨の時を意味するだけではなく、聖霊降臨によって「終わりの日」は実現したことをも意味するのである。

新約聖書において「今」の時を「終わりの日」と見る表現はしばしば出

第7章　聖霊と宣教

てくる（Ⅱテモテ3：1；ヘブル1：2；Ⅰペテロ1：20；2ペテロ3：3；1ヨハネ2：18；ユダ18）。著者ルカは、聖霊降臨は終末の時のしるしの一つであり、これにより終末は始まり、新しい時代に突入したというのである。ここに至って教会は誕生し、宣教が開始される。そして、やがてキリスト再臨の時である終末の完成が来る。つまり宣教も、聖霊の働きも終末的神の業なのである。教会は終末の初め（初臨）（ヘブル1：2）と終末の完成（再臨）の中間に立って宣教の任務を担うものとして立たされているのである。[8]

　ペンテコステにおいて教会はこの期間に置かれた。その最も特徴的なことは聖霊の臨在であり、これこそこの期間を他の時期と全く区別するものということができる。聖霊がキリストの業を歴史に結実させ、新しい時代を原理において開始されたのである。「定めの時が来たので、神はご自分の御子を遣わし」（ガラテヤ4：4）というのはただ単に歴史上のある特定の時というのではなく、神が主権的に「終末は開始されなければならない」と定めた時のことを意味する。キリストの到来は古い時代を終結させ、新しい永遠の時代のいのちを開始させたのである。ペンテコステにおいてこの歴史的転回点が公的に宣言され、これが人々の心に新しい時代のいのちが注がれることによって明らかにされたのである。

　それゆえにペンテコステによって始まったこの終わりの時は、古い時代が終結へ向かう動きと新しい時代が完成へ向かう動きが共在する時でもある。パウロ的概念である「罪と恵み」「肉と御霊」「古い人、新しい人」「最初のアダム、終わりのアダム」「生まれながらのからだ、霊のからだ」はまさにこの現在の時代の二重性を意味するものである。「古い、新しい」「最初の、終わりの」という概念はただ単なる倫理的対比ではなく、極めて新約的な概念なのである。罪、肉、古い人はただ単に悪であるだけでなく、真に古く、消え去るべきもの、力が失せ死ぬべきものなのである。これに反して恵み、

---

(8) 終末はキリストの初臨に始まったとする古典的な著作に以下のものがある。
　O. Cullman, *Christ and Time.* (E. T. 1951) 邦訳『キリストと時　原始キリスト教の時間観及び歴史観』前田護郎訳、岩波書店、1954年、G. Vos, *The Pauline Eschatology* (Grand Rapids：Eerdmans, 1961)

御霊は最後のアダムによって始められ、新しい人を造り出し、力から力へと進み、死ぬことはない。

　教会の宣教が開始され今なお継続されている時代とはこの古いものと新しいものという二つの時代が重なっている時代である。肉が霊に、霊が肉に対して戦い（ローマ7：24「だれがこの死の、からだから、私を救い出してくれるのでしょうか。」）、大自然も解放を呻き求めている（ローマ8：19ff「被造物も、切実な思いで神の子どもたちの現われを待ち望んでいる……。」）時代である。古い時代の側からは無関心、敵対心、憎しみがあり、新しい時代の側らは和解と愛による勝利がある。この和解の行為が世に対して発動する起点こそが教会である。そこは聖霊が内住し、聖霊の賜物が与えられているキリストのからだである。教会が福音を伝えるというのはこの聖霊によるいのちを伝えるということなのである。教会は新しい時代の「すでに」とともに、古い時代が「いまだに」残っていること、キリストの再臨と新しき時代の完成が「まだ」到来していない事実を告げる。宣教はペンテコステ以降キリスト再臨まで、古い時代が完全に消え去るまでの間の業なのである。

D. 証しをする教会

　大宣教命令を受け、聖霊降臨を体験した弟子集団はペンテコステの日に三千人の回心者（使徒1：41）を得る一大集団と大変身した。聖霊はユダヤ教シナゴーグを教会へと変えた。聖霊は弟子たちとともにあり、回心者は増大し、教会は成長した。

　初代教会の宣教を特色づけるものが二つあった。その第一は際だったキリストの復活の強調である[9]。ペテロのペンテコステの説教の中心はキリストの復活であった（使徒2：24、36）。使徒たちの証しのテーマはイエスの復活であった（同4：33）。パウロはアレオパゴスでイエスの復活を語った（同17：18）。パウロのユダヤ教権威者とローマ皇帝筋に対する弁明もイエスの復活に関することであった（同24：21）。パウロ書簡の一大中心はキリストの復活で

---

[9] Leon Morris, *The Cross in the New Testament* (Grand Rapids：Eerdmans, 1977). 参照。

第7章　聖霊と宣教

あった（ローマ8：34「……よみがえられた方であるキリスト・イエスが、神の右の座に着き、私たちのためにとりなしていてくださる」；Iコリント2：2「……イエス・キリスト、すなわち十字架につけられた方のほかは、何も知らないことに決心した」；15：13「死者の復活がないのなら、キリストも復活されなかった」）。キリストが死んで復活されたから、同様にわれわれも罪に死に、新しいいのちによみがえるのである。復活は倫理的アピールへの根拠となっている。

　第二の特色は初代教会の宣教の自発性である。教会の大宣教命令への服従は自然の服従、自発的なものであった。それはいのちの法則に対する健全な反応であった。「私たちは、自分の見たこと、また聞いたことを、話さないわけにはいきません」（使徒4：20）。「そのことは私がどうしても、しなければならないことだからです。もし福音を宣べ伝えなかったら、私はわざわいに会います」（Iコリント9：16）。

　初代教会の証しは大宣教命令を受けたので始まったのではなく、ペンテコステにおける内的行動化によるものである（使徒8：4「散らされた人たちは、みことばを宣べながら、巡り歩いた」；16：5「諸教会は、その信仰を強められ、日ごとに人数を増して行った」；Iテサロニケ1：8「主のことばが、あなたがたのところから出てマケドニヤとアカヤに響き渡っただけでなく、神に対するあなたがたの信仰はあらゆる所に伝わっている……」）。

　教会は他から強制されて伝道したのではなく、自ら自発的に証しをなしたのである。Roland Allen は初代教会の成長を特色づけるものはその自発性であることを指摘した。[10] ペンテコステは教会を証しする教会へと変えたのであった。

[**参考文献**]

Boer, Harry R. *Pentecost and Missions*. Grand Rapids：Eerdmans, 1979.
　　ペンテコステを主題とした宣教の神学の書。宣教の終末論的視点には多く学ぶべきものがある。

---

(10) Roland Allen, *The Spontaneous Expansion of the Church* (Grand Rapids: Eerdmans, 1978).

Vos, Geerhardus. T*he Pauline Eschatology*. Grand Rapids：Eerdmans, 1961.

　今日の改革派聖書神学の基礎を形成したプリンストン神学者による古典的書。*Biblical Theology*（1954）とともに彼の代表作。特に現在と終末における関係図は多くの書物に引用されている。

Verkuyl, Johannes. *Contemporary Missiology*. Grand Rapids：Eerdmans, 1978.

　オランダ・アムステルダム自由大学宣教学教授によるテキスト。少し古くなったが宣教学的な情報が豊富。特に宣教学史、聖書における宣教、世界の神学において見るべきものがある。多少リベラル傾向あり。

第8章　聖書の無誤性と日本宣教

　神学は教会と宣教、個人の霊的生命に決定的意味を持つ。そして今日における神学の基本的重要性を持つのが聖書論、つまり聖書の無誤性(1)の問題である。ところが日本の福音派教会においてはこの無誤性へのコミットメントが弱い。私はJECAにおいてもこの無誤性へのコミットメントが弱体化しているのではないかと常々感じている者の一人である。今日福音主義者が聖書の無誤性のことを主張すると、何か「偏屈で融通聞かずで分からず屋」のような印象をもって受け取られてはいないだろうか。そこで本小論においてもう一度聖書の無誤性の重要性を訴えてみたいと思い、筆を執った次第である。

　JECAの信仰告白第1条においては「聖書は誤りのない神のことば」が謳われており、また日本の福音派の最大の包括団体である日本福音同盟（JEA）においても「聖書は誤りのない神のことば」と謳われているにもかかわらず、福音派諸教会においては過去において建前と本音を使い分け、時に平然として「聖書にはこれだけの誤りがある」と言わんばかりの本音の発言が過去見られてきたのも事実である。

I　聖書の無誤性はなぜ重要か

　聖書の無誤性はなぜ重要か。これに対する答えは必要の無いほど過去においては当然のこととして福音主義諸教会は受け取ってきた。「『聖書が誤りのない神のことば』と信じるのは当然のことではないか。もしそうでないなら、私たちの信仰は実体のないものとなり、教会の土台は崩壊し、伝道も出来なくなり、教会はその本質を失うことになる。」と過去私たちは考えてきた。

---

(1)「無誤性」は inerrancy,、「無謬性」は infallibility の和訳語である。両語とも本来は「誤りのないこと」という同一の内容を意味したが、後述する「限定的無誤性」の立場に立つ人々が両語を区別して使用するようになったために、「全的無誤性」（total inerrancy）を無誤性と呼び、限定的無誤性を無謬性と区別して使用するようになった。しかし、今日無誤性と言えば一般的には inerrancy を指して、敢えて誤解を避けるために無謬性という語は無誤性論者は用いていない。

ところが日本における福音主義がここ 30 年ぐらい少しずつ侵食されてきたのである。そのことの事実を後で述べるが、ここではまず無誤性の重要性について指摘をしておきたい。無誤性が失われるとどうなるのか、以下挙げて見よう。

1. 聖書の権威が失われる

「聖書はすべて神の霊感によるもので、教えと戒めと矯正と義の訓練とのために有益です。」（Ⅱテモテ 3：16）とある。全知全能であり、歴史を支配し、一人ひとりに介入され、万事を益とするように今も導いておられる神が、聖書記者を通して誤りの無いように導き、聖書の文書化をなされたゆえに聖書は誤りが無く、神的権威を持つのである。これが言語霊感であり、十全霊感である。聖書の権威に関する最高の弁証は B. B. ウォーフィールド（1851～1921, 写真）の『聖書の霊感と権威』である。これは長い間無誤性論者の最強の弁証であったが、最近これを凌駕する文献が出た。J. フレームの「神のことばの教理」である。[2]

聖書の権威が失われるとどうなるのか。信仰生活の規範的原理は失われ、牧師も信徒も信じていない説教を語り、聞くことになる。聖書の語ることに誰も耳を傾けなくなる。行動原理はみことばではなく、人間の理性であり、自分である。みことばは私たちの思想と行動を何ら規制し、指導しない。心

---

(2) Benjamin B. Warfield, *The Inspiration and Authority of the Bible*, (Nutley,NJ：Presbyterian and Reformed, 1948). 邦訳、B. B. ウォーフィールド『聖書の霊感と権威』日本カルヴィニスト協会訳、絶版。未だに再販されていないのは非常に残念である。私は神学校の 1 年生のときに松尾武教授から本書を用いて教えを受けたことを非常に感謝している。現在の神学生は本書が手に入らないので無誤性の理論武装はなされているのだろうか。その後米国留学をし、原本を手に入れ、コーネリアス・ヴァン・ティルの 65 頁に及ぶ重要な序文に触れることが出来た。

最近出た J・フレームの書は以下の通り。これはウォーフィールドを越える大著である。本書の翻訳を心から望む。John M. Frame, *The Doctrine of the Word of God*； *A Theology of Lordship* vol. 4. (Phillipsburg：P&R Publishing, 2010)

の中心に神に代わりに自我が居座ることになる。信仰生活の基準は聖書ではなく、この世の常識となる。おおよそ神を畏れるということがなくなる。これは聖書が繰り返し断罪している偶像崇拝の罪である。

2. 教会と宣教が衰退し、やがて安楽死する

宣教の情熱が衰退し、牧師は講壇から去り、献身者不足により、伝道は衰退する。宣教師の数は激減し、世界宣教は安楽死する。礼拝説教で、神のことばの権威の喪失とともに、みことばが語られなくなる。その結果として教会が空っぽになるのだ。K. バルトを初めとする新正統主義に汚染された、「主流派」と言われるリベラルな教会がどうなっているかを見たらよい。ドイツ、英国、米国ことごとく教会は寂れている。特にドイツはひどい。友人のリーベンゼラ宣教師の話によると、ある時ドイツ本国で大きなゴチック建築の教会の日曜礼拝に出席してみた。出席者はパラパラの数人に過ぎなかったという。英国ではリベラル化し、衰退してしまった聖公会を見て取ってか、70年代からリージェント・カレッジのJ. I. パッカー、ゴードン・コンウェル神学校のデーヴィット・ウェルズ、トリニティ神学校のコリン・ブラウン、ウェストミンスター神学校のフィリップ・ヒューズ（故人）、シンクレア・ファーガソンら優れた福音主義神学者・聖書学者が米国、カナダへ脱出し、拠点を移してしまった。[3]

また目を国内に転じてみれば、地方過疎教会から牧師はいなくなる。クリスチャン新聞2007年2月18日号によると、日本基督教団総会議長山北宣久師は「日本基督教団は1728ある教会のうち、200の教会が無牧。このまま行くと、12年後には500の教会が無牧になるのではないかと懸念し、祈っている」と最近述べた。現在既に日基教団の無牧化現象は顕著であり、その先に見えるのが教会閉鎖である。そして地方社会から教会は消える。現に福音派教会においても無牧化教会、教会閉鎖、伝道・牧会から手を引く牧

---

[3] これ以外の英国脱出組としてはフラー神学校に教会史家でバルトとキッテル新約神学事典の翻訳者ジェオフリー・ブローミリー、新約学のラルフ・P. マーチンがいる。

師が目立っている。福音派教会も将来これに続くであろう。[4]

　遡って 1932 年、ハーバード大学教授アーネスト・ホッキング（William Ernest Hocking, 1873〜1966）はアメリカ宣教協会の依頼によりこれからの世界宣教のあるべき姿を研究するために、アジア、アフリカを旅行し、『宣教の再考』(Rethinking Missions) と題する調査報告書をまとめた。彼はこの中で、「これからのキリスト教宣教は他宗教徒を回心させることではなく、他宗教の良い面を認め、その伝統の中で社会改革の協力者となるために、彼らと協力することである」[5]と指針を提示した。これは驚くべき宣教政策の転換であり、これにより後にこれが引き継がれる世界教会協議会（WCC）の世界宣教は急激に衰退の道を歩むことになる。みことばを語らず、イエス・キリストへの救いに導くことを止めた世界宣教はやがて安楽死を迎えるようになる。

3. 教会が人間主義化し、世俗化し、倫理が崩壊する

　リベラル神学の牙城であったニューヨークのユニオン神学校はその 60 年代の全盛期からすれば今は見る影もないという。建物も壊れたところや欠けている所がそのままになっている。同じくリベラル神学のプリンストン神学校教授には離婚した者もいる。聖公会司祭でもあった状況倫理学者 J・フレッチャーは無神論者であった、と彼の死亡時にニューヨーク・タイムズは報道した。リベラルな神学者は神を信じていないのである。[6]

　これはリベラル神学陣営の話であるが、無誤性を実質上失った福音主義陣営にも似たような人間主義化と道徳崩壊の現象は起きている。先ずメッセージの心理学化が言われて久しい。これによる聖書のメッセージの骨抜きについてはデーヴィド・ウェルズ（1939〜, 次頁写真）が鋭く警告したとおりである。[7] 愛とか自己受容だけが強調され、十戒を守ること、献身すること、

---

(4) 山口勝政「無牧教会の増加と格差社会」『シンポジウム第 7 回地方伝道を考える報告書』2007 年、北関東神学研修センター、pp. 1-3.
(5) Stephen Neill, *A History of Christian Missions* (New York：Penguin Books, 1964), pp. 455-456.
(6) 古屋安雄『キリスト教国アメリカ再訪』新教出版社、2005 年、p. 114, 95, 99.
(7) David F. Wells, *No Place For Truth* (Grand Rapids：Eerdmans,1993), p. 178-186.

自己犠牲ときよい生活を歩むこと、聖日礼拝を厳守すること、家庭礼拝を守ること、什一献金に励むこと等、が疎かにされていることである。

この代わりに出てきたのは婚前交渉、姦淫、離婚、虚偽・欺瞞の増加である。これらは福音派諸教会にもはや珍しいものではない。これとともに都市教会には客員の増加が顕著であり、所属教会へのコミットメントは失われ、什一献金は団塊の世代のクリスチャンだけが一生懸命に守って教会を支えていると言われる。彼らが定年退職した暁には教会予算は激減することが予想されており、海外宣教師を支えることは最早出来なくなるのではないかと、ある宣教団体の責任者は私に語った。[8]

福音派クリスチャンはもはやこの世の価値観と一致し、地の塩としての価値を失いつつあるのではないだろうか。これはパウロがローマ書1章で指摘しているとおりである―「彼らは神を知っていながら、その神を神としてあがめず、感謝もせず、かえってその思いはむなしくなり、その無知な心は暗くなったからです。……それゆえ、神は、彼らをその心の情欲のままに汚れに引き渡され……」（ローマ1：21, 24）。つまり神学が崩壊すれば、倫理・道徳が崩壊するのである。その神学の中心に聖書の無誤性が存在しているのである。

II　米国における聖書の無誤性運動

さて話を無誤性の本論に戻してみよう。米国福音主義神学会（ETS）は聖書の無誤性は公式の立場である。これを厳格に守っている。日本の教会および神学校のように本音と建前の使い分けはしない。最近でもカナダのマックマスター神学大学のクラーク・ピノックが宗教多元主義寄りの著書、論文を

[8] 福田崇宣教師と筆者との対話（2007年5月）。

多く発表してきたために、彼を除名すべきかどうかの信任投票もなされ、彼はようやくのこと神学会に留まることを許可されたというニュースをクリスチャン新聞で少し前に読んだ。これ程神学的に厳しい。また入会基準も厳しく、Th. M（神学専門修士）以上の学位を必要としている。相当にレベルが高い。1978年当時私の学んだ神学校教授の話では、当時既に6,000名の会員があると言われ、層は厚く、会員も多い。

　もう一つ挙げるべきは「聖書の無誤性に関する国際会議」（ICBI：International Council on Biblical Inerrancy, 1978-1989）の働きである。この研究会議では米・英・カナダを中心として第一級の超教派福音主義神学者、聖書学者が膨大な論文集を残した。議長は、1991年に日本にも聖書信仰運動のために来日講演をされたことがあり、2000年に惜しくも召天されたフィラデルフィア第十長老教会牧師であったジェームス・ボイス博士であった。この会議は、90年代にボイス師来日の際直接伺ったことによると、「10年という期間限定の会議であり」、従って、中沢啓介氏の「80年代に入ると、アメリカの無誤性論争も落ち着きを取り戻した[9]」という指摘は誤りである。この会議では過去に「無誤性―総論」（1979年）、「哲学的視点―聖書の誤謬性：その哲学的ルーツ」（1981年）、「神学的視点―無誤性への挑戦」（1984年）、「歴史的視点―無誤性と教会」（1984年）、「解釈学的視点―解釈学、無誤性と聖書」（1984年）を出版しており、これらを合わせると膨大な著作となる。この後、無誤性論の発展と経過に関して「解釈学、権威と正典」（1986年）が著されている[10]。

---

(9) 中沢啓介『マタイの福音書註解　上』恵友書房、2001年、p.34.

(10) Norman L. Geisler, ed. *Inerrancy* (Grand Rapids：zondervan, 1979). Norman L. Geisler, ed. *Biblical Errancy：Its Philosophical Roots* (Grand Rapids：Zondervan, 1981). Gordon Lewis and Bruce Demarest, ed., *Challenges to Inerrancy* (Chicago：Moody, 1984). John Hanna, ed, *Inerrancy and the Church* (Chicago：Moody, 1984). Earl Radmacher and Robert Preus, ed., *Hermeneutics, Inerrancy, and the Bible* (Grand Rapids：Zondervan, 1984). D. A. Carson and John Woodbridge, ed., *Hermeneutics, Authority, and Canon* (Grand Rapids：Zondervan, 1986).

　私の手元には上記の「無誤性 ― 総論」、「解釈学的視点」、「解釈学、権威と正典」の三冊がある。

第8章　聖書の無誤性と日本宣教

III　日本ではなぜ無誤性へのコミットメントが弱いのか

　私は1996年9月に韓国ソウルを訪問し、その際韓国最大の神学校、総神大学・神学校を訪問する機会を得た。当時のキム・ウィファン総長に案内され丁度全学が修養会をやっているというので、その会場を垣間見させていただいた。学生数は大学1,700名、大学院である神学校600名を誇る第一キャンパス（第二キャンパスもある）の讃美歌大合唱を聞かせていただいた。彼らは聖書の無誤性を頑なに保持している。学長は代々、そして教授の多くがウェストミンスター神学校の卒業生である。私はこれは韓国教会の祝福を象徴する姿であると感銘を受けた。ちなみに釜山にあるもう一つの長老教会神学校で同様に保守的な、高神大学・神学校の現在の学長、筆者の友人ホアン・チャンキー博士もウェストミンスターの卒業生である。この教派は戦時中、日本占領時代神社参拝を拒否した唯一の教派である。

　また米国福音主義神学校のほとんどは既述のように、フラーなどのごく少数の神学校を除き、聖書の無誤性を保持している。既述のように米国福音主義神学会は聖書の無誤性を堅持しており、米国福音主義教会の成長はめざましい。雑誌『タイム』誌にも時々福音派を代表する声として先述のデーヴィット・ウェルズ氏の記事も載るほどである。その中、成長の著しい教派はアメリカ長老教会（PCA）である。PCAが支持する長老系の神学校として

(11) アメリカ長老教会（PCA）急成長を象徴する教会が2つある。どちらともウェストミンスター神学校に関係する教会であり、いずれも6,000名の礼拝出席を有している。1つはテキサス州ダラス市のパークシティ長老教会であり、ハーバード大、ウェストミンスター神学校卒のエリート、創立牧師ジョセフ・スキップ・ライアン師はメガチャーチへと発展させた。彼はウェストミンスター神学校ダラスキャンパスを設立してしまった。もう一つはニューヨーク市マンハッタン島にあり、ハンター大学講堂で礼拝を持っているリディーマー長老教会である。牧師は前ウェストミンスター神学校実践神学専任講師（現在も非常勤講師）のティム・ケラー牧師である。彼はニューヨーク市の人間疎外に悩む人々に哲学的アプローチで力強く語りかけている。最近 The Reason for God (Dutton, 2008) というベストセラーを執筆し、ニューヨークタイムスにも取り上げられ、

は、ウェストミンスター、リフォームド（10 のキャンパスを持つ。特にオーランド校は有名）、カヴェナント、旧ビブリカル（1990 年代、創立学長アラン・マックレー亡き後、評価は落ちた）、ノックス（TCC の創立者ドン・ホーク師は帰米後、その創立者の一人となった）、等がある。

　このように米国と韓国の教会は国際的に見て、神学が無誤性を保持しているという点で健全であり（無誤性は歪んだ教理ではない。正統主義である）、成長の著しい教会であることを先ず指摘しておきたい。
　翻って日本の福音主義教会を見てみれば、私はそれは 80 年代からむしろ量と質において下降線の道をたどっているのではないかと感じている。そしてその背後には聖書信仰、とりわけ無誤性へのコミットメントが弱体化しているためではないかと考えている。ではなぜ無誤性へのコミットメントが弱体化したのか、その理由を以下に述べる。

A. 日本の福音主義教会では無誤性を擁護する論文は余り積極的に発表されてこなかったこと

　私が知る限りでは「聖書の無誤性に関するシカゴ声明」「聖書解釈学に関するシカゴ声明」が『びぶりか』[12]誌上で掲載され、宇田進著『福音主義キリスト教と福音派』[13]の巻末で紹介されたのみである。神学校の授業でも聖書解釈学で、聖書の無誤性に関する議論を深く掘り下げて取り扱う神学校が少なかったのではないだろうか。

B. 福音主義機関誌に聖書の権威を損なう記事が多く掲載されてきたこと

　特に限定的無誤性に立つフラー神学校の立場が主として紹介されてきた。

評価の高い書である。
(12) 『びぶりか第 4 号』（1982 年）、『びぶりか第 8 号』（1983 年）。
(13) 宇田 進『福音主義キリスト教と福音派』、いのちのことば社、1984 年, pp. 252-260, 269-274.

第8章　聖書の無誤性と日本宣教

これは「聖書は救いと信仰に関する事実については誤りがないが、他の領域、歴史、科学的事実に関しては誤りがある」というものである。これを限定的無誤性と呼んでいるが、おおよそ無誤性と言える代物ではない。この立場には以下の説が登場している。

1.「聖書の現象」説

聖書には矛盾した記事、「現象」が見られる。これらは聖書よりは人間理性を絶対視し、学的に確立された聖書批評学を最終的権威として無批判的に受け入れる破壊的批評学の立場から聖書には誤りがあるとする立場。この説は米国のフラー神学校関係者が盛んに文書を通して宣伝した立場であり、この説が80年代にプロテスタント聖書信仰同盟機関紙『聖書信仰』誌で十数回にわたって掲載された。当時クリスチャン新聞論説委員であった舟喜信氏は同新聞論説で厳しくこれを批判した。聖書の権威を認め、聖書信仰を推進しようという『聖書信仰』誌に、聖書にはこれだけの誤りがあるという記事を掲載されたのではたまったものではない。聖書信仰を破壊するようなものである。舟喜氏の批判は当然のことであった。

聖書の一見矛盾した記事は本当に矛盾しているのか。例えばマタイとルカの山上の説教の記事は一見矛盾している。だが主イエスはガリラヤ伝道で山上の説教を一回だけしたのではない。何回か包括的な説教も、ダイジェスト版の説教もしたであろう。これがより包括的な記事としてマタイが記録し、ルカはそのダイジェスト版を記録したとすれば何の矛盾もないのである。同じくエリコの盲人の癒しの記事（マタイ20：29―34；ルカ18：35―43）はマタイではエリコを出た時、とあり、ルカはエリコに近づいた時である。だが二つの事件は全く別の出来事である。当時埃っぽいパレスチナ地方では眼病を患う者や盲人は多くいた。エリコに来る時、出る時にそれぞれに別の盲人がいても決して矛盾しない。また列王記、歴代誌に見られる、ユダ、イスラエル諸王の即位年の矛盾はエドウィン・ティー

レ（Edwin R. Thiele, 1895〜1986, 写真）が『ヘブル王の不思議な数字』で見事解決した。数え年、満年齢方式の記録の相違で解決したのである。

　このように聖書の一見した矛盾は、破壊的な聖書批評学で簡単に理性で受け入れられないから聖書本文は誤りであると速断してはならない。聖書の権威より人間の理性が絶対的権威を持ってしまっているからである。アラン・マックレー博士（Allan A. MacRae, 1902〜1997, 写真）は私のビブリカル神学校での恩師であり、レアード・ハリス（Robert Laird Harris, 1911〜2008）、サムエル・シュルツ（Samuel J. Schultz, 1914〜2005）、エルマー・スミック（Elmer Smick）等多くの福音主義旧約学者を育てられた学者として知られるが、そのマックレー先生がしばしば引用した、オールド・プリンストン学派の代表の一人、旧約学の権威ロバート・ディック・ウィルソン博士（Robert Dick Wilson, 1856〜1930）の言葉を私は忘れることが出来ない。

　「諸君、私は聖書を読む時、私を悩ます問題があるのを認めなければならない。これは、私が罪人であり、私の理解は限られているためであると理解する。これゆえに私は、明らかでない責任を神に問おうとは思わない。私はそれを私自身の無知のゆえであるとしたい。しかし、私はこのことを言おう。私は50年以上もの神のことばの研究の結果、旧新約聖書の原典においては一つでも不正確さがあると、十分知った上でそういい得る人はこの地上に誰もいないと結論するに至った」。

　こうしたみことばの前にひれ伏す態度こそ福音主義者には必要なのではな

---

(14) Edwin R. Thiele, *Mysterious Number of Hebrew Kings* (Chicago：University of Chicago Press, 1951).
(15) William White, Jr. *Van Til*：*Defender of Faith* (Nashville：Thomas Nelson, 1979), p. 100.

いだろうか。だが、理性を絶対視し、人間の聖書批評学を学問的に確立された科学として無批判的に受け入れる聖書批評学では、リベラル聖書学者はもちろんであるが、福音主義聖書学者でさえも、聖書には多くの誤りが存在すると考える。ヨナ書の歴史性が否定され、ヨナ書は寓話であるとされる。またエペソ書のパウロ著者性が否定されている。二つともフラー神学校の教授による立場である[16]。

2. 言語霊感説は古く、ダイナミックな霊感説こそ現代的である。

ウォーフィールドの言語・十全霊感説は古く、バーナード・ラム（Bernard L. Ramm, 1916～1992）が主張するダイナミックな霊感説こそ現代的なものであるという主張[17]。K. バルト（Karl Barth, 1886～1968）の聖書の霊感説、つまり「聖書は人間の書であり、誤りを含むが、神との実存的出会いにより神のことばになる。」を受けて、ウォーフィールドのいうように言葉の外的形式が霊感されているというよりは、ダイナミックな啓示の仕方に強調点をおいた霊感説こそ現代的であるとするもの。この霊感説はバルトからアムステルダム自由大学の教義学者 G. C. ベルカウワー（Gerrit Cornelis Berkouwer, 1903～1996）に引き継がれ、米国でラムがこれを引き継いだ。ベルカウワーは『一般啓示』を書いている初期の頃は非常に保守的であったが、聖書論を書いた後期には、「書かれた神のことばとしての聖書」を否定している。聖書は神の啓示に対する人間の告白的応答（聖霊の照明に近いもの）であるとし、これはバルトのいうゲシヒテ（救済史 Geschichte）に近く、バルトに傾斜していた[18]。また米国のラムは初期の『聖書解釈学概論』を書いた頃は非常

---

(16) Leslie C. Allen, Joel, *Obadiah, Jonah, Micah* (NICOT) (Grand Rapids：Eerdmans, 1976). Ralph P. Martin, *New Testamnent Foundations*, 2vols. (Grand Rapids：Eerdmans, 1978), 2：230. Martinについては野口 誠氏（元茨城キリスト教大学教授）にご教示いただいたことを感謝する。

(17) Bernard Ramm, *After Fundamentalism* (San Francisco：Harper & Row, 1983).

(18) G. C. Berkouwer, *Holy Scripture* (Grand Rapids：Eerdmans,1975), pp. 143, 145. quoted in Henry Krabbendam, "B. B. Warfield versus G. C. Berkouwer on Scripture" in *Inerrancy*, ed Norman L. Geisler (Grand Rapids：Zondervan, 1979), pp. 424-425.

に福音主義的な立場を保持していたが、後期においてはベルカワーの影響を受けてバルト的なダイナミック霊感説を取るようになった。彼はフラー神学校宣教人類学者チャールズ・クラフトの『文化のキリスト教』[19]の序文を記している。クラフトはこの中で、聖書は「霊感された古典的な事例の書」に過ぎず、異文化によって聖書の命令（外形）は変形されるべきであると主張した[20]。例えば、ある種族の一夫多妻部族では長老はそのままで良い。「一人の妻の夫」というパウロの監督の条件（Ⅰテモテ3：2）はヘレニズム文化の中での条件に過ぎず、それぞれの種族では変形されて適用されてしかるべきであると主張した。しかし聖書の長老に関する規定は「天的文化」[21]（heavenly culture）、超文化的であり、異文化によって自由に変形されてはならないのである。

　私たちはカルヴァンの『キリスト教綱要』は古いというだろうか。古典は古いとは言わない。同様にウォーフィールドも古典的価値を持つものだ。聖書の霊感と権威に関してこれに代わるものは未だ無いのである。

3. ウォーフィールドの霊感説は18世紀スコットランドの常識哲学の影響を受けたものである。

　この主張もフラー神学校の関係者〈ジャック・ロジャースとドナルド・マッキムが盛んに取り上げている主張である。〉[22] ロジャースはフラーの組織神学教授であった。常識哲学はトーマス・リード等によるもので、バークリーの主観的観念論やヒュームの懐疑論に反対し、因果律、善悪の区別などの常識の原理を根本とする哲学であるが、彼らは、チャールズ・ホッジ（Charles Hodge, 1797～1878, 次頁写真）、ウォーフィールド等のオールド・プリンストン神学者はこの常識哲学の影響を受けたものであると批判する。しかし

---

(19) Charles H. Kraft, *Christianity in Culture* (New York：Orbis,1979) p.x,xi.
(20) ibid. pp. 198-202, 326.
(21) ウェストミンスター神学校学長（当時）Edmund P. Clowney の言葉。講義 *Theology of Mission* 講義録（1979）より。
(22) Jack B. Rogers and Donald K. McKim, *The Authority and Interpretation of the Bible*：An Historical Approach (San Francisco：Harper & Row, 1979).

第8章　聖書の無誤性と日本宣教

ウォーフィールドは博学な神学者で、アウグスチヌス、カルヴァン、ウェストミンスター神学者たちに通じ、一つの哲学に影響を受けたとは到底言えない。3巻の「組織神学」で有名なホッジはトゥレティーニに隷属していると批判されるが、トゥレティーニは常識哲学とは何ら関係がないのである。確かに彼らは時代の人であり、常識哲学の概念を利用したと言えるが、彼らの概念がウォーフィールドの聖書観を真に革新的としたのではない。

C. 日本ではドイツ神学、特にバルト主義神学への親近感がある

その60年代の全盛期には「バルトにあらずば神学にあらず」とさえ言われた。しかし70年代あたりから自由主義陣営内でも「バルトも時代の人」との冷静な評価が出回り始めたが、福音主義陣営では逆に既述のベルカワー、ラムらの影響もあって、現在ではバルト神学の影響が教派を越えて広まりつつあると言える。バルト（Karl Barth, 1886～1968, 写真下）の聖書観については

① 聖書の歴史をゲシヒテ（救済史, Geschichte）とヒストリエ（一般史, Historie）に分け、創世記1—11章はゲシヒテに属するといい、歴史的事実としては扱わない。キリストの復活はゲシヒテであり、ヒストリエとしての復活はゲシヒテに従属する。西暦上の歴史は救いをもたらさない。

---

(23) Francis Turretin (1623-1687) はスイス・ジュネーブの神学者。*Institutes of Elenctic Theology*. 3 vols. で有名。英訳されている。その神学はチャールズ・ホッジに深い影響を与えた。
(24) D. A. Carson, "Recent Development in the Doctrine of Scripture" in *Hermeneutics, Authority, and Canon*, ed. D. A. Carson and John D. Woodbridge (Grand Rapids：Zondervan,1986), p. 17.
(25) John M. Frame, *Cornelius Van Til*；*An Analysis of His Thought* (Philipsburg：

② キリストはゲシヒテであるゆえに、すべての人はキリストにあって遺棄されているし、また同時に選ばれている。これはきわめて汎神論的である。[26]

③ 啓示は常に現在起きる。聖書は啓示そのものとして受け取られてはならない。[27] 聖書は人間の書であり、ゲシヒテ、つまり神との実存的出会いの時に神のことばとなる。それゆえに人間の書である聖書には誤りがある。それゆえにバルト主義者にとって神との実存的出会いこそ重要性を持つ。

福音主義者にとって重要なのは神の啓示である聖書を通して御心を知り、行うことである。そのような実存的体験は、あってもよいが特別必要としない。無くてもかまわないのである。

IV　その結果

以上聖書の誤性へのコミットメント弱体化の理由を考察したので、次に無誤性への軽視が現代日本の福音主義教会に与えている影響を考えてみたい。

私は先になぜ聖書の無誤性が大切であるかの理由として以下の3点を挙げた。(1) 聖書の権威が失われる、(2) 教会と宣教が衰退し、やがて安楽死する、(3) 教会が人間主義化し、世俗化し、倫理が崩壊する。こうした現象は現在福音主義教会内に既に見られるものである。

① 説教でみことばの権威が失われると、宣教が人間主義化してくるのである。神を見上げるよりは、人を見るのである。優しさや愛とか受容という母性原理だけが強調され、みことば、律法に従うことが疎かにされ、律法を破るときに罰が伴い、祝福を失うという、父性原理が疎かにされていること。

Presbyterian and Reformed,1995), p. 364. Cornelius Van Til, *Christianity and Barthianism* (Philadelphia：Presbyterian and Reformed, 1962), p. 14.
(26) Van Til, ibid., p. 22. Frame, ibid. p. 361, 364.
(27) Van Til, ibid., p. 68.

② 教会でみことば中心主義が疎かにされ、結果として聖書研究と祈りが衰退する。週日夜の聖研祈祷会は寂れる一方ではないだろうか。だがその一方で「聖書研究をしても信徒の心に聖霊は働かない」という指摘がある。なぜ働かないのだろうか。それは心の偶像があるためだ。心に偶像がある限り聖霊はみことばと共に働かない。心を主に明け渡してこそ、みことばは聖霊と共に働き、その人を、また教会を霊的に刷新する。

③ 倫理の崩壊現象が起きている。霊的・道徳的きよさが失われ、不道徳が教会をまかり通るのを阻止しなければならない。婚前交渉を止めさせ、性的節制を守る訓練を受けなければならない。十戒をいつも記憶させ、それを守るよう教会が努力すべきである。姦淫や離婚を防止するために最善の努力をすべきである。

④ 若者が救われない。信者の子供が信仰を受け継がない。クリスチャンホームで家庭礼拝を持たないために信者の子供が信仰を受け継がない。家庭礼拝を厳守すべきである。方法は一番都合のよい方法を家族で相談して選んだらよい。日曜学校伝道に力を注ぐべきである。

⑤ 教会の都市集中化が起き、過疎地の教会が消えかけている。人々が成功主義思考になりつつあり、効果が出ない伝道はしないとして、過疎地から教会が無牧化し、教会が消滅しかけている。この流れを阻止し、逆転させなければならない。

Ⅴ　神学的保守主義に関する歴史的問題

以上が私が聖書の無誤性を擁護する理由であるが、その一方で神学的保守主義に対する批判の声があるのも事実である。それを取り上げてみよう。

○神学的保守主義は神社参拝の政治的圧力に対して無力なのか。
戦時中、日本軍事政権のもとで韓国併合が行われ、神社参拝が当時の日本基督教団統理富田　満（とみた　みつる、1883〜1961、次頁写真は皇紀二千六百

年奉祝全国基督教信徒大会の司会者を務める富田満牧師）によって指導され、この富田がウォー・フィールド、A. ホッジ等のオールド・プリンストンに学んだために、保守主義神学が神社参拝の政治的圧力に抵抗できなかったという批判が過去においてある。戦前の富田満は同じオールド・プリンストンの伝統にありながら、神社参拝の圧力に抵抗できなかった。神学的保守主義は神社参拝の圧力に対して無力なのか。しかし私は、富田の例を引き合いに出して神学的保守主義は神社参拝に対し無力であるとは断定できないと思う。なぜならお隣の韓国では最も保守的な釜山を中心とする長老教会高麗派こそ殉教精神をもって抵抗し、神社参拝を拒否したからである。ソウルの長老教会統合派、合同派はともに神社参拝の圧力に屈服した。殉教死した朱基徹牧師、「たといそうでなくとも」と証しした安利淑女史等を輩出した殉教をいとわない韓国教会から見れば、池明観氏が指摘するように、「日本のキリスト者に十字架の信仰を中心とした殉教の精神なし」[28]なのである。要するに殉教精神があるか無いかの問題ではないか。

　さらにもう一つ挙げるべき理由は（これは私の推論ではあるが、結果から見て合理的根拠を持つものと考える）、日本キリスト教史において植村正久以来の「日本基督公会の簡易信条」が基本となってきた伝統を見れば、ウェストミンスター信条は容易に捨てられ、昔に戻ってしまったのではないか。つまり簡易信条の持つ弱点の問題点と、その代わりに顔をのぞかせて出て来たのが井戸垣彰氏が繰り返し主張した「日本人性」[29]そのものではなかったか。つまり彼にとってウェストミンスター信条は付け焼き刃でしかなく、最後に顔をのぞかせたのが、あの遠藤周作が言った日本的精神風土である「何ものをも飲み込むあの底なし沼のようなもの」でしかなかった、とそう結果論的に断定せざるを得ないのである。そしてこれは殉教精神の欠如にもつながるも

---

(28) 金田隆一『戦時下キリスト教の抵抗と挫折』新教出版社、1985年、p. 330.
(29) 井戸垣彰『この国で主に従う』いのちのことば社、1985年．

のである。徳川時代のキリシタン殉教の歴史からすれば、ほど遠いものではあるが。

VI　結　論

　聖書の無誤性の教理は偏狭で、荒唐無稽な教理であると誤解しておられた方がいれば、実はそうではなく、私たちの信仰の根幹を成す中心的教理であることがご理解いただけたかと思う。無誤性は福音主義教会が保持すべき大切な伝統である。この伝統は聖書に根ざす伝統であり、変えられてはならない伝統なのである。私たち福音主義教会はもう一度無誤性の重要性を再認識し、変わりゆくこの世界で、変わらないみことばの宣教に邁進し、この日本で伝道と教会形成に全力を注いでまいりたいと願っている。

第Ⅲ部　現代宣教学の基礎

第9章　宣教学とは何か
第10章　宣教の歴史
第11章　宣教の聖書神学（Ⅱ）
第12章　教会成長論
第13章　福音と文化
第14章　解放の神学
第15章　宗教多元主義

第9章 宣教学とは何か

I 定義

　宣教学は次に示すように種々に定義されきた。「キリスト教信仰の異文化コミュニケーションに関する科学」「世界宣教の任務に特に重点を置く学問」「キリスト教運動の展開について聖書的起源、歴史、将来の進展に問する人類学的諸原則と技術、これらに関する研究、記録、データの応用を行う学問領域」。
　これらを包括して、教会成長論の父、ドナルド・マクギャブラン（Donald Anderson McGavran, 1897〜1990, 写真）は宣教（学）とは「キリストに従っていない人々に、文化の壁を越えて福音を伝え、主として救い主としてイエス・キリストを受け入れ、その教会の責任ある会員となるように勧め、聖霊の導きに従い、神のみこころが天になるごとく地にもなるように、伝道と社会的責任の両方において奉仕をすることである」と定義した。またオランダ宣教学者J・フェルカイル（Johannes Verkuyl, 1908〜2001）は「宣教学とは世々を通して神の国を実現させようとする三位一体の神の救いの行為を研究することであり、この神の世界大の命令に服従するために、教会が聖霊に頼り、ことばと行為をもって福音と神の律法を余すところなくべての人に伝達することのための学問である」と定義した。マクギャブランのそれは異文化間の伝道に力点が置かれ、フェルカイルのそれは神の国の視点からのそれである。そのどちらを取るかは受け取る主体者の宣教に対する哲学による。
　宣教学が科学であるとするなら、それは応用科学として扱われなければならない。宣教学的プロスの作業は教会またはミッションが現実に直面する宣教地の状況から開始するのであって、そおける問題、成功、失敗が明確に示されてくる。そして同じような宣教の状況に対する宣数学的知見の応用にまで至るのである。

宣教学の主要な領域は三つある。神学(おもに聖書神学)、人類学(おもに社会的、応用、理論的人類学であるが、未開宗教、言語学、文化的力動関係、文化変容を含む)、そして歴史である。他の関連領域として、心理学、コミュニケーション理論、社会学がある。これらすべての学問領域はそれぞれの宣教地の特殊な構造と問題状況の中で、福音の前進のために相互に影響を及ぼし合うのである。それゆえ後に「宣教学」として成立する学問の基本的構成は神学でも歴史でもなく、また人類学や心理学でもなく、これらすべての学問領域の総和でもない。ここから民族神学、民族史学、民族心理学が登場することになる。宣教学はこうして独自なものとして成立し、世界教会、世界の諸宗教、経済学等によってもその内容が豊かにされ、影響を受けるようになったのである。

II 主要な問題点

宣教学は学問としては新しいが、内容において長い歴史を持つ。教会はその歴史の中で、いかなる時でも宣教の任務を忘れたことはなかったし、投じられた基本的な問に対する真剣な反省を怠ったことはなかった。キリスト者はどのような時代にあっても次の諸課題についていろいろな形で議論してきたのである。

1. みことばの宣教

教会の使徒性は主イエス・キリストの宣教命令(マタイ28：18―20.「あなたがたは行って、あらゆる国の人々を弟子としなさい。そして、父、子、聖霊の御名によってバプテスマを授け、また、わたしがあなたがたに命じておいたすべてのことを守るように、彼らを教えなさい。」)に見られる弟子化と教育をいかに遂行するかにかかっている。教会全体に与えられた責任は、「あらゆる国の人々の中に信仰の従順をもたらす(ローマ1：5)ために働き人を送り出すことである。従来受けるだけの教会であった日本の教会が与え、教会を生み出し、宣教師を送り出す教会に成長していかなければならない。

2. 福音と文化 ── コンテキスチュアリゼーション

　もし神が全世界の神であり、人類の歴史のあらゆる時代に働いておられるなら、それぞれ独立した文化の存在、意味は何か。それぞれの文化的諸要素は、福音がその文化に入り、地域教会が設立される時に「占有」([ラ] possessio) されるのか、「適応」(accommodation) されるのか。あるいは代替物として「移植」されるのか。日本文化におけるキリスト教受容には「埋没」「接木」「背教」のタイプが目立ったが、文化変容において真の聖書的キリスト教の確立は日本において可能なのか。

3. 伝道と社会的責任

　教会の宣教はことば（ロゴス）のレベルにとどまっていてはならず、ロゴスが奉仕へと受肉していかなければならない。主イエスの福音はケリュグマ（使信）とディアコニア（奉仕）が一体となって進んだ。現代社会における社会正義の実現に福音はどのようにかかわってくるのか。神の国と社会正義はどのような関係にあるのか。富める国、日本のキリスト者は、貧しい国々や地球資源のことを覚え、そのライフスタイルをいかに変革すべきか。国内の社会的弱者とともに教会は何を実践すべきなのか。これらの問に教会は聖書的応答をしなければならない。

4. 教会の構造とミッション（宣教団体）関係

　教会権威によって支配される教会の構造とミッション（宣教団体）の構造の関係はどうあるべきか。ミッションが第三世界で宣教すると、異教世界を背景に現地教会が設立され、こうした関係の中でミッションが運営されていく時、ミッションと現地教会 (younger church) の関係、さらにミッションと送り出す側の教会 (older church) の関係はどうあるべきか。従来、西側ミッションと第三世界教会の関係は支配─被支配の関係となり、複雑な問題を引き起こしてきた。日本教会がミッションとなる時、こうした問題を避け、真の対等性と相互依存の関係を確立するためにどのようにすべきなのか。

5. 福音と諸宗教

イエス・キリストの福音と主イエスの主権を認めない他の宗教体系との関係は何か。他宗教信者の宗教体験には信憑性があるのか。あるいは、こうした宗教は神が捨てられたあくなきかたくなさと人間の反逆を示しているにすぎないのか。仏教、神道とキリスト教の関係、その罪観と救済論の相違は、禅と祈りの違いは何か。天皇制、国家神道に対してキリスト者の対決の態度は。キリスト教の祖先崇拝に対する態度はどうあるべきか。

6. 伝道と都市化

今日、欧米、第三世界の巨大都市（ニューヨーク、シカゴ、メキシコシティー、サンパウロ、カルカッタ、マニラ等）はスラム化しつつある。地方小都市、農山村より人口は都市に流入し、人口は肥大化し、職を求める人々が路頭にあふれている。未婚の母、離婚、犯罪、売春、麻薬、病気で都市問題は深刻化している。しかし、これらは福音宣教と教会成長の絶好の機会ともなっている。都市伝道は全人的伝道、社会正義とキリストの慈愛の実践の場となっている。

7. パワー・エンカウンター（力の対決）

医師のいない未開社会では祈祷師による病気のいやしが行われている。現代日本でも新々宗教と呼ばれているグループ、特に真光系教団の手かざしによる病気のいやしが行われている。こうした背後にある諸霊の影響力は伝道の進展の大きな妨げとなっており、キリストとの力の対決が伝道の現場で重要な課題となっている。

8. 救いと信仰のない人々

福音を聞く機会がないまま死んでいった人々はどうなるのか。この問いは日本のキリスト者にとって深刻である。キリストの贖いのわざについては無知でありながら、自然、良心、歴史を通して神を認識し、「神よ、罪人の私

をあわれんでください」と叫ぶ人についてはどう説明したらよいのか。

III 歴史

　教会は常に宣教する教会であることのゆえに、宣教学の歴史は教会の設立以来始まったと言ってよい。生きた教会が宣教しない群れであることはできない。たとえその発展の仕方が家族、同族、同一種族内にとどまったとしても。 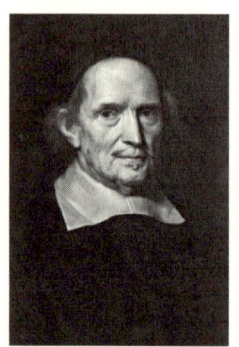  
　プロテスタントの最初の宣教学はオランダから始まった。H. サラビア (Hadrianus Saravia, 1531～1613)、J. ホイルニウス (Justus Heurnius, 1587～1651)、G. ヴォエーティウス (Gisbertus Voetius, 1589～1676, 写真上)、J. ホルンベック (Johannes Hoornbeek, 1617～1666) といった人たちの著作は東インド会社による宣教の拡大をもたらすと同時に、デンマーク・ハレ宣教団 (Danish-Halle Mission) や英国ピューリタンたちに影響を与えた。特にサラビアは米国ニューイングランドのインディアンへの最初の宣教師 J・エリオット (John Eliot, 1604～1690, 150頁に写真) に、ホイルニウスの著作は「近代宣教の父 J. W. ケアリ (William Carey, 1761～1834, 写真中) に多くの影響を与えた。またモラビア兄弟団監督 J. A. コメニウス (Jan Amos Comenius, 1592～1670, 写真下) の影響は、モラビア兄弟団を力動感あふれる宣教運動の群れに変革したツィンツェンドルフ (Nikolaus Ludwig von Zinzendorf, 1700～1760) に及んだ。
　しかし、宣教学が独立した学問として成立したのは 19 世紀に入ってからであった。2 人のルター派

ドイツ人が挙げられる。ライプチヒ・ミッション総主事 K. グラウル（Karl Graul, 1814～1864）はヨーロッパにおいて最初に宣教学を科学的研究の対象とした。G. ヴァルネク（Gustav Warneck, 1834～1910）はプロテスタント宣教学の創立者と今日呼ばれている。

　ヴァルネクの死は、はからずもエディンバラ世界宣教会議（1910年）と重なった。以来、この会議の継続版である国際宣教協議会（IMC、ガーナ会議1958年まで）と世界教会協議会（WCC）世界宣教伝道部（CWME、ニューデリー会議1961年以降）は宣教学における非常に多様な面を反映し続けてきた。最近では1960年以降、WCC側のエキュメニカル神学が過激化し、世への奉仕において教会の世俗化に拍車がかかっているのを受けて、福音派は、宣教への召命において教会の聖書神学こそ中心を占めるべきであると主張し、学問的論争に熱心に加わるようになってきた。

　最近では宣教学に関する文書が急増し、それとともに宣教理論が分局化し、相対立している。福音派は神の国を無視する宣教の神学に依然として固執し、その関心のほとんどを永遠のいのちに寄せている。カトリックは勝利主義、すなわち教会の拡大による勝利の神学のみを強調していると批判を受けている（1970年代にはカトリックのかなりの部分が第三世界における社会正義の闘争に加わっていたのも事実である）。WCC側は社会的、人権問題にのみとらわれ、聖書のテキストを歪曲して解釈し、伝道とは政治であると再定義し、未信の民への伝道は不要であると退け、他宗教との関係では回心や教会建設を排除するある種の友好的対話に限定していると批判されている。

IV 福音派と現代における問題点

　福音派の宣教学の基盤はあくまで聖書であり、その中心はキリストの教いである。すなわち、福音とはイエス・キリストのみが主であり、悔い改めと信仰によって主のもとに来る者に永遠のいのちが与えられることの告知である。従って音派の重要な関心事はあくまでキリストを伝える伝道のわざであ

り、すべての人々を弟子とし、その教会の責任ある成員に育て上げることによって、キリストのからだである教会を建て上げることである。福音派はこれをキリスト教宣教の中心的で、変えることのできない目的と考えている。そして、礼拝がなされ、教会的交わり（コイノニア）が深化、成長していくキリスト者共同体が拡大していくことを強調していく。また自発的な宣教諸団体、機構が、神が与えられた多様な使命を遂行するために発展していくよう励むのである。

　こうした事実に加え、福音派は近年、現代宣教学の議論の中からかつてWCC側が強調していた諸問題、すなわち被圧迫者の叫び声に対して責任ある応答をすることに真剣に取り組み始めた。これはローザンヌ世界伝道会議（1974年）以降顕著である。すべてのキリスト者が、「地の塩、世の光」として世に対してその真正性を提示していかなければならないからである。福音派は個人の内的信仰は聖書に示されている文化命令（創世記1：28）を教会全体として外面的に現実化していかなければならないと考えている。社会正義が増大し、戦争、人種差別、貧困、経済不均衡の諸問題がキリストに従う者にとって積極的関心事とならなければならない。キリスト教宣教は贖いの面だけでなく、預言者的面も備えなければならない。世に対して神の民の一体性を表明していく必要がある。

　ローマ・カトリックの宣教学者たちはサクラメンタルな、儀式的、神秘主義的伝統精神を強調している。彼らの最も重要な関心事は教会が第2ヴァチカン公会議の決定をどのように実行していくかである。イエス・キリストの救いの究極性とともに、社会、文化、自然までもが宣教の対策になること、土着教会の建設、アジアの諸宗教との対話等が重要な課題となっている。

　福音派宣教学者は以上、WCC、カトリックの二つの流れの中で、真に聖書的宣教とは何かを自らに問いつつ、宣教学を独立した学問領域として確立しようと努力している。そして宣教学が徐々に確立されることにより、その概念や方法論が理解され、今日におけるキリスト教宣教の理解と実践がさらに進展するための有効な武器となることを期待している。

[**参考文献**]

Bavinck, J. H. *An Introduction to the Science of Missions*. Philadelphia：Presbyterian and Reformed, 1960.

Glasser, A. F. "Missiology," *Evangelical Dictionary of Theology*. Grand Rapids：Baker, 1984.

Glasser, A. F. and mcGavran, D. A. *Contemporay Theology of Mission*. Grand Rapids：Baker, 1983.

Verkuyl, J. *Contemporay Missiology*：*An Introduction*. Grand Rapids, 1978.

第 10 章　宣教の歴史

宣教学史、宣教史は末尾に掲載した文献により十分論じられており、筆者が特に付け加えるべきことはないので、下記にアウトラインのみを掲載する。興味ある方は末尾の文献を参照されたい。

I　宣教学史

A.　宗教改革者たち；Luther, Calvin, Melanchthon, Zwingli

宗教改革者たちはなぜ世界宣教に重荷を持たなかったのか、という疑問が残る。この説明はフェルカイルが以下のように説明している。

　この宣教命令（マタイ28：18—20）は使徒時代で完結したと考え、イエスの約束が現在まで、そして世の終わりまで継続するものとは受け止めなかったのである。それは宗教改革者たちの主たる関心事がヨーロッパにおける宗教改革であり、またローマ・カトリックとの政治的軍事的戦闘に多くかかずらったため、物理的資源を世界に向ける余裕がなかったためである。

B.　19世紀まで

1.　H・サラヴィア（Hadrianus Saravia 1531-1613）

ベルギー生まれの宣教師、宣教学者。後にオランダ・ライデン大学教授。デンマーク・ハレ・ミッション、英国ピューリタン、John Eliot（New Englandのインデアン伝道）へ多大な影響を与えた。

2.　デンマーク・ハレ・ミッション（Danish-Halle Mission）

ヨーロッパから最初にドイツ・ルーテル派宣教師をインドに派遣、宣教活動を推進した（1705）。

3.　ドイツ経験主義とモラビア派の宣教活動

現代ドイツ・リーベンゼラー・ミッションの源流はドイツ経験主義である。これにはJ・シュペーナー（J. Spener, 1635〜1705）（Pia Desideria『敬虔なる願望』）、フランケ（A. H. Francke, 1633〜1727）等の著作が海外宣教への方向付けを与えた。ヘルンフートの地で群れを形成したフォン・ツィンツェ

ンドルフ（N. L. von Zinzendorf, 1700～1760）の著作は世界宣教へのヴィジョンを鼓舞するものとなった。

4. W・ケアリー（William Carey）

彼の代表作、An Enquiry into the Obligations of Christians to Use Means for the Conversion of Heathen.(1792) は宗教改革者たちのテーゼに対して反対し、宣教命令は今の時代においても継続されるべき任務であると主張。

5. Johnathan Edwards（1703～1758）

大覚醒運動の推進者、彼の著作は宣教へ強い影響を与えた。

6. その他

アフリカ宣教師 David Livingstone（1813～1873 Africa）、韓国米宣教師で自給教会の設立を推進した John Nevius（Korea）、中国奥地宣教団（CIM）を設立した Hudson Taylor の働き。

3. 19、20世紀

1. オランダ

J・バーヴィンク（J. H. Bavinck, 1895～1964）

"possesio" 概念―異教的なものを神の主権により聖書的に変容させる。H・クレーマー（Hendrik Kraemer, 1888～1965）―主著書『信徒の神学』で信徒は隠された宝であることを強調した。

2. 英国

H・ヴェン（Henry Venn, UK, 1796～1873）

Rufus Anderson（US, 1796～1880）とともに「三自原則」（three self-formula）を提唱。三自運動については後述される。

R・アレン（Roland Allen, 1868～1947）

Missionary Methods: St. Pauls's or Ours?

The Spontaneous Expansion of the Church

3. 米国

Rufus Anderson　三自原則を提唱。

Donald McGavran ― Fuller, Church Growth School

第 10 章　宣教の歴史

Eugine Nida ― 聖書翻訳における dynamic equivalence「ダイナミック等価」を提唱。とは異文化間翻訳における原語の形式ではなく意味の等価変換を優先すること。この翻訳原理は第 3 世界における宣教の初期段階では意味があるが、聖書翻訳が進んだ段階では言語の正確な意味からは外れる危険性がある。

II　宣教史

A.　ニューイングランドのインデアン伝道

1) J. エリオット (John Eliot, 1604～1690) は「インデアンのカテキズム」を出版、インデアン伝道に貢献。彼に続く D. ブレイナード (David Brainard, 1718～1747) は結核を患い早世したが、そのインディアン伝道活動と日記は後生に大きな影響を与えた。彼らの生涯についての著作は宣教師になるための大きな感化を与えた。ブレイナードについては Jonathan Edwards 全集にその詳細な日記が収録されていて、読む者に霊的感動を与える。ニューイングランドの名門校ダートマス大学はインディアンの牧師養成校として設立され、現在でもインディアンの血を引く者は授業料が「ただ」だという。

J. エドワーズ（Jonathan Edwards, 1703～1758, 写真）は米国の偉大な神学者であるばかりか米国の誇る思想家。その全著作が 2 巻にまとめられ、出版されている。名門プリンストン大学学長に就任後わずか数週間後死去。ブレイナードの婚約者の父で、彼の脇にはブレイナードが眠っている。彼らの影響は宣教師となるための霊的刺激を多くの者に与えた。

B.　デンマーク・ハレ・ミッション（Danish-Halle　Mission）

1) ヨーロッパからインド南東岸トランクバールに最初のドイツ宣教師を

送る（1705年）。教理問答書、翻訳、出版、ヒンズー教研究。時代の先取り。

C. モラビア派の影響
1） Hernhutにおける世界宣教
L. von Zinzendorfのモラビア派教会による宣教のビジョン

D. プロテスタント宣教の偉大なる世紀──19世紀
1. William Carey（1761-1834）─「現代世界宣教の父」

英国バプテスト派の靴職人、信徒伝道者。ギリシャ語、ヘブル語、ラテン語を自習でマスター。彼は1792年ノッティンガム牧師会で世界宣教のアピールをしたが、牧師会は異教徒回心の業は主の業であって人間がなす業ではないとしてこれを拒否。これに対して彼は「神に大いなることを試みよ。神に大いなることを期待せよ。」("Attempt great things for God; expect great things from God!")と叫び、バプテスト宣教会を組織し、家族を伴い一人でインドに到着（1793）。彼は聖書翻訳、セランポール大学設立、言語学教授、文書出版、言語学、ヒンズー教研究、新聞・雑誌発行等、多方面の働きをし、その多彩な才能を発揮した。

2. 三自原則「自給・自治・自伝」(self-supporting, self-governing, self-propagating)

Henry Venn（London）、Rufus Anderson（USA）によって提唱。

三自原則は自立教会建設のためには大切な原則であり、問題はないように見えるが、実は教会の内向化、土着化による福音の変質、世界教会との交わりからの孤立、世界宣教への不参加等の問題が出てくる。これが中国三自愛教会に見られる。

3. John Nevius

最初中国で、次いで韓国で働いた米長老派宣教師。ニーヴィアス・メソッドは

a. 宣教師による広域個人伝道。

b. 自伝の原則。

c. 自給の原則、

　d. 組織的聖書研究の指導、

　e. 厳格な教会会規の執行、

　f. 他教団との協力、

を強調。韓国教会の急成長の影にはこのニーヴィアスの方法があったと言われる。

4. Hudson Taylor の China Inland Mission（中国奥地伝道団）

　英国宣教師で 1853 年中国到着。超教派宣教、簡易信条を旨とし、宣教師は最低の教育で可とした。宣教の決断は現地主義、宣教師は中国服を着用、広範な宣教に特色があった。創立 30 年後世界から 641 名の宣教師を擁し、世界最大の宣教団体となる。第 2 次大戦後中国大陸を引き揚げ、OMF と名前を変えた。戦後日本で宣教活動を開始した OMF、TEAM、リーベンゼラ・ミッション等はすべてテーラーのこの CIM に源流がある。

E. 日本における宣教

1. ザビエルの宣教とキリシタン大名

　1563 年大村純忠最初のキリシタン大名となる。その後小西行長、大友宗麟、高山右近、有馬晴信等の大名が続く。1600 年頃までに 30 万人が信徒。ヴァリニアーノの貢献大なるものがあった。

2. ロシア正教

　ニコライは 1861 年函館に宣教師として来日。1868 年最初の信者沢辺琢磨が誕生。最初の数年で 3 万人の信者を得た。信徒の動員と日本人伝道者の登用により成功。『ニコライの日記』が岩波文庫、岩波新書より出ている。

F. 世界宣教会議

1. 1910 年エディンバラ会議、1928 年エルサレム会議、1947 年ホイットビー会議、1952 年ウイリンゲン会議、1957 年ガーナ会議。

　西欧の教会と若い教会との関係；従順における共同関係（partnership）、か

ら相互依存関係（inter-dependency）へ

G. 福音派世界伝道会議
1. ベルリン（1966年）、ローザンヌ（1974年）、パッタヤ（1980年）、アムステルダム伝道者会議（1983年）、ローザンヌⅡマニラ会議（1989年）、ケープタウン会議（2011年）。

福音派は徐々に伝道と社会的責任を認識し、信仰の実証的証しを自覚してきた。

［参考文献］
R. Pierce Beaver, "The History of Mission Starategy", in *Perspectives of the World Christian Movement: A Reader*. 3rd ed. ed. by Ralph D. Winter and Steven C. Hawthorne (Pasadena: Wm Carey Libray, 1999), pp. 241-252.
　邦訳『世界宣教の展望』倉沢正則、日置善一訳（部分訳）、いのちのことば社, 2003, pp. 140-160.

F. L. Cross, ed. *The Oxford Dictionary of the Christian Church* (Oxford: Oxford Univ. Press, 1974).

Jonathan Edwards, *The Works of Jonathan Edwards*, 2 vols. (Peabody, MA: Hendrickson, 2000).

中村敏『世界宣教の歴史』（いのちのことば社, 2006年）。

Stephen Neill, *A History of Christian Missions* (New York: Penguin Book, 1979).

Johannes Verkuyl, *Comtemporary Missiology: An Introduction* (Grand Rapids: Eerdmans, 1979), pp. 18-88.

第11章　宣教の聖書神学（II）

I　旧約と宣教

A.　旧約と宣教

　宣教とは「神の宣教」（Missio Dei）、つまり人間がなす業であるというよりは、神が主導され、神がなされる業である。このように理解すると、宣教は旧約の初めから登場する。神は創造の当初から世界を視野に入れておられる（創世記1：1）。神はアブラハムと契約を結び、その地上のすべての民俗からその民を無数に増やすと約束された（創世記12：1―3；22：17）。この契約は神の民の歴史において「神の波状的動き」（God's wave movement）となって現れている。これが預言書にしばしば終末預言の中で啓示されている（例：イザヤ書2：1―4）。こうして宣教はパウロが叫ぶように、「すべてのことが神から発し、神によって成り、神に至る」（ローマ11：36）のである。つまり神の宣教とはただ単に実践論であるというよりは、神学なのである。神の業をなすときに、その実践と神学において神の生き生きとした臨在が現れる。そしてこれは神をたたえる頌栄につながる。旧約のメッセージの要約はⅠペテロ2：9「あなたがたは、選ばれた種族、王である祭司、聖なる国民、神の所有とされた民です。それは、あなたがたを、やみの中から、ご自分の驚くべき光の中に招いてくださった方のすばらしいみわざを、あなたがたが宣べ伝えるためなのです」に良く現されている。旧約においては神の契約の民、残りの民、新約においては霊のイスラエルである。この霊のイスラエルが新天新地で神をたたえ、礼拝するのが宣教の完成である（黙示録5：1―14；21：23―26）。

　神の宣教はそのみことばの広がりを意味する。みことばは力であり、未来における約束ですら力がある。それは確実に実現するからである。神の約束は現実であり、成就でもある（イザヤ書42：9；黙示録4：1）。それは独善的な方法によってではなく、神の知恵によって成就するからである（ローマ11：33）。この世の知恵は神の計画を実行するには無力である。常に神が先に立つ

て事を行われる。神はノアを召し、箱舟を造らせ、洪水から一族を守り、契約を与えられた。またアブラハムを召し、契約を与えられた。神は天よりの階段から降りてきて、ヤコブの上に立たれ（[He]alaiu「彼の上に」）（創世記28：13; 35：13）、契約を与えられた。これは階段状のジグラットから降りてきて、また上られたことを意味する。日本で想像するような梯子ではない。バベルの塔はこれとは逆の立場である。人間が主導性を持ち、そこに神は降りてきた（創世記11：1—9）。これに反してヤコブの場合は神が主導性を持って現れ、救いを与えられた。

モーセの場合、神が主導性をもってモーセを召した。神ご自身が決心をされ、宣言されたことが出エジプトの真の動因である（出エジプト記3：10）。神がご自分の民イスラエルを選び、愛され、聖なる民とされたのも神の一方的なみこころのゆえである（申命記7：6—8）。神はイスラエルを選びの民にふさわしいから選ばれたのではなく、むしろそれにふさわしくないから選ばれたのである（Ⅰコリント1：26）。神の愛は実に不合理なのである。神はこうしてイスラエルを契約の民とし、約束の地エルサレムに定住させ、やがて異邦諸国もエルサレムを目指して上ってくる（イザヤ書2：2—4）。

教会も同様に神の奉仕のため、神の所有とされるために召されている。これが教会の特権である。神が私たちを愛されたゆえに、神が私たちを愛された。ここに特権と奉仕が同時に含まれている。しかし神の主権と人間の責任は同じレベルにはない。神は超越的であり、最終目的だけでなく、第二原因をも支配され、その目的を成就される。

では神はご自身の宣教をどのように達成されるのか。これは旧約の贖罪史へと導く。旧約史は事実宣教そのものである。神のアダムに対する約束それ自体が宣教である。神はアブラハムを召し、特権だけでなく奉仕の使命を与えられた。アブラハムを通して諸国は祝福される。ヨセフは贖罪史の大きな進展となったが、パロにとっても祝福となった。諸国への祝福は神がイスラエルをエジプトから脱出させたことにより神の御名は拡大した。神はイスラエルの民が紅海の前で消え去ることなく、その水を二つに分け、民を通らせ、再び海を閉じ、エジプトの戦車を滅亡させた。それにより神の御名は拡大し

た。カナン入国においてもその先住民を滅ぼし、その御名を拡大すると約束され、その通りにされた。ダビデ、ソロモンは神殿を計画し、完成した（I列王記8）。それにより神の御名が諸国において拡大し、諸国は神の御名を求めた。ソロモンの知恵は地上のすべての知恵に優り、諸国の王を引き寄せた（I列王記4：29—34）。神の知恵である箴言は神殿完成とともに確立した。シバの女王はこのことに関連する。この知恵に神の栄光が現れた。こうして諸国の民の動きは波状的にエルサレムを中心として求心的に向かった。詩篇の都上りの歌（詩篇120—134）はエルサレムを中心として神の民を集める歌である。

ソロモン以後王国は分裂し、神の宮はやがて異教徒によって破壊された。祝福と呪いがソロモンには混在する。物質的栄華は極めたが、その後破壊が待っていた。主の御名は呪いを通して現れなければならない。ローマ9—11章はこの事実の解釈である。イスラエルは不信仰で反逆した。ではアブラハムの契約はどうなったのか。神はイスラエルをさばくことにより、逆に異邦人を祝福した。イスラエルの捕囚は諸国の祝福となった。イスラエルの敵シリヤの将軍ナアマンはなぜ癒されたのか。イスラエルを引き続きさばくためである。

神はヨナに、イスラエルの敵アッシリヤの首都ニネベに行くよう命じられたが、彼はこれを拒んだ。ニネベは滅ぼされなければならない。むしろおぼれて死んだ方がましだと考えた。だが神のご計画はニネベが悔い改め、祝福することであった。そして北王国はアッシリヤによって滅ぼされることになる。

ではアッシリヤはどうなるのか。それはイスラエルを切り倒す斧（イザヤ書10：15）。しかしそのアッシリヤもイスラエルを祝福するためにさばきを受ける。こうしてイスラエルの祝福が異邦人の祝福となる。そして最後審判の後、イスラエルの祝福が異邦人を引き寄せる。イスラエルの残りの者と異邦人の残りの者が最終的に集められる（イザヤ書19：19—25）。エジプトにもアッシリヤにも祝福は広がる。異教徒の残りの者は招き入れられる（イザヤ書56：6、エレミヤ書48：47）。ヨナのパターンは偶発的なものではなく、そ

の全構造が救済史のパターンに沿うものである。やがて世界的な視野で神の栄光は広がるのである。

　ではなぜこうした祝福が必要なのか。2つの理由がある。(1) 神ご自身が贖い主となるためである。それは神の民が絶望し、神のみが救うことが出来るということが明らかになるため。これがエゼキエル書37章の枯骨の幻に現れている。枯骨にいのちの息を吹き込むことの出来るお方は神のみである。(2) 民を回復するという約束は非常に偉大で、神のみが実現できることが明らかになるためである。イザヤはメシアの到来を描いている。第二の出エジプトが預言されている (40：9—11)。しもべはイスラエルだけではない (イザヤ書41：8)。主ご自身がしもべとなって到来する (イザヤ書42：1; 53：11)。油注がれた主のしもべが栄光の中に到来する (イザヤ書61：1)。それは異邦人を照らす光 (イザヤ書49：6; 60：1—2)。シメオンはイエスをこれであると特定した (ルカ2：32)。幼子は諸国とイスラエルの栄光。神の栄光が到来する。その日エルサレムの倒れた者ダビデ王のようになる (ゼカリヤ書12：8)。メシア神が到来する。さばきが最初に来て後に最終的祝福が来る。これこそ終末論における論理的帰結である。[1]

II　新約と宣教

A.　新約の宣教

　キリストは教会の宣教的共同体においてご自身を啓示された。教会は集めるもの (gatherer) として、また (2) 集められたもの (gathered) として、存在する。

1.　集めるものとしての教会 (Church as the Gatherer)
a. 集めるお方キリスト

　キリストは栄光の主としてこの世に来られた。宣教の使命をもたれたキリ

---
(1) Edmund P. Clowney, *Theology of Mission* 講義録。(1980)

ストはイスラエルの残りの民である小さな群れ（ルカ12：32）を集められた。御国の宴会は用意された（マタイ22：4;ルカ14：16）。「その時盲人の目は開かれ、耳しいた者の耳はあけられる」（イザヤ書35：5）という預言はイエスの宣教によって成就した（マタイ13：16;ルカ7：22）。主はご自身をイザヤのメシア像として表現された。メシアの来臨は御国の回復とさばきと関係した。御国は来たのにさばきは来ていない。ここに「すでに」(already) と「未だ」(not yet) の終末論的概念が出てくる。

　イエスはまた散らされた群れを再び一つに集められた（マタイ12：30;ルカ11：23）。同様に教会も散らされた主の民を集める。同様にクリスチャンホームも集める。もしそうしなければ、クリスチャンホームは子どもと隣人を散らしてしまう。人を取る漁師（ルカ5：10—11）とは集める者である。主は弟子集団を形成された。それが教会となった。マタイ16：18「わたしはこの岩の上にわたしの教会を建てます。」とマタイ28：19「あなたがたは行って、あらゆる国の人々を弟子としなさい。」の２つは別個のものと解釈されているが、両者は密接につながっている。教会建設と弟子化は一体なのである。教会は集める教会であり、私たちは集める者として召された。それゆえに御国も集める御国なのである。イエスの父上も集めるお方である。その無限の神の愛の栄光によって人を集める。御国の支配者は父上であり、御国の印はあわれみである。慈しみの愛は良きサマリヤ人に現れている。イエスは神がいかなる方であるかを啓示している。父上はその良きサマリヤ人に現れている。慈しみの愛、求められずになす愛をそこに示している。イエスはこのためにこの世に来られた。

　この愛は放蕩息子の父（ルカ15：22—24）にも現れている。御国の法則がこの慈しみ、あわれみである。息子は歓迎されるに全く相応しくない。にもかかわらず受け入れられた。中心は失われた者を見出す喜びである。息子を見出した父の喜びはあふれるばかりである。仏教の法華経、信解品第四、「意向」にも「放蕩息子」(2)の例え話があるが、この場合放蕩息子を見出した父は卑しい仕事を修練として命じる。だが聖書の放蕩息子は失われた者を

(2) 坂本幸男、岩本裕訳注『法華教』（上）（岩波文庫, 1981), pp.223-264.

見出す喜びが中心である。法華教とは対照的に聖書はただ一方的な恵みを強調している。

2. 聖霊の働き

新約を通じて聖霊の証しは一貫して流れる。イエスは御霊が流れ出ることを語った（ヨハ4：14; 7：38）。御霊は証しの御霊である。御霊の実は使徒の働きを通じて見られる。父が宣教の父であり、キリストは父の中心であり、聖霊も宣教の御霊である。ここにみことばの宣教的教えがある。

III 集められたものとしての教会 (Church as the Gathered)

旧約において神の栄光は神の家に現された。すべての民が神の家における祭を祝うために集まってくる。このイメージは新約においても流れている。ヘブル12：18―22では天のエルサレムの大祝会に近づいている。旧約の祭の集会は新約の天の祝会に表現されている。旧約の三大祭は過越祭、ペンテコステ、仮庵祭である。新約の伝道はこの祭の栄光を現す伝道である（Iペテロ2:9）。教会は御国の栄光を地上で示すのである。それが御霊の共同体、神の新しい民であり、この民は一つの民となって賛美を表現する。宣教はこの世に出ていくものではあっても、この求心的（centripetal）イメージは見逃されてはならない。神の民は天において一つの神の家族であり、それは教会である。そこに神の栄光は現れる。この共同体は証しをするばかりではなく、すべての民を引きつける。私たちはキリスト民族である。

神の民は旧約においてはエルサレムを中心として求心的であった。新約においては神の民はエルサレムから世界に向かって出て行き、遠心的であった。しかし終末においては天のエルサレムに向かって一つに集められる。こうして地上の教会は民を集める聖なる共同体であり、神、御子、聖霊が所有者なる共同体である。現代の宣教論、教会論に全く欠落しているのがこの点で

ある。教会は聖なること、一致は失われ、分裂し世俗化に汚染されている。[3]

Ⅳ 神の国と宣教

A. 旧約と神の国

1) 神はその王であることにおいて主権的である。義と公正によって個人と国家を支配する。神のきよさ、さばき、忍耐、あわれみがご自身の民への愛の配慮によって施される。

2) 神の主権的支配は個人の献身を求める。ご自身の民は正義、慈しみ、謙遜を現す。その忠誠に不注意である者は悲しみを経験する。

3) 神の民はしもべとしての共同体を形成する -- 家族、民、国家。神は人種差別、国家主義、侵略戦争に反対される。また社会正義に関心を持つ。

4) 神の主権的支配はご自分の民によって、異邦の民、見えざる権力によって激しく抵抗を受ける。だが神は決して悪に敗れることはない。

5) 神の主権的支配は常に未来に向けられる。預言者は主の日を預言した。主は希望の神、勝利の神、救いの神である。[4]

B. 新約と神の国

1. イエスと神の国

イエスは御国の到来を宣言された（ルカ4：18-21）。主は飢えた者を満たし、病人、盲人を癒した。これはイザヤ（35：5, 6）のメシアの実現である。イエスの御国はローマ政府の転覆ではなく、道徳的、霊的再生である。それは民の期待と全く異なるものであった。イエスの神の国は（1）隠された宝のように地上の栄光はなかった。（2）その形態も隠されていた。悔い改めと信仰によって御国に入る者には喜びと天国の前味を体験させた。（3）神の

---

[3] Clowney, *Theology of Mission*, Ibid.
[4] Arthur F. Glasser and Donald A. McGavran, *Contemporary Theologies of Mission* (Grand Rapids: Baker, 1983), pp. 35-36.

国に入る唯一の正当な反応はキリストの支配に委ね、新しい価値観と奉仕の様式を身につけることである。それは悔い改め、信仰、服従である。イエスは御国の現在性（マタイ13章）と未来の完成を語られた。イエスの教えの特徴は十字架の愚かさである。この愚かさは主の復活の勝利によって弟子たちにその真理が明らかにされた。復活によって教会は誕生した。

2. 使徒の教えと神の国

　イエスの昇天はキリストの天における支配の始まりであった（ピリピ2：8―11）。その最初の王としての行為は聖霊を送り、教会を創造することであった。聖霊降臨によって一つのからだとされ、多言語による主の賛美は終末の御国を予告するものであった。これはバベルの塔の逆転であった。こうして教会の終末的召命は開始された。今や異邦人は神の贖いのご計画に入れられた（エペソ3：10）。こうして信じる教会はユダヤ人に拒絶され、教会はシナゴーグと分離独立していった。イスラエルの頑なさが異邦人宣教の道を開いた。だがユダヤ人もやがて神に帰って来る（ローマ11：28―29「彼らは、福音によれば、あなたがたのゆえに、神に敵対している者ですが、選びによれば、先祖たちのゆえに、愛されている者なのです。神の賜物と召命とは変わることがありません。」）。

　ペンテコステの聖霊降臨はイエスと同じ御国のしるしを伴った。ペテロの権威ある説教、罪の赦し（使徒2：38）、病人の癒し（同3：1―11）、権力者に対する勝利（同4―5）、受洗と交わり、聖餐（同2：37―37）に現れた。

V 新約と神の国

1) 神は王であることにおいて主権的である。それはイエスは主であると告白することによって現れ、聖霊の力によって働く。
2) 神の主権的支配は個人的服従を要求する。再生された心によって。悔い改めと信仰による回心によりキリストが王座にいますようになる。クリスチャンはキリストのようになる。

第 11 章　宣教の聖書神学（Ⅱ）

3）神の民はしもべとしての共同体を形成する。教会は神の支配に委ね、愛と謙遜による互いに仕え合う共同体を形成する。教会は神の国ではないが、神の創造によるのもであり、神のものであり、キリストのからだである。それは御国への人間の側の応答を現すものである。

4）神の主権的支配はご自分の民、異邦の国家、見えざる権力によって激しく抵抗された。歴史上の教会は栄光と悲惨の混合である。それゆえキリスト者は社会において預言者、改革者としての使命を果たさなければならない。弱者の弁護者、悲惨、抑圧と闘う者、また内にあっては高慢、ねたみ、貪欲、情欲、自己義認と闘う者でなければならない。

5）神の主権的支配は常に未来に向けられる。主の再臨の日まで苦難と戦いがある。宣教師はこれを自覚している。そしてこの宣教のわざと教会は主の日に完成する。神はご自分の民を諸国から召し出され、宣教の目的は最終的に実現する。[5]

---

(5) Ibid., pp. 36-46.

第12章　教会成長論

I　マックギャブランの教会成長論

　教会成長に関して言えば、教会の成長と霊性は必ずしも一致しない。みことばと祈りを中心とした御霊に満ちた、霊性が高い教会は概して成長すると言える。しかし心理学的・経営学的手法等の人間的な要素で成長している世俗的教会もある。反対に霊性の高い教会でも岩地のような場所で伝道する教会は成長することは出来ない。福音宣教が高い障壁によって阻まれているからだ。マックギャブラン（Donald A. McGavran, 1897～1990）の問もここから出発している。「なぜ教会は成長しないのか。」

　マックギャブラン理論は1970年代日本においてもその導入時には、セミナー等で多くの教会成長に悩む牧師たちを集めた。と同時に自分たちの現状に照らし合わせ、これが日本で果たして通用するのかという疑問が起き、一度は飛びついて見たものの多くの牧師たちはこれから離れて行った。一気に熱が上がり、一気に熱が冷めたのである。以来40年、一般におけるマグギャブランの教会成長論は話題に上ることもなくなった。しかしこれとは別に、日本で成長する教会の牧師を選択的に集めて研修させる「教会成長研修所」は別の形で継続し続け、参加者たちは世界で成長する教会を見学し、それを日本で取り入れようと試みている。

　一方本家フラー神学校では90年代からパワー・エンカウンター、カリスマ派教会の成長が中心となり、日本のフラー神学校卒業生に言わせれば「フラーはカリスマはに席巻されてしまった。」これに嫌気がさした、米国で最も優れた文化人類学者ポール・ヒーバートは90年代にトリニティ神学校に移ってしまった。現在日本におけるマックギャブラン理論の人気は消えた。とは言うものの米国フラーにおいては世界から宣教師、牧師を集め、博士号を授与し続けており（*International Bulletin of Missionary Research* の毎号巻末に掲載）、その成長理論は依然として意味があると言える。重要書 *Understanding Church Growth* は韓国語では翻訳されているが、日本では未だに翻訳されて

いないままである。それゆえにその出発とたどってきた道を振り返ることは決して意味のないことではない。

A. 教会成長の父、ドナルド・マックギャブラン (Donald McGavran)

ドナルド・マックギャブランは宣教師の父の子としてインドで生まれた。1923年インドへ、ディサイプル派の宣教師として赴任。54年まで31年間インドで奉仕をした。しかしこの間奉仕した教会は成長せず失望のうちに帰国。後、なぜ教会は成長しなかったのかを研究し、『神の橋』(Bridges of God) (1955)、次ぎに『教会成長論』(Understanding Chruch Grouth) (1970)を著し、その理論構築をし、これがやがてフラー神学校・教会成長研修所、そして世界宣教大学院となり、大きく成長、発展させた。イェール大でPh.D取得。彼の下には Alan Tippett, Arthur Glasser, Ralph Winter, Peter Wagner, Charles Kraft 等が集まり、フラー神学校は世界宣教研究の中心として、世界から宣教師、学者を集めてきた。しかしその一方、その宣教理論に対してメノナイト派の John Howard Yoder, Howard Snyder, ラテン・アメリカの宣教学者 Orlando Costas, René Padilla、元日本宣教師 Robertson McQuilkin 等は「教会成長論は聖書的か？」と鋭い批判を投げかけた。レネ・パディアは「教会成長論は自動車生産ラインのように教会を生産しようとするのものだ」と批判した。

B. マックギャブランの教会成長理論

1. 教会成長は神が望んでおられ、それを可能としてくださる（マタイ9：37—38）。

教会が成長しないのは病んでいる証拠である。御霊に溢れた霊的で健全な教会は成長するのである。マックギャブランの主張したこの点は教会に属する者誰もが重視しなければならない点である。

（「収穫は多いが、働き手が少ない。だから、収穫の主に、収穫のために働き手を送ってくださるように祈りなさい。」9：37—38）

2. 人は回心へと導かなければならない（使徒 20：21）。

福音は単なる宣言で終わってはならない。回心という結果をもたらさなければならない。正にその通りである。回心を曖昧にすれば福音は変質する。

（「ユダヤ人にもギリシヤ人にも、神に対する悔い改めと、私たちの主イエスに対する信仰とをはっきりと主張した」20：21）

3. 伝道のための体勢作りをせよ -- 内向化に気をつけよ。

1955 年彼は Bridges of God を出版。その中で議論の多い discipling（弟子化 mission）と perfecting（聖化、養い nurture）の二区分をした。「クラス I 行動」とは日曜礼拝と毎週のプログラム、教会設備だけに専念すること。すると教会は内向化する。そうではなく救霊のために外に出て行く行動に力を入れなければならない。これを「クラス II 行動」と呼んだ。

4. 伝道のための訓練の必要性。

初期の弟子たちはキリストの伝道学校で伝道のための訓練を受けた。弟子たちは伝道のためのノウハウを体得したのである。ペンテコステで聖霊が下り、伝道の火がつき、心から心、都市から村へ、またサマリヤ人まで福音は広がっていった。彼らは既に伝道のための訓練を受けていたのである。

5. 「獲得できる民」（Winnable People）に集中せよ。

（1）現状に不満を感じている民が多いこと、（2）軍事的、経済的ストレスの下に置かれ動揺している民が多い時、伝道は進展する。「獲得できる時に、獲得できる民を獲得する」という原則。これと選びの教理を結びつける。パウロも異邦人の神を恐れる者たちを中心に伝道をした（使徒 13：46）。

6. 「均質性の原理」（Homogeneous Unit Principle）―文化的区別は悪か？

「教会は民族的、言語的、政治的、地理的、経済的、社会的区分の線に沿って伝道する時に最も成長する。」これを彼は均質性の原理と呼んだ。会衆が混合状態になるとその成長は遅くなる可能性が強い。

7. 「民の運動」（People Movement）

聖霊によって伝道が開かれる時に、民が一人一人回心に導かれるのではなく、社会全体、部族全体が回心する。これは「集団回心というより、連続

する複数個人の相互依存的回心」である。

C. マックギャブラン理論への批判
　彼の理論は伝道が進展しない日本のような国にとっての伝道について一つのヒントとなり得る。だが問題点も多い。

　1.　彼の理論はフィールドの観察、社会学的研究から神学的原則を抽出している。聖書からではないことが問題。教会成長は人間の知恵ではなく、聖霊の力による御国の成長である。

　2.　「獲得できる民」
　パウロはいつもフィールドを調査して、伝道をしたわけではない。ある時には成功し、ある時には成功しなかった。獲得できる民は神の選びの民と同一ではない。神の隠された選びの民がいる。またイスラム伝道、日本の地方伝道のように、教会成長が見られない、岩のような地で伝道する必要性もある。

　3.　「均質性の原理」
　この原則は聖書の原理というより社会学的原則。聖書の理念から言えば、教会の中に文化的区別の線を残すことは「隔ての壁」（エペソ2：14）を作ること。十字架はこれを「廃棄された」（エペソ2:15-16）。悔い改め（metanoia）がこれを可能とする。もし教会内に社会的・民族的な壁を残すときに、悪魔的側面を温存させることになる。またこの原理は人種差別に結びつくものとなる。インドのカースト制度も階級差別の一つで、インドではこの線に沿って出来ている教会がある。

　「民族グループ」を強調する教会成長論を修正して、P・ワーグナーは各民族のセルの集合体による教会建設を主張した（*Our Kind of People*）。これでも聖書的な混合体にはならない。これに対してH・コンは「契約民族」(covenant ethnos) を提唱する。民族の線によって成長するのではなく、契約の民の線に沿って成長することを意味する。これは時に家族の場合もあり、異質の場合もある。民族は必ずしも統一原理とはならない。こちらの方がより聖書的であると言える。

4.「民の運動」

集団回心はしばしば後の時代、跡形もなくなるケースが良く見られる。また日本のように「卒業信者」も多い。民の運動はキリストの贖われた民の増加になっていないのが実状である。

5. 弟子化・聖化の二分論、クラスⅠ・Ⅱ行動の二分論の問題。

これは教会・宣教の二分論、文化命令(創世記1:28「生めよ。ふえよ。地を満たせ。地を従えよ。海の魚、空の鳥、地をはうすべての生き物を支配せよ。」)・宣教命令(マタイ28:18-20)の二分論の正当性の問題に行き着く。両者の二分化は本来的にありえず、聖書的には本体一体のものである。弟子化とともに聖化も必要、クラスⅠ・Ⅱ行動は両者とも必要、教会と宣教は本来的に一体、文化命令は宣教命令において完成する。どちらか一方に偏るときに教会は聖書的教会から逸脱する。

また同様にマックギャブランは「収穫伝道・探索伝道」の区分をし、彼の後継者、P・ワーグナー(Charles Peter Wagne, 1930~)は「説得伝道・宣言伝道」の区分をなしているが、単なる福音の宣言だけでは目的を果たさないことは事実。回心経験だけではなく、回心した状態にまで導くことが重要である(J. I. Packer)。

[参考文献]

Conn, Harvie M. ed. *Theological Perspectives on Church Growth*. Nutley: Presbyterian and Reformed., 1976.

DeRidder, Richard B. *Discipling the Nations*. Grand Rapids: Baker, 1979.

McGavran, Donald A. *The Bridges of God*. New York: Griendship Press, 1955.

_____ *Understanding Chruch Grouth*. Grand Rapids: Eerdmans, 1970.

McQuilkin, J. Robertson. *How Biblical is the Church Growth Movement?* Chicago: Moody Press, 1973.

Shenk, Wolbert R, ed. *The Challenge of Church Growth*. Elkhart: Institute of Mennonite Studies, 1973.

Wagner, C. Peter. ed. *Church/Mission Tension Today*. Chicago: Moody Press, 1971.

　　　Our Kind of People. Richmond: John Knox Press, 1979.

II　力の伝道

A.「力の伝道」

　1982-85 年フラー神学校 世界宣教学部、MC510 のコースから始まった力の伝道は C. Peter Wagner、John Wimber（1934 〜 1997）らによって世界的に有名になった。ここから 1988 年 12 月 13 〜 15 日、同じフラー神学校で「学問的シンポジウム：力の伝道」が開かれた。これには米国、カナダから 40 名のペンテコステ派、カリスマ派の学者が集まり、論文集が *Wrestling with Dark Angels*（Ventura, CA: Regal Books, 1990）と題して出版されている。しかしこの運動から後に去る者も出てきた。

　John Wimber は元々は音楽家であったが、1963 年回心してからは伝道者としての召命を受け、この伝道を開始した。彼は 1982 年ヴィンヤード・グループを組織し、「癒しと奇蹟」の運動を展開した。1993 年聖霊の特別な傾注であるとするヴィンヤード・グループの「トロント・ブレッシング」に関係したが、後にこれとは分かれた。彼自身は転倒し頭を打ち、多重脳損傷で、何ら奇跡を起こすことなく 1997 年に死亡している。

1. 定義

　「力の伝道とは筋道だった福音の提示であり、かつ理屈を越えた福音の提示でもある（理屈に反するわけではない）。すなわち、しるしと不思議を通して神の力が実証されることによって、福音（十字架上でキリストのみわざが完成したということ）が説明される。力の伝道は、予めの伝道の方法を決めておくのではなく、状況に応じて導かれる聖霊の導きに従っていく中で、神の力を体験することによってなされる福音の提示である。力の伝道は、神の存在が超自然的に顕示されることによる伝道である。そして力の伝道は、しばし

ば大勢の人たちを一度に救いに導く。」（ジョン・ウィンバー「力の伝道」マルコーシュパブリケーション、2001：95）

2. 背景

a. 西欧合理主義の破綻 ── この運動の背景には西欧キリスト教の衰退とその背後における合理主義と西欧神学の行き詰まり、破綻がある。科学や論理を越える超自然的なものがに人々が憧れを持つようになってきたことがその原因である。

b. 無力なキリスト教 ── 西欧のキリスト教はカトリックは礼典中心であり、自由主義は信仰ないまま形骸化し、福音派も本来持つべき聖霊による力を発揮していない。こうした中でしるしと不思議が伴う力ある伝道が一躍脚光を浴びることになった。

ウィンバー自身は「癒しと奇蹟」運動を自分自身の体験から始めたが、この運動が拡大するとともに、彼はフラー神学校に招かれた。そこでワーグナー等の宣教学者との交流、共同講義MC510のコースの中で第三世界で奉仕してきた帰国宣教師の報告を通して第三世界における「癒しと奇蹟」の活動を通して、自分自身の体験と相まって、1988年の同校におけるシンポの実現となった。

3. 特徴

この運動の特徴は以下の3つである。1)「しるしと不思議」、2)「知識のことば」、3) 悪霊との対決。

a.「しるしと不思議」とは現代においても聖霊の力によって主イエスの時代の伝道のように、しるしと奇蹟が頻繁に起きることを意味する。

b.「知識のことば」、これは聖霊が超自然的に与えてくださる知識のことで、これにより伝道が急進展すること。ウィンバーはこうした体験を幾つか挙げている。

c. 悪霊との対決、これは「力の対決」、パワー・エンカウンターとも呼ばれ、主イエスの霊的力は悪霊に憑かれた人との霊的対決により勝利し、悪霊を追い出し、その人を解放することが出来るというものである。悪霊追い出しについては別途「地域を支配する霊」の項目を別に設けて後で議論する。

B. 「力の伝道」の評価
これには積極面と消極面の両面が見られる。

1. 積極的評価
a. 宣教における聖霊の働きの重要性の強調

力を失った教会における聖霊の力を強調したこと。これは聖書的原理でもある。

b. 西欧的価値観の問題

彼は力の伝道台頭の背景には西欧的価値観の問題を取り挙げ、その中で世俗主義、ヒューマニズム、唯物論、合理主義の4つを挙げている（ウィンバー：168—173）。これらは確かにその通りであり、正にキリスト教の衰退の原因とともに宗教多元主義の台頭の原因ともなっている。

c. キリスト者の霊の闘いの強調

ウィンバーは神の国とサタンの王国の対立を挙げているが、これは聖書的でもある。彼はフラー神学校に講師として加えられたときに神の国についての書物を勧められ、特にG・E・ラッドの「新約聖書神学」から多く学んだと言っている（ウィンバー：29—33, 104）。

2. 問題点
a.「しるしと不思議」

1）ウィンバーはしるしと不思議を神の国のしるしとするが、パウロは神の国は「義と平和と聖霊による喜び」（ローマ14：17）であると語り、また別の所では「神の国はことばではなく、力にあるのです」（Ⅰコリント4：20）という。この場合力とは奇跡を行う力ではなく、「ことば」による高慢とは対照的な弱さの中に現れる神の力のことである（Gordon Fee, *The First Corinthians*, NICONT：191—192）。これらの箇所はしるしと不思議とは全く関係がない。ウィンバーのしるしと不思議は特にパウロ書簡における神の国（Ⅰコリント6：10; 15：50; ガラテヤ5：21; コロサイ4：11; 2テサロニケ1：5）とは

全く相容れない。

　2）ウィンバーはしるしと不思議が極日常的に起きているかのような書きぶりをするが、これは事実であるか。歯が生えてきた、死にそうになっていた人が生き返った、姦淫という字が顔に見える、ヴィンヤードの礼拝では約２割の人が癒しを体験しているという（ウィンバー：114）。これらが神の国のしるしであるとするなら、彼のキリスト教はカルトそのものであると言わざるを得ない。彼は転倒し頭を打ち、多重脳損傷で、1997年に死亡しているが、なぜしるしを行う神は奇跡は起こさなかったのか。

　b.「知識のことば」「預言の賜物」

　ウィンバーの言う「知識のことば」とは飛行機内である人を見ていたら姦淫という字が見えたというようなことである。「預言の賜物」とは「神がキリストのからだなる教会のあるメンバーに与えられている特別の能力である。その目的は、特定の時、状況において、神がご自分の民に直接語ろうとなさるメッセージを受け取り、伝えることであり、方法は、神によって油注がれた言葉によってなされる。……預言が神から与えられる現在の啓示である」（ワーグナー：126）。ワーグナーは預言と聖書と同一視はしていない。聖書には誤りがなく、預言には誤りがあるという。しかし「預言は神の啓示である」という限り聖書に限りなく近づく。つまり「預言は誤りはあるが神の啓示である」というのは自己矛盾である。神の啓示には誤りがないのだから。神には誤ることがあるだろうか。ここにワーグナーの矛盾がある。

　さらに、ワーグナーが預言は誤ることがあると主張するが、「もし預言が実現しないなら、その預言者を恐れてはならない」（申命記18：22）、つまり偽預言者であるという聖書の教えに耳を傾けなければならない。

　私たちはワーグナーの「預言は神の啓示である」という主張を根拠に、預言は現在における直接啓示の延長であると結論を下さざるを得ない。

　c. 力の伝道の正典論、聖書論

　カリスマ派全般に言えることであるが、最も問題となるのは聖書の正典論である。もし、預言、奇蹟、異言、悪霊追い出しと言った初代教会に見ら

れる現象が現在まで継続しているとするなら、特殊啓示である聖書正典の完結性が崩壊し、聖書啓示に新たに特殊啓示を追加することになる。これは「不定継続説」(Open but Cautious)（聖書の異言は終結はしていないが、現在行われているいわゆる「異言」は聖書における異言であるかどうかは疑問であるという説。福音派諸教会の多くが取る立場。トリニティ、タルボット、保守バプテスト神学校等）も、程度の問題はあるものの同様の問題に直面する。

　これは聖書の権威を相対化することであり、正典論の否定である。「これに追加してはならない」（申命記12：32; 黙示録22：19）というみことばに違反するからである。特殊啓示としての聖書の文書化は初代教会で完結して、現在のような形になったのである（R. Gaffin in Grudem, 1996：44—47）。その一方で奇蹟は現在でも存在するが、これは聖書の延長ではなく、現代における神の超自然的介入としての聖霊の働きであって、聖書の奇蹟の継続とは言えない。奇蹟は時に起きるが、いつも起きるわけではない。

d. サタンや悪霊との闘い

　力の伝道は悪魔との闘いを目に見えるその場での対決として見ているが、これは余りにも一面的、単純化しすぎている。パウロはエペソ書6章で、サタンとの戦いについては、「神の武具を身に付けなさい」と命じている（11—17節）。これらは「真理の帯、正義の胸当て、足には平和の福音、信仰の大盾、救いのかぶと、御霊の剣である神のことば」である。これらサタンの戦略は欺瞞、巧妙、欺き、すり替えと言った手段を用いて、人間の知性を暗ませ、真理を見えなくさせている。それゆえにクリスチャンの取るべきこれらの武具は真理の戦い、知性を中心としたものであり、単に魔術的な対決とは異なる。力の伝道はサタンとの戦いを余りにも単純化しすぎていることが問題である。現代の世界においてはサタンの戦略は真理が見えないようにする騙しと欺きこそその中心であると言えよう。

e.「地域を支配している悪霊」

　これについては特別に以下の項目を設けて論じることにする。これに関する聖書的根拠は薄い、というよりは、ない。

C. 地域を支配する霊

　John Wimber の「力の伝道」の特徴の一つに悪霊追い出し式伝道がある。これには 1) アジア、アフリカ、中南米諸国で宣教活動をしてきた宣教師たちの帰国報告、2) 同地域の伝道者たちによる米国での報告、3) フラー神学校宣教学者たち、特に P・ワーグナーによる宣伝、により一気に人気が高まった。これとは別にエクソシストはカトリック内部において長い歴史を持つものでもある。中南米のカルロス・アナコンディア、オマール・キャブレラらの癒し、悪霊追い出しを伴った伝道は全世界的な注目を浴び、90年代に日本においても大きな影響を与えた。しかしこれはあまりにカルト的であるとし、人々は急速にこれから離れた。かつてはこの運動に賛成していた Timothy Warner (Trinity)、Neil Anderson (Biola-Talbot) らはこのグループと絶縁宣言をした（Neil Anderson. *The Bondage Breaker*. Harvest House, 1993)。

1.「地域を支配する霊」-- 以下はワーグナーの仮説

a. P・ワーグナーの作業仮説

「地域を支配する霊」とは以下のことを指す。「サタンは悪霊階級の高位のものに世界中の国家、地方、都市、部族、民族グループ、隣人、その他の重要な人間の社会的ネットワークを支配するように任せている。彼らの主要な任務は彼らの地域で神の栄光が現わされることを阻止することであり、下位の悪霊の活動を指令することによってそれを実行しているのである。」(Wagner, "Territorial Spirits" in *Dark Angels*, p.77)

b. ワーグナーのいう「聖書的根拠」

　エペソ 6：12「私たちの格闘は血肉に対するものではなく、主権、力、この暗やみの世界の支配者たち、また、天にいるもろもろの悪霊に対するものです。」

　マタイ 12：29「強い人の家にはいって家財を奪い取ろうとするなら、まずその人を縛ってしまわないで、どうしてそのようなことができましょうか。

そのようにして初めて、その家を略奪することもできるのです。」
［地域を支配する悪霊］
申命記 32：8　「人の子ら」→イスラエルの民であって「神の使い」ではない。
ダニエル書 10：10—21　ペルシャの君、ギリシャの君がそれぞれの神々の背後にある霊的存在に言及。→これが悪霊だったとしてもどの国にも普遍的に存在するわけではない。
ヨシュ 24：14　「エジプトの神々」
２列王記 17：30—31　各国の神々
エレミヤ書 50：2　バビロンの神々
　これらは諸国の神々、偶像のこと。ここから地域を支配する霊を引き出すことは困難である。
使徒の働き 13：6—12
　これは「悪霊を縛る」ことではなく、魔術師への断罪のこと。
c. 現代における具体例
彼は世界各国の悪霊を列挙している ── タイ、ウルガイ、コスタリカ、ナバホ保留地、フィリピン、アルゼンチン、韓国、バーミューダ・トライアングル、日本（サタンの座としての京都、天照大御神）
　d. 悪霊の特定
　1）聖書的根拠　マルコ５：9「レギオン」
　2）Rita Cabezas of Latin Amrica による
Satan の支配下にある世界的な悪霊、6つ：Damian, Asmodeo, Menguelesh, Arios, Beelzebub, Nosferasteus. そしてそれぞれのもとに１国家当たり６つの悪霊がいるという：Costa Rica には Shiebo, Quiebo, Ameneo, Mephistopheles, Nostradamus, Azarel.
　3）U. S. A. には Ralphes, Anoritho, Manchester, Apolion, Deviltook, unnamed one.
　これらの悪霊にはある領域の悪が任されている．
　Anoritho：虐待、姦淫、酔っ払い、姦通、大食、貪欲、同性愛、レズビアン、情欲、売春、誘惑、セックス、悪徳。

Apolion：攻撃性、死、破壊、不一致、反対、妬み、憎しみ、殺人、暴力、戦争。

cf. Manfred Lurker. *Dictionary of Gods and Goddes, Devil and Demons* (London: Routledge & Kegan Paul, 1987)

e. 将来に向けて ──ワーグナーの提案

1) 京都は日本文化の座であると共にサタンの座。日本海を隔てた隣の韓国、中国では最小限の宣教のための投資で教会が成長しているのに、日本では宣教のための莫大な投資にもかかわらず活動するクリスチャンの数は1%以下であるのはこのことを物語っているという。

2) 日本の福音化のためには次ぎの3つが必要であるとワーグナーは言う。

a) 福音派とカリスマ派の壁を取り除くこと。サタンはこの壁を福音化阻止のために利用している。

b) 日本の牧師、信徒リーダーを悪霊追い出しの訓練をすること。

c) 日本において地域を支配する霊を特定し、その力を破壊するために神の導きを求めること。このために「悪霊の地図」を作成する。彼は日本の福音化を阻止しているのは天照大御神であると言っている(『クリスチャン新聞』)。

2. 批判

a.「姦淫の霊」「貪欲の霊」という霊の個別化の問題

1) より高位の悪霊が下位の悪霊に命じて個別的な罪の支配を委ねるという思考は聖書解釈の誤り。そうした思想は聖書にはない。個別的な罪は聖書では「肉」の働き(ガラテヤ5：19)、「古い人」(ローマ6：6; エペソ4：22)として明示されている。

2)「〜の霊」と聖書が語っているところ

a) ホセア書4：12「姦淫の霊」

「姦淫が悪霊の力として表現されている」(Keil)。姦淫の霊という特定の霊がいるわけではない。

b) ゼカリヤ書12：10「恵みと哀願の霊」

「人の心に神の恵みの体験をつくりだす聖霊であり、これは罪深い人の心に罪意識と赦しの祈りを生み出す」(Keil)。「聖霊」の意。

c) マルコ 9：17, 25「口をきけなくし、耳を聞こえなくする霊」：

神の国の宣言として悪霊との対決に現れたイエスのことば。確かに悪霊つきと理解されるが、悪霊一般が取り付いた結果症状として口がきけず、耳が聞こえないことがあったというのであって、これらの個別的な霊があったとは理解されない。

d) ルカ 13：11「病の霊」：　同上

e) ローマ 8：15「奴隷の霊」：「感情ないし感覚のこと」(C. Hodge)

f) Ⅰテモ 4：1「惑わす霊」：悪霊一般の働きとして惑わすことがあるということ。

g) Ⅱテモ 1：7「おくびょうの霊」

「力の霊」の反対語。力の霊とは聖霊の力のこと。ここの「霊」は比喩的表現 (Calvin)。「おくびょうそのもの」(C. Hodge)

b.「悪霊を縛る」について

1) イエスは弟子たちを伝道に派遣するときに「悪霊を縛りなさい」とは命じていない。パウロも伝道旅行で悪霊を縛った後に福音を語ってはいない（内田）。

2) 悪霊を縛ることの根拠としてマタイ 16：19；18：18 が挙げられているが「つなぐ」「解く」といった表現はユダヤ教ラビの慣用的表現で、禁止や許可を意味する。悪霊を縛ることを意味しないことは文脈から明らか（内田）。

c. 悪霊つきと精神病

1) 悪霊追い出しのための「サタンよ出て行け」式の祈りはほとんど効果がない。一時的に治ったように見えても、一種の暗示であり、再入院という結果になるのが相場である。

2) 今日統合失調症、うつ病などの精神病は脳内神経伝達物質（ドーパミン、セロトニン等）の活性異常と理解されており、慢性疾患である。その発生機序

は糖尿病，高血圧等の慢性疾患に類似する。向精神薬、抗うつ薬によって症状は著しく改善し、軽症化している。これとともに認知行動療法の効果が確認され、臨床に用いられている。統合失調症、うつ病は一般的に「悪霊つきの病」ではない。

　d．このグループの運動には既述のように絶縁宣言をしてその活動を止め、「力の対決」ではなく伝統的な「真理の対決」型の伝道に転向して行った宣教学者が出ている（T. Warner, N. Anderson）。

　またかつてフラーで教えていた人類学者のPaul Hiebertは嫌気がさし、トリニティ神学校に移った（2007年死去）。

［参考文献］

ジョン・ウィンバー『力の伝道』、マルコーシュ・パブリケーション、2001年。
内田和彦『聖書が教える「霊の戦い」』いのちのことば社、1995年。
山口勝政『聖書カウンセリング概説』、個人出版、2001年。
ピーター・ワーグナー『聖霊の第三の波』暁書房、1991年。
Grudem, Wayne A. ed. *Are Miraculous Gift For Today? : Four Views*. Grand Rapids, Zondervan, 1996.
Powlison, David. *Power Encounters: Reclaiming Spiritual Warfare*. Garnd Rapids: Baker, 1995.
Wagner, Peter and Pennoyer, F.Douglas,ed. *Wrestling with Dark Angels*. Ventura, Ca.: Regal Books, 1990.
http: //healingandrevival. com/BioJWimber. htm "Biography of John Wimber"

第13章　福音と文化

I　コンテキスチュアリゼーション

　コンテキスチュアリゼーションとは福音と文化との関係を取り扱う宣教学上の概念である。日本においては「文脈化」「文化脈化」とも訳されている。この用語自体に両者の対決、摂取、変容の意味はない。それぞれの主体者がどのような態度を持つかにすべてよる。福音を文化に適合させるモデルが「適合」(adaptaition) モデルであり、福音が文化を変容させるモデルが「占有」(possessio) モデルである。この概念は80〜90年代日本の福音主義教会内に流行を見せたが、今は沈静状態にあり、余り用いられていない。しかし世界の宣教学世界においては依然として頻繁に登場する重要な概念であり、その内容の重要性は神学のあり方そのものに、また教会と現代日本社会との関係、ひいては教会の生命そのものに影響を与えるだけに、今後この用語を使うと使わないとに関わりなく、ますます増大していくものと思われる。

A．定義と歴史
　コンテキスチュアリゼーションとは教会がキリストに服従し、御自身の世に対する宣教に倣おうとする時に、神のことばとしての聖書本文と人間の置かれている歴史状況というコンテキストとの相互作用の中から生れる教会の反省のダイナミックな過程のことを意味する。これは本質的には宣教教学的概念である。
　コンテキスチュアリゼーションは神の自己啓示に対する人間の理解に密接にかかわり合いを持つものである。主イエスの受肉は原文のコンテキリトへの翻訳という意味で最高の模範である。主は永遠のロゴスであられたがユダヤ人として受内され、ある歴史状況の中に、特殊な文化内に、これを超越される方であるにもかかわらず、自らをゆだねられた。こうした例を私たちは「使徒の働き」に現れたパウロの説教においても見ることができる。パウロがピシデヤのアンテオケでユダヤ人の会堂で語った説教（使徒13：16—41）

とアテネのアレオパゴスでギリシャ人に語った説教（同17：22—31）は社会学的、神学的に明確に力点を異にしたコンテキスチュアリゼーションの例である。教理史を見ても聖書の真理の宣言は常に一様ではなく、その歴史状況の中で教会の直面してきた神学的、倫理的問題を反映し、それぞれのに信条、信仰告白の表現となってきた。

19世紀は偉大な世界宣教運動の時代でもあったが、その代表的理論家ヘンリ・ヴェン（Henry Venn, 1796～1873）、ルーファス・アンダスン（Rufus Anderson, 1796～1880）らによって土着化（indigenization）の概念が紹介されてきた。これによると、内容不変の福音は非キリスト教諸民族の「原始的な」文化に移植されるというものである。この流れはおもに礼拝様式、社会習慣、教会建築、伝道方策といったものに関心を寄せてきた。こうした傾向は現在でも広く見られるものである。土着化運動は植民地主義の拡大、教会及び諸団体のゲットー化ともなり、結局行き詰っていった．最近では土着化原理そのものが疑問視されている。第2次世界大戦以後、ナショナリズムの台頭、西洋植民地主義の崩壊、軍政または社会主義政権への転換となった政治革命が多くの国々を巻き込んでいった。さらに科学技術革命、物質主義、世俗的ヒューマニズムが現代社会のあらゆるところに浸透し、第三世界の人々は信仰の危機に直面し、土着アイデンティティーを超えた真理を模索することになった。こうして土着化からコンテキスチュアリゼーションへの移行に拍車をかけていった。

コンテキスチュアリゼーションは元来、WCC（世界教会協議会）側の一連の世界宣教に関する会議で、人間の救いを社会的和解、被圧迫者の政治的、社会的解放と規定する流れの中から生れたものである。この用語の起源は1972年WCC神学教育基金（TEF）の報告書「ミニストリーとコンテキスト」の作者ショーキ・コー（Shoki Coe）とアハローン・サプセジアン（Aharoan Sapsezian）が正式に使ったものである。彼らは「コンテキスチュアリゼーションという用語は土着化という用語のすべてを含むと同時にそれ以上のもの、世俗化の過程、科学技術、正義の戦い、すなわち第三世界の諸国の歴史的状況を特色付けるこれらの諸相を考慮に入れることを意味する」と主張して

いる。この定義を福音派も受け継いでいる。土着化はおもに伝統文化、宗教を対象とし、その文化観は静的であるのに対し、コンテキスチュアリゼーションは伝統文化のみならず、政治、経済、社会的問題、つまり、社会正義、富と抑圧、権力と非力等の問題を考慮に入れる。その文化観は絶えず変化する動的なものと考える点において前者と異なるのである．

B. コンテキスチュアリゼーションの解釈

　現代主義者と解放の神学者たちはコンテキスチュアリゼーションの概念を広範に利用してきた。彼らはまず、神のことばはある特定の言語形式をとることはあり得ないとして、聖書が書かれた神のことばであるという伝統的理解を否定する。聖書はすべて文化的、歴史的に条件付けられているので、聖書の使信は相対的、状況的である。聖書が命題的真理を含んでいるとは彼らにとって考えられないことなのである。さらに、歴史的事件に現れた人間の闘争という具体的行為を離れては真理はないと信じている。真理と実践の間に分裂はなく、すべての神学は実践からのみくるとする。神学的認識は革命的実践における行為と反省への参画から得られる。以上のことから急進的神学者は解釈学的過程は聖書の釈義から始まるのではなく、時を預言者的に読むこと、一般的な歴史的過程と特殊な状況における神の人間化と解放の行為を見極めることから始まると考えている（グスタボ・グティエレス等）。

　これに対し、福音派の宣教学者たちも土着化からコンテキスチュアリゼーションへの移行の正当性を真剣に受け止め、WCC側から提起されたコンテキスチュアリゼーション概念を福音派サイドから再定義し始めたのである。ローザンヌ世界伝道会議（1974年）がその始まりで、バミューダ島における「福音と文化に関する研究会議」（1978年）で発展、開花が見られた。

　福音派の聖書解釈は従来、みことばを直接的に、歴史的コンテキストへの配慮なしに語る直感的アプローチ（→**図1**）、または、正統的聖書解釈である歴史的文法的釈義による科学的アプローチ（→**図2**）であった。後者はそれでも解釈者の歴史的コンテキストに対する理解は不十分であった。コンテキスチュアリゼーションのアプローチは科学的アプローチに加え、今日の

図1

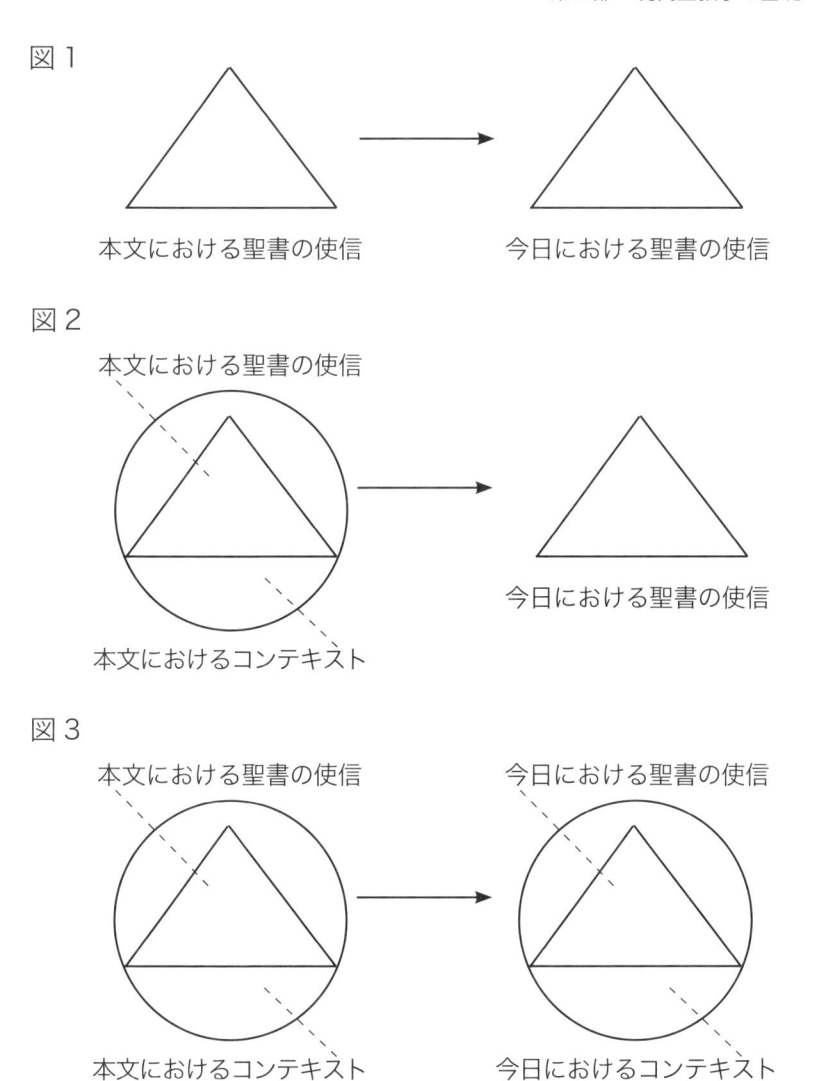

```
   △    →    △
本文における聖書の使信   今日における聖書の使信
```

図2

```
   本文における聖書の使信
      ⊕           →    △
   本文におけるコンテキスト        今日における聖書の使信
```

図3

```
   本文における聖書の使信      今日における聖書の使信
      ⊕           →        ⊕
   本文におけるコンテキスト      今日におけるコンテキスト
```

歴史的状況に十分配慮を加え、聖書本文で語られた使信と同等の効果をもって今日に語ろうとするものである（**図3**）。

このようにコンテキスチュアリゼーションに対する認識が高まったとはいえ、それでも多くの福音派の人々にとってはそれはみことばの不変の使信を異なった言語、文化に忠実に伝達することであると理解されてきた。こ

第13章　福音と文化

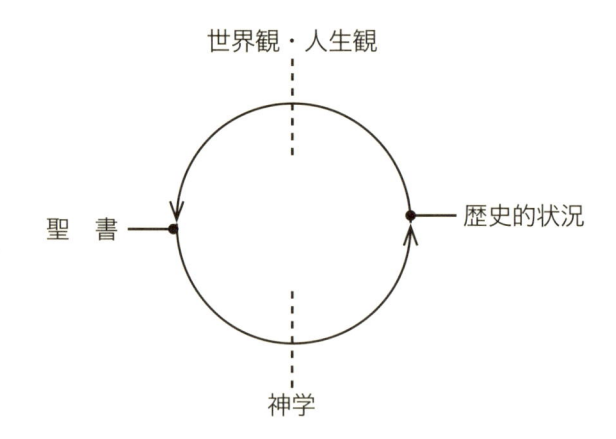

図4

　　　　　世界観・人生観
　　　　　　　　│
　聖　書 ●─────●─ 歴史的状況
　　　　　　　　│
　　　　　　　神学

うした関心は聖書の使信の文化的条件付けと伝達者の自己理解、使信を受ける側の反応の問題に真剣に現れ、ここからいわゆる「ダイナミック等価」(dynamic equivalence) という用語が生れてきた。「ダイナミック等価」とは、聖書の本文が最初に向けて書かれた人々の反応と同等の反応を聖書の使信が受信者にもたらすことを意味する。

　しかし、コンテキスチュアリゼーションの使命は単に聖書翻訳以上のものがあった。聖書釈義は歴史的文法的方法が基本となるが、コンテキスチャリゼーションは聖書本文の忠実な釈義が人間の歴史的状況における諸問題と対話することによって初めて現実化するのである。この本文とコンテキストとの間を取り持つ解釈学的かぎとなるのが聖霊の働きである。

　聖書本文とコンテキストとの対話の中で、コンテキストの中から疑問が生じ聖書本文に解答を見出そうとして研究する。その一方で聖書本文は次に新しい問いかけをもってコンテキストに迫ってくる。こうして本文とコンテキストとの絶えざる問いかけにより問題意識が鮮明化し、実践が強化されてくる。この両者の中間にあるのが解釈者の世界観・人生観であり、神学である。対話のサイクルの中にあって神学的反省と実践によって、これらのものは聖書的なものに変革されていく（→**図4**）。これをレネ・パディアは「解釈学的螺旋」(hermeneutical spiral) と呼んだ。この場合、聖書本文は所与のものであり、神的権威を持ち、反面コンテキストは常に変化し、相対的なも

222

のであるゆえに、対話の流れは常に本文からコンテキストに移動する。この点、WCC 側の急進的解釈とは全く理解を異にする。

　真のコンテキスチュアリゼーションはシンクレティズム（宗教混合主義）、異教的信仰、慣習を批判改革していく。聖書が絶対規範となっているからである。と同時に現状維持主義に対しても警戒する。コンテキスチュアリゼーションは明確な宣教的使命の上に立つからである。真の意志伝達者でありたもう聖霊がこの両極端の危険から私たちを守り、この使命を達成させてくださるであろう。

C. 日本における神学のコンテキスチュアリゼーション

　日本には西洋神学では全く無視されていながら日本宣教上神学的に重要な課題が幾つもあった。日本人の神観念、世界観、生死観、祖先崇拝、仏教・神道・民俗信仰・新宗教のそれぞれにおける罪論・救済論・終末論、天皇制、国家神道とキリスト者、日本人の回心と背教、高齢化社会、社会的弱者に対する伝道と配慮、心の病とキリスト者、家庭崩壊、不登校と伝道、スラム伝道、衰退する地方伝道、外国人労働者伝道、等々。これらはすべてコンテキスチュアリゼーションの課題となるものである．最近のコンテキスチュアリゼーションの意識の高まりにより徐々にこれらの作業は着手され始めているが神学的作業と実践はこれからである。そして日本宣教に真に実効あるものを生み出していかなければならない。これが日本における神学のコンテキスチュアリゼーションを考える私たちの使命であろう。（→コラム「文化人類学」）

[**参考文献**]

宇田 進編『ポスト・ローザンヌ』（共立モノグラフ NO.2）共立基督教研究所、1987.

Coote, Robert, & Stott, J. R. W.eds. *Down to Earth*, （Grand Rapids：Eerdmans, 1980）.

Nicholls, Bruce J., *Contextualization：a Theology of Gospel and Culture*

(Downers Grove：IVP, 1979).

Davis, John J. *Foundation of Evangelical Theology* (Grand Rapids：Baker, 1984)

〈コラム〉文化人類学

　文化人類学とは、世界の様々な民族の持つ文化や社会について比較研究する学問である。この学問が近年、宣教学の発展に多大に貢献してきた。特に、福音と文化の関係の面でこのことは明らかである。

　宣教師が宣教地に出ていく場合のことを考えてみよう。宣教師は文化的に敏感でなければならない。宣教師が福音を携えて宣教地に入る時、その福音は純粋な福音であるように見えて実は、文化的諸要素が深く絡み合った福音であることを認識する必要がある。つまり聖書の文化と宣教師の育った文化と宣教地の文化の三つの文化の異文化間伝道者として宣教師は奉仕をするのである。

　そこで例えば西洋の宣教師がアフリカの一夫多妻の習慣を持つ部族の中に入って宣教する場合、一夫多妻は罪であり、ただちに捨てなければならないと宣言すれば福音はその部族の中に入っていかない。西洋における離婚・再婚文化も見方を変えれば一夫多妻の変形と見ることができるのである。そうではなく、一夫多妻がその部族でどのような機能を果しているかを注意深く見る時に、それは地位と信頼の象徴であったり、経済的には一家の労働力であったり、社会的には安全と愛情の基盤であり、部族間の友好のしるしであったり、性欲の対象であったりする。このように一夫多妻は非常に複雑であることがわかり、単純に罪と片付けるわけにはいかなくなる。同様に日本における祖先崇拝にしても、盆行事ともなると兄弟姉妹とその家族の集まる拡大家族連合の場でもあり、祖先を礼拝する行為は罪であるにしても、こうした社会的面を無視するわけにはいかない。文化人類学はこうした文化現象を、文化に優劣はなしと見る文化相対主義の立場から科学的に分析し、これらの知見をもとに福音宣教のための一助とすることができるのである。

第 14 章　解放の神学

　一般に解放の神学と呼ばれているものはラテンアメリカで 1960 年代後半に生れた運動のことで、その中心は依然としてローマ・カトリック教会である。解放の神学は旧来に見られる信仰の組織的表現ではなく、キリスト教信仰を貧しい人々と披抑圧者の視点から解釈しようとするものである。

　西欧の神学には信仰の問題、すなわち啓蒙主義以降の懐疑主義との闘いがあった。そこでは自然世界の中で超自然的なものの擁護が問題とされ、その問は「科学技術の世界において真理の神はどこにいるのか」であった。解放の神学は信仰の問題、すなわち植民地主義以降の搾取との闘いがある。貧困の世界にあって希望の模索が問題とされる。そこでの問は「この不公正の世界において正義の神はどこにいるのか」である。代表的な解放の神学者グスタボ・グティエレス（Gustavo Gutierrez, 1928～, 写真上）の言葉を借りれば、「解放の神学の出発点は貧しい人々、非人格者とされる人々へのコミットメントである。その思想は犠牲者から来る」。

　特に 70 年代からは解放の神学と共通の関心がラテンアメリカ以外の地域で起ってきた。米国におけるジェイムズ・コーン（James Cone, 1938～, 写真下）等による黒人神学は人種差別による抑圧に対して理論を展開し始めた。南アフリカにおける反人種隔離政策の黒人神学にもその影響が現れている。北アイルランドの闘争においても解放の神学に似たものが出ている。搾取と経済的抑圧という政治社会的状況の中で解放の神学は幅広く注目を引きつつある。

I　起源と発展

(1) 解放の神学の根本的な起源はキリスト教が数世紀にわたって支配し

第14章　解放の神学

続けてきた地域における貧困、貧窮、経済的抑圧の体験である。解放の神学者たちはこの苦難を神のみこころに反するものとして考える。そしてキリスト者の良心に対する道徳的命令となってくる。「私たちは貧しい人々の側に立つ。それは彼らが善良であるからではなく、彼らが貧しいからである」とグティエレスは話る。こうした事態に対するキリスト者の対応はどうあるべきか。

　(2) 解放の神学の神学的ルーツのあるものはヨーロッパにおける政治神学とユルゲン・モルトマン (Jürgen Moltmann, 1926 ～, 写真上) の希望の神学にたどることができる。ローマ・カトリック政治神学者 J・B・メッツ (Johann Baptist Metz, 1928 ～) の影響は、解放の神学者たちが信仰の政治的面を強調し、教会を社会批判の組織と見ていることに現れている。モルトマンにおける終末論の政治的性格、及び歴史における解放の力としての希望の重視はグティエレスの多くの神学的テーマに明らかに見られる。D・ボンヘッファー (Dietrich Bonhoeffer, 1906 ～ 1945, 写真下) の影響は宗教を世俗的文脈で再定義すること、教会と世界の二元論を拒否することに現れている。しかしながら解放の神学は「ヨーロッパ製」ではない。解放の神学者たちは西欧における議論は具体性を欠いていると批判する。すなわち彼らの神学的反省は抽象理論、イデオロギー的中立、悲惨な現実の無視、「本来のあるべきキリスト教」にとっての不公正な現実であるという。

　(3) 最大の神学的ルーツはローマ・カトリック教会の世との対話の姿勢である。第2ヴァチカン公会議 (1962 ～ 65 年) はその国の経済社会的状況を注視することへの新しい曲がり角となった。ラテンアメリカの司祭にとっては貧しい人々に対するかかわり合いが深まり、過去において教会には敵対的産物であった共産主義、社会主義を再検討する機会を提供した。こうした

流れの一大契機となったのが1968年南米コロンビアのメデインで開かれたラテンアメリカ司教協議会（CELAM）12回総会であった。

ヨハネス・パウルス2世（John Paul II, 1978～2005, 写真）は解放の神学に対してはより保守的な態度をとってきた。1979年メキシコのプエブラでのCELAM13回総会において教皇は解放の神学に対して警告を与えた。1984年には解放の神学者レオナルド・ボフに対する査問が行われ、「信仰の教理のための聖省の教え」が出され、特に解放の神学の行き過ぎに対して警告を与えた。

しかし、近年では微妙な違いも見せ始めている。1986年ヴァチカン教皇庁は「キリスト者の自由と解放に関する教え」を出した。これによると、教会は貧しい人々、経済的に抑圧された人々とともにあることの明確な決意を強調すると同時に、解放の神学には多様な形態があることを認めている。さらに、社会正義を実現させるために武器の使用を必要とするような経済的抑圧状態があることを示唆し、私有財産の取得より公共の善に対する優先性の原則を打ち出している。こうしたヴァチカン教皇庁の両面の態度は、ラテンアメリカにおける教会の伝統的教えを支持する人々と解放の神学を支持する人々との間に論争が依然として継続していることによるものである。

（4）ヴァチカン教皇庁と解放の神学の葛藤の主たる原因は解放の神学者たちによる一貫したマルクス主義の援用である。とはいえ、マルクス主義を政治哲学または政治行動の全体計画として採用するわけではない。社会分析の手段として利用するのである。中心は経済的抑圧のかぎとしての経済体制とその抑圧に対する闘争の場としての階反闘争であり、最近ではその階級闘争さえ制限しようとする傾向が見られるという。ヴァチカン教皇庁のマルクス主義概念とその解釈に対する反対は明らかである。

解放の神学者たちのマルクス主義援用については一様ではない。両者のかかわり合いについてはいろいろな違いがあるのが実情である。また解放の神学が一枚岩でないことは別の面からも指摘されている。ペルーに拠点を置

く福音派の指導者の一人サムエル・エスコバルは解放の神学を三つに分類する。教会的（グティエレス）、学究的（ウーゴ・アスマン、セグンド）、伝統的カトリックの立場を保持しながら一般受けする解放の神学の用語を使用する立場、この三つである。

II 神学的方法論

(1) 基本的姿勢：被抑圧者の解放。解放の神学は、神学は「下からの視点」、すなわち排除され、抑圧された者の苦悩から始められなければならないとする。それは貧しい人々への神学的コミットメントである。貧しい人々はあわれみの福音の対象ではなく、新しい人類の形成者（形成物ではない）として見られる。ソブリーノは「貧しい人々はキリスト教の真理と実践を理解するための真正な神学的資源である」と語る。

(2) 領域：具体的社会的状況をコンテキストとする。教会の宣教は歴史、すなわち解放のための歴史的闘争という視点から定義されなければならないと解放の神学は主張する。歴史的「今」という具体性から遊離して歴史の意味と目的を与えようとするいかなる神学的モデルもそれは観念的なものである。過去において神学は哲学的問に答を与えてきた ──「移り行く世界の中で変らざる神をどのようにして信ずることができるのか」。しかし、今や神学は社会分析、政治、経済の問に答を示さなければならない ──「貧しい人々を打ち砕き、その人間性を奪う社会の中で神をどうして信ずることができるのか」。私たちの聖書理解のための解釈の手段は「貧しい人々を優先的に選択する」というものである。

(3) 方法論：実践 (praxis) と反省。神学はただ単に学習するものではなく実践すべきものである。それがどのようにして可能になるのか。「歴史的実践に対する批判的反省として」神学を見ることによってであるとグティエレスは語る。神学は実践の後に第2段階として続くのである。

第1段階として実践がくる。私たちは抑圧された人々のために、また抑圧

された人々とともにあって社会を刷新しようと決意する。実践（praxis）は理論抜きの経験、理論の応用以上のことを指す。それはマルクス主義による社会分析のための用語である。行動と反省の間を常に移行する二方通行を意味し、変革的行為によって世と弁証法的にかかわり合うことである。それは認識のための必須条件であり、人々が社会をただ単に理解するためではなく変革するためのものである。実践を通して人々は社会的歴史的流れの中に介入していくのである。

III 釈義的教理的方向性

(1) 解放の神学は聖書研究を抑圧された人々の視点から行おうとする。初期においては釈義研究は旧約、特に出エジプトに重点が置かれた。聖書の記事は基本的に聖典としてではなく、貧しい人々の苦境に対する関心のためのモデル、あるいはパラダイムとして扱われた。最近では限りなく続く社会的不正義に対する闘いの中で捕囚の意味を再考する者も出てきた。新約における神の国の概念は幅広い注目を浴びてきた。こうした研究の中でキリストのわざ、キリストの貧しい者、抑圧された者とともにあることに関する文書が刊行されこきた。このように釈義的テーマが拡大してきたことが解放の神学のパラダイム・モデル（paradigm models）から分離していったことを意味するものではない。これは解放の神学が解釈学的手段をより先鋭にしていったことを示すものである。

(2) 解放の神学の学問的題目をキリスト教社会倫理の領域に押し込めてしまうのは誤解であろう。神学の古典的テーマは改めて注目を集めている。キリスト論、教会論では重要著作が現れている。解放の神学からの挑戦を受けてあらゆるものが改訂を迫られている。その挑戦とは、私たちの国の即圧された人々にとってこの主題、真理の意味、意義は何かで

ある。

例えばレオナルド・ボフ（Leonardo Boff こと Ge-nésio Darci Boff, 1938〜, 前頁写真）はキリストの人格とわざに関して解放の神学の重要主題を次のように要約している。

(a) 受肉の強調、特に人間イエスの社会的条件－貧しい者、労働者、あえて貧しくなられたこと、貧しい者たちに囲まれ、彼らとともにいたこと。

(b) イエスの神の国 ── 霊的な意味ばかりでなく物質的意味（飢え、悲しみ、侮蔑などからの解放）での本質的解放、歴史内において、また歴史を超えての ── の使信の強調。

(c) イエスの贖罪の死を時の権力者の陰謀による犠牲と見る見方。

Ⅳ 解放の神学の評価 ── 否定的面、積極的面

伝統的神学の立場に立って解放の神学を批判の対象とすることは容易なことである。誤解と偏見の危険を知りつつ次の批判と問を投げかけてみたい。

(1) 解放の神学は究極的に救いの縦の面、神的側面に十分考慮を払っているか。解放の神学は、聖書の貧しさのテーマが霊的一辺倒の解釈に偏ってしまっていることに抗議するが（まさに正当な抗議である）、そうすることによって逆に社会経済的次元に自らを埋れさせてはいないか。「神は抑圧された者の側にある」とは「抑圧された者は神の側にある」ということを意味するものではない。

(2) 解放の神学は、罪が私的なものに還元されてしまっていることに抗議するが（まさに正当な抗議である）、逆に罪観をあまりに浅薄なものにしてしまってはいないか。聖書の罪の豊かな描写は解放の神学ではぼかされてはいないか。罪が神の怒りを引き起すのである。罪はサタンの奴隷である。霊的死の状態である。罪は全人格、全社会の病である。人間の罪性は貧困、経済的抑圧、人種、性、階級の差別、資本主義を単に除去するだけでは解決することのできない人間の深い堕落状態なのである。

（3）解放の神学は贖罪論において無意識のうちに道徳感化説に陥る危険はないか。階級闘争終止前の福音の意味は何か。行動のための刺激剤か、到達目標か。御国の完成以前の福音の実在はあり得るのか。解放の神学はペラギウス主義であるとの批判があるが、それはこのためではないのか。政治経済社会的解放をもって救いに置き換えるのを避けるにはどうしたらよいのか。

（4）階級闘争というマルクス主義イデオロギーは真に経済的抑圧の正しい理解の助けになっているか。自由競争原理がよって立つ楽観的理想主義よりその悲観的理想主義のほうが現実を正しく表現しているのか。解放の神学が階級闘争を不可侵の自律的原理として保護していることは救い主への信仰なしに終末倫理を維持しているようである。

（5）聖書が実践または神学の第1段階を支配するということを解放の神学はどのように示すのか。行動と反省という実践の過程がマルキストの社会的衝突の前理解によって構成されてくる。これは実践の本質の理解において否定することのできない所与として受け取られている。しかしこれこそまさにキリスト教サイドからの批判である人間の自律性ではないのか。マルクス主義は人間理解において啓蒙主義の人間観に基づいている。解放の神学は神を解釈学的循環の第2段階のわきに封じ込めてしまっている。そうすることによって神に第二義的な役割しか割当てていない結果になるのである。

こうした否定的評価の一方で、解放の神学は福音派に対しても自己検討と服従のための新しい方向性を示す挑戦となっている。以下はその積極的評価である。

（1）学問的神学が貧困という具体的な政治社会的問題から切り離されて、不毛な抽象的反省の中に逃避することがどうして許されるのか。神学が正義を行使し、排除された人々に対する愛情を持ったものとなるためにはどうしたらよいのか。

（2）すべての神学的反省が社会的コンテキストから生れることを認識しながら、しかも所与の普遍的原則をある特殊な状況の面に還元してしまうのを避けることがどのようにしてできるのか。神学を謙虚に実践する方法を作り

出すためにはどうしたらよいのか。しかも私たち自身の限界を認識し、他者の文化と社会から生れる神学的反省を制約することなしにである。

（3）聖書における社会文化的状況と解釈者自身の社会文化的前提に対する無関心について、より真剣に考慮する解釈学的方法を作り出すためにはどのようにしたらよいのか。

（4）原則と応用の区別が福音の変革する力と社会とその構造の変革を結び付けるのを妨げていないだろうか。解釈学的過程の理解が行動と反省の間にギャップを生じさせ、これが知らず知らずにキリスト者の奉仕の姿勢を現状維持にとどまらせるようにしてはいないだろうか。

（5）私たちはいかなる意味において貧しい人々へのコミットメントを聖書的に語ることができるだろうか。そのコミットメントが私たちの神学にいかなる影響を与えているか。イエスとご自身の教会の貧しい人々へのかかわりあいについての理解にどのような影響を与えるべきなのか。私たちの神学形成において教会が貧しい人々より中・上流階級に心を向けようとするような潜在意識が働いていないだろうか。

V　解放の神学と日本の福音派

以上見てきたように、ラテン・アメリカに端を発した解放の神学は日本の福音派にとっても決して無関係な運動ではない。90％以上の人々が中流階級以上という世界に例を見ない豊かな国日本での宣教は、第三世界の貧しさ、抑圧を肌で感じることはできない。いや巨大な資本をもって第三世界を抑圧する加害者であることすら認識していない。日本の福音派教会の神学と宣教も勢い中流階級意識に捕囚されたものになっており、よりきれいなもの、より急成長するもの、より世話をやかせないものを宣教の相手としがちである。解放の神学は私たち福音派の聖書的良心を覚醒させてくれる。日本国内で抑圧されている人々は誰であろうか。教会のある町内で非人格的扱いを受けている人々は誰であろうか。大都市で寝たきり老人に教会は訪問、介護、

掃除、買物の世話をしているだろうか。精神・身体障害者に喜んで良き隣人として好意と援助の手を差し伸べているだろうか。

　目を世界に転じれば、日本の福音派は第三世界の貧困の加害者としてどれだけその苦悩を我がこととして受け止めているだろうか。日本の教会から第三世界で働く宣教師がもっともっと起きてほしい。また、彼らを送り出す日本のキリスト者は持ち物、着る物、食べる物でもっと買いたい物を抑え、シンプル・ライフスタイルを実践し、その分を第三世界宣教にささげてほしいと願わずにはいられない。日本が国際社会で信頼を得るためにはいかに人の目立たないところで善意の犠牲を払うかにかかっている。

　解放の神学が私たち日本の福音派諸教会に問うているもの、それは貧しい人々、抑圧されている人々へのコミットメントであり、それは聖書の福音が本来持っている本質的性格、質の高さ、福音の真正性への問いかけなのである。

[参考文献]

Boff, Leonard. *The Lord's Prayer : The Prayer of Integral Liberation.* Maryknoll, Orbis Books, 1983.

Bonino, Jose. *Migues. Doing Theology in Revolutionary Situation,* Philadelphia : Fortress, 1975.

Conn, Harvie M., "Theologies of Liberation," *Tensions in Contemporary Theology*, eds by S. N. Gundry and A. F. Johnson, Chicago : Moody, 1976.

G・グティエレス『解放の神学』岩波書店, 1985。

第15章　宗教多元主義

I　宗教多元主義とは何か

　　宗教多元主義が台頭してきた事情に関して、その中心的指導者ジョン・ヒック（John Harwood Hick, 1922～2012, 写真）の宗教遍歴について先ず述べることにする。

　　彼はハル大学4年の時に回心を経験し、IVF（国際大学キリスト者連盟、日本のKGKに当たる）のメンバーとして活躍する熱心な「根本主義的」キリスト者であった。後に牧師となるためにエディンバラ大学に学び伝道活動もした。神学研究の後、ヒックはやがて福音主義信仰を捨て、宗教多元主義への道に歩み出した。その理由はキリスト教を国教とする英国には人種問題がある。英国は移民により多民族社会となり、都市はスラム化し、犯罪と失業問題を抱える。大学教授として奉仕したバーミンガムは特にこれらが顕著であり、白人優越主義を保持する伝統的キリスト教は人種差別を助長させ、対策を何ら講じなかった。それに反してイスラム教寺院、ヒンドゥ教寺院、仏教寺院の敬虔さはキリスト教会のそれと何ら変わりはないことに驚き、イスラム・ヒンドゥ・仏教寺院にも神はいるのではないかという疑問が沸いた。さらにキリスト教は世界宗教たり得るのか、その宗教的多数支配は崩壊したのではないか、他宗教にも救いはあるのではないかという疑問が沸く。そしてキリスト中心から諸宗教を包括する神中心モデルへのコペルニクス的転回が彼の内に起き、これに対する理論構築をしたのが宗教多元主義の始まりである。[1]

　　これは何も私たち日本人に目新しい思想ではない。日本には昔から宗教多元主義は存在していた。「分け上る麓の道は多けれど、同じ高嶺の月を見る

---

(1) ジョン・ヒック『神は多くの名前をもつ —— 新しい宗教的多元論』間瀬啓允訳、岩波書店, 1986年、p. 226

かな」という思想である。宗教・宗派は違えどその辿る真理はみな一つ、神であり、仏陀である。西欧におけるキリスト教の絶対性が崩壊し、他宗教にもその真理性を認めようという思想的再構築がこの宗教多元主義の思想であるが、われわれにとっては今さらという感がする。日本の社会は元々宗教多元社会から始まったからである。

A. 宗教多元主義の定義

宗教多元論とは「キリスト中心の排他論および包括論に代わる第三の道は『神』中心あるいは『実在』中心の多元論である。救い・解放・悟得・見性がすべての偉大な宗教的伝統内において生じつつあることを認めること、……自我中心から実在中心への人間存在の変革がすべての偉大な宗教的伝統内においてさまざまに異なるしかたで生じつつあることを認めるということ」である。[2]

B. 宗教多元主義の背景

1. キリスト教絶対性の崩壊
    a. 西側における政治・経済の行きづまり、失業、犯罪の増加。
    b. 西側における多民族・多宗教の増加と混在（イスラム、ヒンズー、ユダヤ、仏教等）とそれらの見直し。
    c. 西側におけるキリスト教の衰退、倫理の崩壊。
2. 西洋神学者における宗教多元化についての認識の高まり
    a. バチカンⅡ公会議の影響
       他宗教はローマ・カトリック教会の救いに導くための恵みと真理を持つ
    b. （A）による他宗教を無視できなくなった事情の登場
       宗教の神学を真剣に取り組まざるを得なくなった。
3. 現代宣教学の影響
    a. 福音派サイドからの動向

---

(2) 前掲書、pp. 2-57.

第 15 章　宗教多元主義

従来の他宗教信徒に対する断罪と切り捨てに代って、文化人類学の発展、コンテクスチュアリゼーションの延長線上に浮かび上がった問題として「福音を聞かないままで死んでいった人たちはどこへ行ったのか」の問に対する解答の模索。

C. キリスト教と他宗教の関係の理解
1. 排他主義（exclusivism）
   伝統的福音派、バチカンII以前のカトリック、伝統的プロテスタント「キリストなしに救いなし」
2. 包括主義（inclusivism）
   カトリック；バチカンII、Karl Rahner, SJ（1904〜1984）
   ロゴスはキリストに現わされたが他宗教にも現わされた。キリスト教に限定されない。
3. 多元主義（pluralism）
   John Hick、Paul Knitter
   キリスト教は他宗教と本質的に同じ。キリスト教だけが絶対的真理をもつのではない。

D. John Hick
1. John Hick の「コペルニクス的転回」
   a. Karl Rahner の「他宗教の熱心な信徒は真理の探求者として"anonymous Christian"（無名のキリスト者）である」は穏やかな排他論に過ぎない。
   b. キリスト中心から神（＝究極的神的実在）中心へ
   c. このために「伝統的キリスト論」を否定する→「受肉は神話である」
      1) 他宗教：創始者を神的存在にまで高めるのは一般的傾向。「エミは世界中で一番美しい女性だ」という恋人のことばのようなもの。
      2) 哲学的分析：「イエスは受肉の神」は神話的言明であるとする。
      3) 近代聖書学：「イエスは受肉の神」は一つの特定の贖罪神話。

d. と同時にイエスとの体験は決定的軌範性を持つ。受肉の言葉は神話であっても普遍的な神の愛を基礎づける。
e. 究極的神的実在と人間が思考し体験する神的実在の間には区別がある。
   ヤーウェ、アッラー、イエス、ブラフマン、ダルマ、タオ等。
f. 究極的実在が一方では人格的、他方では非人格的なのはなぜか。
   光がある実験では粒子、ある実験では波動に似ている。有神論的実験をすればそれは人格的存在になり、無神論的瞑想をすれば非人格的になるという。[3]

E. Clark Pinnock[4] —— 包括主義的立場から

1. ２つの動機
   a. キリスト教の首位性の崩壊と回教仏教ヒンズー教の真理的圧力。
   b. アウグスチヌス的概念（救いはキリスト信仰のみ、少数者のみが救われる）への反対。

2. 救いの楽観主義
   a. キリストへの信仰告白なしに救われた者の存在（ノア、メルキゼデク、ヨブ、イテロ、シバの女王、東方の博士、取税人、百人隊長、コルネリオ、サマリヤの女等）。彼らは異教の聖徒（pagan saints）。
   b. ヨハネ 14：6、使徒の働き 4：12 はメシア啓示以前に別のチャンネルを通して人類史に与えられた神の恵みを否定するものではない。
   c. C. Ryie の Dispensationalism[5] の援用：神は時代、場所によって異なる

---

(3) 前掲書、「訳者あとがき」pp. 220-236.
(4) Clark Pinnock, *A Wideness in God's Mercy* (Grand Rapids: Zondervan, 1992).
(5) ディスペンセイション主義とは神は旧新約を通じて、それぞれの啓示の時代に、それぞれの仕方で救いの方法を定められたとする立場。堕落前と堕落後、ノア時代、アブラハム時代、モーセ時代、福音時代、そして千年王国時代によって救いの方法は異なる。通常この区分は７区分。しかしこの立場はその啓示区分の数は種々あり、また近年ダラス神学校神学者 C.Ryrie 等によってこの立場は修正され、その対立的立場として議論さ

救いの方法を示される。

3. 福音未伝達の民の希望
   a. 信徒の嬰児の死：告白なしに救われていた。
   b. 死後キリストとの出会いはあるのか：罪人の友イエスが死後突然彼らの敵となるのか。死によって機会は閉じられる訳ではない。

4. 評価：ピノックの立場は余りにも希望的観測に過ぎる。
   a. 大多数の救いの教理を証明するためにありとあらゆる神学的立場をつぎはぎのように利用している。また旧約の聖徒、新約の異邦人の救いについては福音主義の伝統的解釈ではイエス・キリストの救いを得ていたと理解する。信徒の嬰児の死は両親の契約の子として選ばれていたと解釈する。
   b. 福音を聞かないで死んでいった人はどこへ行ったのか？

F. 福音を聞かないで死んでいった人はどこへ行ったのか？
……神学的カギ語

「福音を聞かないで死んでいった人はどこへ行ったのか」という問は私たち異教社会に住む日本人で救いに与ったものすべてにとって深刻な質問である。私は救われたのに福音に耳を閉ざした伴侶、福音を聞かないで死んだ両親、その先祖はどこに行ったのか。これらに対して、宗教多元主義は何とか理論的回答を提供してきた。仏教、イスラム教、ヒンズー教においても救いは存在すると。福音主義者にとってもそのチャレンジは同様である。これに対する回答は保守リベラルから伝統的保守まで幅広い。以下その立場を紹介しよう。

れてきた契約神学と双方がかなり近づいている。cf. Charles Ryrie, *Dispensationalism Today* (Chicago: Moody, 1965). Vern Poythress, *Understanding Dispensationalists.* (Grand Rapids: Baker, 1987).

1. The implict-faith view（暗黙の信仰）

　一般啓示を通してある人は，その信仰の細部はわからないが神のあわれみにすがることを通して、キリストへの信仰に至り得る（ローマ1:19—20; 2:14—16）。彼らはキリストについては知らないが彼らのキリストへの信仰は事実である。しかしそれは暗闇につつまれたものである。福音主義神学者の間にこの問題についての議論があったが、彼らはこれが可能だとは信じているものの、A. H. Strong（Augustus Hopkins Strong , 1836〜1921）、Millard Erickson（Millard J. Erickson, 1932〜）、James I. Packer（James Innell Packer, 1926〜）らはこれには少数がいると見、Clark Pinnock（1937〜2010）、Charles Kraft（1932〜）等は多数いると見る。だが後者の立場は多くの宣教師の体験とは異なる。なぜなら異教世界で宣教師が福音を語るときに、多くの人々は土着宗教を選択して福音を拒絶するからだ。

　最近、守部喜雅著『勝海舟最期の告白』(6)が出版された。勝の信仰告白は真正なものであったという。「敬天愛人」を唱えた西郷隆盛も救われていた可能性があるという。捜せばさらに増えるであろう。

　Carl Henry（Carl Ferdinand Howard Henry, 1913〜2003）は、「堕落人間は特別啓示無しには神認識に至り得ない」ことを強調するC. Van Til（Cornelius Van Til, 1895〜1987, 写真）よりも、一般啓示によって神認識に至り得ると指摘するデマレスト B. Demarest(7)（Evangelical Thomismの立場）の方がこの点では有利であるという。(8)しかし、一般啓示からはある意味での神認識はできたにしろ（詩篇19篇）、

---
(6) 守部喜雅『勝海舟最期の告白』いのちのことば社、2011.
(7) Bruce Demarest, *Integrative Theology*, Zondervan, 1987.
(8) William Crockett and James Sigountos, eds., *Through No Fault of Their Own?: The Fate of Those Who Have Never Heard*.(Grand Rapids: Baker,1991). pp. 251-52.

真のメシア認識に到達できるであろうか。人は自然から救い主を知ることが出来るであろうか。これはパウロのアテネのアレオパゴス説教（使徒17章）から出てくる疑問である。アテネの人々は、パウロがキリストの復活について語るのを聞くと、「あざ笑って」（同17：32）福音を拒否したのである。この点ヘンリーの議論は余りにも一般恩恵と特殊恩恵とのギャップを過小評価し過ぎているのではないかと考えざるを得ない。

　この問題は何もキリスト教伝道以前の日本を含めたアジア、アフリカ諸国の救いの問題ばかりではない。キリスト以前の旧約の世界、パウロの宣教以前の西欧の問題でもあることを認識する必要がある。

2. The middle knowledge（中間認識）

　福音を聞かずに死んだ民は実際には福音を聞かなかったのだが、もし聞いたとすればどう反応したかを神は知っていたという説（William Craig）。この立場はPinnockも否定。

3. Annihilationism（霊魂消滅主義）

　救いなくして死んだ者の魂は永遠の地獄の火で苦しむのではなく、死後十分な刑罰の後消滅するというもの。John Stott（John Robert Walmsley Stott, 1921～2011）、Clark Pinnock（1937～2010）、Philip Hughes（Philip Edgcumbe Hughes, 1915～1990）、John Wenham（John William Wenham, 1913～1996）等がこの立場。その理由として以下が挙げられている。[9]

1. 「死ぬ、滅びる」等を意味する語は存在の区切りを意味するのであり、永続を意味しない。
2. 「火」のイメージは永遠の苦しみよりは消滅である。
3. 有限の罪に対して有限の裁きがより公正。
4. 悔い改めのない個人の魂が永遠に存続することは神の悪に対する究極的な勝利と矛盾する。

---

(9) Crockett and Sigountos, eds. *Through No Fault*, pp. 31, 50.

G. 福音主義神学者の見解

1. イエス・キリストの福音を受け入れて信じた者のみ救われる。多くの者が滅びる。伝統的福音派の立場。

2. イエス・キリストの福音を受け入れて信じた者のみ救われる。多くの者が救われる。Post-millenialist（Warfield）

3. 福音を聞かないで死んだ人は死後福音を受け入れる可能性がある。

> マタイ12：40「ヨナは三日三晩大魚の腹の中にいましたが、同様に、人の子も三日三晩、地の中にいるからです。」
>
> ヨハ5：25—29「まことに、まことに、あなたがたに告げます。死人が神の子の声を聞く時が来ます。今がその時です。そして、聞く者は生きるのです。それは、父がご自分のうちにいのちを持っておられるように、子にも、自分のうちにいのちを持つようにしてくださったからです。また、父はさばきを行なう権を子に与えられました。子は人の子だからです。このことに驚いてはなりません。墓の中にいる者がみな、子の声を聞いて出て来る時が来ます。善を行なった者は、よみがえっていのちを受け、悪を行なった者は、よみがえってさばきを受けるのです。」
>
> エペソ4：8—10「そこで、こう言われています。「高い所に上られたとき、彼は多くの捕虜を引き連れ、人々に賜物を分け与えられた。」── この「上られた。」ということばは、彼がまず地の低い所に下られた、ということでなくて何でしょう。この下られた方自身が、すべてのものを満たすために、もろもろの天よりも高く上られた方なのです。──」
>
> Ⅰペテロ3：18—20「キリストも一度罪のために死なれました。正しい方が悪い人々の身代わりとなったのです。それは、肉においては死に渡され、霊においては生かされて、私たちを神のみもとに導くためでした。その霊において、キリストは捕われの霊たちのところに行ってみことばを宣べられたのです。昔、ノアの時代に、箱舟が造られていた間、神が忍耐して待っておられたときに、従わなかった霊たちのことです。わずか八人の人々が、この箱舟の中で、水を通って救われたのです。」
>
> 同4：6「死んだ人々にも福音が宣べ伝えられていたのですが、それはその人々が

第 15 章　宗教多元主義

肉体においては人間としてさばきを受けるが、霊においては神によって生きるためでした。」

Donald Bloesch, Clark Pinnock, C.S.Lewis（?）

しかし、上記の聖書箇所はいずれも聖書解釈上、死後の救いの機会を支持するものではない。特に1ペテロ3:18-20はノアの時代、先在のキリストが聖霊によって、ノアの口を通してその時代の人々に対してなした救いの宣言のことをさしている[10]。

4. 原則的に福音を聞かないで救われることは可能。しかしどのくらい救われるかは分からない[11]（J. I. Packer, John Stott, Millard Erickson）。

この立場は福音主義神学上最も受け入れられるものである。

この点、現実に見える形で救われ、教会に加えられた人だけが救われているわけではない。救いはローマ書8:29-30のオルド・サルティス(ordo salutis)(救贖の秩序)に示されているように、予知、予定、有効召命、義認、聖化、栄化という順序で進行する。しかし、目に見える形でこれが出てこない場合がある。この領域における救われた人々について、これは神の神秘に属することであって、人間の判断するところではない。このことをPacker, Stott, Erickson等の神学者は指摘するのである。

組織上の教会員と目に見えない救われた人々の区別はE・クラウニーの**右図**によってより明確に示されている[12]。

5. 福音を聞かないで救われることは可能。多くの者がこれにより救われる（C. Pinnock, John Sanders, Charles Kraft）。

C、Dの立場は福音派では増えつつある。

---

(10) Gleason L.Archer, *Encyclopedia of Bible Difficulties* (Grand Rapids: Zondervan, 1982), pp. 423-424.

(11) Millard J. Erickson, "Hope for Those Who Haven't Heard? Yes, But..." *Evangelical Missions Qarterly 11*(Apr.1975): pp. 122-26.

(12) Edmund P. Clowney, *The Church* (Downers Grove, IL: IVP, 1995), p. 109.

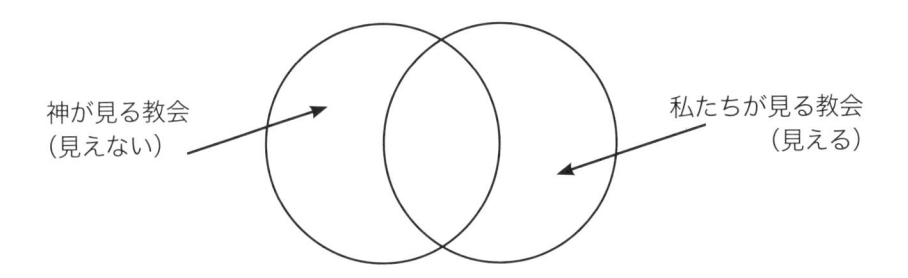

神が見る教会　　　　　　　　　　　　　私たちが見る教会
（見えない）　　　　　　　　　　　　　　（見える）

H. 関連する神学上の問題

　福音主義者は宗教多元主義からどのようなチャレンジを受けているのか。神の特別啓示である聖書は宗教多元社会に生きる日本人キリスト者にとってあくまで絶対的なもの、真正なものと主張できるのかが問われている。その弁証が必要である。[13] エリックソンは以下の関連する神学的課題を提出している。[14]

① 神の本質：神の愛と義はどう関係するのか。
② 人間の本質：人間存在は神より永遠性を与えられているのか。
② 一般啓示：自然、人間の人格より神の救いの認識に入りうるのか。
④ 罪論：原罪の効果は。一般啓示から神認識に至るのを阻止するほどの十分な曇りなのか。
⑤ 救済論：救いとはキリストのわざによる法的義認なのか。Hick はこれこそ排他主義そのものではないのかという。信仰の本質とは、救いの信仰のためにはどの程度知らなければならないのか。
⑥ キリスト論：イエスは唯一の神の受肉か。
⑦ 権威：聖書の啓示と人間感情の位置付けは。
⑧ 解釈学：二つの概念が聖書で教えられていると思われるとき、必然的に第三の概念が出て来てそれが聖書と矛盾するときにどうす

---

(13) D. A. Carson, *The Gagging of God.: Chiristianity Confronts Pluralism* (Grand Rapids: Zondervan, 1996).
(14) 岡山英雄『天国と極楽：キリスト教と仏教の死生観』いのちのことば社、2007 年はこの努力の一例。

第15章　宗教多元主義

るのか。
⑨　前提：聖書解釈の前提の問題。霊魂不滅の概念はギリシャ的思想なのか。
⑩　世界観：実在の本質、時と空間、物質と非物質、永遠の問題。
⑪　教会論：これらが宣教においてどの程度影響を受けるのか。[15]

[参考文献]

ジョン・ヒック『神は多くの名前をもつ』、岩波書店、1986。

Carson, D. A. *The Gagging of God: Christianity Confronts Pluralism*. Grand Rapids: Zondervan, 1996.

Crockett, William & James Sigountos, eds., *Through No Fault of Their Own? The Fate of Those Who Have Never Heard*. Grand Rapids: Baker, 1991.

Clowney, Edmund P. *The Church*. Downers Grove, IL: IVP, 1995.

Knitter, Paul. *No Other Name?* Maryknoll: Orbis, 1985.

Netland, Harold. *Dissonant Voices*. Grand Rapids: Eerdmans, 1991.

Okholm, Dennis L. and Phillips, Timothy R. ed. *Four Views on Salvation in a Pluralistic World*. Grand Rapids: Zondervan, 1995.

Pinnock, Clark. *A Wideness in God's Mercy*. Grand Rapids: Zondervan, 1992.

---

(15) Crockett and Sigountos ed. *Through No Fault*. pp. 32-33.

初　出　一　覧

第Ⅰ部
第2章　日本における教会とミッション関係（I）（II）
　『論集』東京基督教短期大学　第18号、19号（1986、7年）（1）
第4章　聖書におけるコイノニアと教会協力
　「新約聖書におけるコイノニア（1）」日本福音キリスト教会連合神学委員会『神学のひろば』第2号（2002年）
第5章　日本における祖先崇拝
　原題「祖先崇拝」宇田進編『ポストローザンヌ』
　共立モノグラフNo.2　共立基督教研究所（1987年）（1）

第Ⅱ部
第6章　パウロのアレオパゴス説教
　原題「パウロのアレオパゴスにおける説教の宣教論的評価」
　日本福音主義神学会第5回全国研究会議「福音の光のもとに見る日本文化」発表論文（1989年）
第7章　聖霊と宣教
　『聖霊論論集』日本福音キリスト教会連合神学委員会（1999年）
第8章　聖書の無誤性と宣教
　原題「聖書の無誤性へのコミットメントとJECA」
　『神学のひろば』第6号（2008年）

第Ⅲ部
第9章　宣教学とは何か
　原題「宣教学」
　宇田進他編『新キリスト教辞典』いのちのことば社（1991年）（2）
第13章　コンテキスチャリゼーション（福音と文化）

初出一覧

　　宇田進他編『新キリスト教辞典』いのちのことば社（1991年）(2)
第14章　解放の神学
　　宇田進他編『新キリスト教辞典』いのちのことば社（1991年）(2)

［注］
(1) については東京基督教大学より文書による転載使用許諾済です。
(2) についてはいのちのことば社出版事業部より文書による転載使用許諾済です。

東京基督教大学およびいのちのことば社出版事業部のご配慮に感謝を申し上げます。

著者略歴 山口勝政（やまぐち・かつまさ）

1944 年　東京都生まれ
東京キリスト教学園（現東京基督教大学）卒。米国ビブリカル神学校大学院（M. Div.）、ウェストミンスター神学校大学院（Th. M.）卒。
現　在　茨城県石岡市、日本キリスト教会連合 八郷キリスト教会牧師。
北関東神学研修センター所長、シンポジウム「地方伝道を考える」主催者、同報告書編集長。聖書カウンセリング研究会理事長、雑誌『聖書カウンセリング研究』編集長。お茶の水聖書学院講師。
主著書：『聖書カウンセリング概説』（2001、2009⁴）、他

閉塞感からの脱却 —— 日本宣教神学

2012 年 9 月 11 日　初版発行

著　者 —— 山口勝政
発行者 —— 安田正人
発行所 —— 株式会社ヨベル　YOBEL, Inc.
〒 113-0033 東京都文京区本郷 4-1-1-5F
Tel 03-3818-4851　Fax 03-3818-4858
e-mail : info@yobel.co.jp

DTP・印刷 —— 株式会社ヨベル

定価は表紙に表示してあります。
本書の無断複写（コピー）は著作権法上での例外を除き、禁じられています。
落丁本・乱丁本は小社宛にお送りください。
送料小社負担にてお取り替えいたします。

配給元 —— 日本キリスト教書販売株式会社（日キ販）
〒 162-0814　東京都新宿区新小川町 9-1
振替 00130-3-60976　Tel 03-3260-5670

© Yamaguchi Kathumasa 2012　Printed in Japan　ISBN978-4-946565-93-9 C0016